"十三五"国家重点出版物出版规划项目
国家出版基金资助项目
（新时代生态文明建设法律制度体系研究）
上海市新闻出版专项资金资助项目
（新时代生态文明法律制度体系研究丛书）

总主编 陈晓景 李国敏

企业环保信用评价法律制度研究

王莉 著

图书在版编目(CIP)数据

企业环保信用评价法律制度研究 / 王莉著. —上海：立信会计出版社,2022.12
(新时代生态文明法律制度体系研究丛书)
ISBN 978-7-5429-7205-7

Ⅰ.①企… Ⅱ.①王… Ⅲ.①企业环境管理—企业信用—信用评估—法制—研究—中国 Ⅳ.①D922.282.4

中国国家版本馆 CIP 数据核字(2023)第 005026 号

策划编辑　窦瀚修
责任编辑　秦思慧

企业环保信用评价法律制度研究

Qiye Huanbao Xinyong Pingjia Falü Zhidu Yanjiu

出版发行	立信会计出版社		
地　　址	上海市中山西路 2230 号	邮政编码	200235
电　　话	(021)64411389	传　　真	(021)64411325
网　　址	www.lixinph.com	电子邮箱	lixinaph2019@126.com
网上书店	http://lixin.jd.com		http://lxkjcbs.tmall.com
经　　销	各地新华书店		
印　　刷	常熟市人民印刷有限公司		
开　　本	710 毫米×1000 毫米	1/16	
印　　张	19.25	插　页	4
字　　数	306 千字		
版　　次	2022 年 12 月第 1 版		
印　　次	2022 年 12 月第 1 次		
书　　号	ISBN 978-7-5429-7205-7/D		
定　　价	78.00 元		

如有印订差错,请与本社联系调换

总　序

目前,我国已进入中国特色社会主义新时代,人们对美好生活的向往越来越强烈,对美丽环境的期待也越来越迫切。如果说经济富足、身体健康、享受良好的教育、游览名山大川等都是人们对美好生活的具体需求,那么在解决社会分配领域可能存在的问题之后,社会经济发展水平应该与这些需求的满足程度呈正相关关系。也就是说,社会经济发展水平越高,人们的收入水平也会越高,人们可享受的教育资源和教育条件会越好,游览名山大川的机会会越多,会越注重休养生息和身体健康。但实际上,社会经济发展水平与人们追求的美好生活及美丽环境之间不存在必然的正相关关系。从经济学家所说的负外部性、政治学家所说的绝不走先污染后治理的老路以及法学家所说的普遍环境责任等可知,人们在追求美好生活和美丽环境的过程中,曾经并且还在继续受一些经济活动所释放的负外部性的影响。新发展理念的贯彻在很大程度上消解了经济活动的负外部性后果,而美好生活和美丽环境的实现仍需人们付出巨大的努力。

由陈晓景和李国敏担任总主编的本套丛书,凝聚了我国生态文明建设法律制度理论研究者与实务工作者的智慧和汗水。本套丛书的策划和出版既是学术盛事,也是为实现人们对美好生活的向往所做的一件实事。

古人云:"君子务本,本立而道生。"本套丛书立足我国生态文明建设法律制度研究的实际需求,致力于生态文明建设法律制度核心问题的研究,实现了生态文明建设法律制度体系理论研究的创新发展。迄今为止,国内尚未见到以"新时代生态文明建设法律制度体系研究"为主题的系列学术著作。本套丛书填补了我国该领域学术著作出版上的空白,它将给环境保护理论界,尤其是环境法学理论界带来巨大的知识冲击和学术冲击;或将掀起新时代生态文明建设法律制度研究的热潮,带动更多的学者为实现人们对美好生活的向往以及对美丽环境的期待而贡献智慧和力量。

　　本套丛书各分册的内容主要围绕环境法学研究的两个重点领域展开:一是沿着已经建立的环境法律制度,研究如何进一步提高制度建设的水平,如《新时代环境法律制度建设研究》;二是对生态文明建设和环境法制建设做出应然选择的尝试,研究在新时代生态文明建设法治任务面前,如何构建相关环境法律制度,如《中国流域生态系统管理法律制度研究》《企业环保信用评价法律制度研究》《新时代环境财政制度研究》《绿色金融法律制度研究》。这两个重点研究领域都是我国环境法学理论界和环境保护实务界高度关注的领域。因此,本套丛书的出版有望对环境法学理论研究和环境保护实务研究起到双重推动作用。

徐祥民

前　言

环保信用评价在国家及地方规范中也称为环境信用评价或环境行为信用评价。企业环保信用评价是指具有评价资格的组织按照规定的评价指标、方法和程序,对企业遵守环保法律法规、承担环保社会责任、履行环保合约等方面的环境行为进行综合评估,确定环保信用级别并向社会公开,供有关部门、机构、组织、个人等参考的环境治理手段。2017年,党的十九大报告提出,健全环保信用评价制度。2020年中共中央办公厅、国务院办公厅印发《关于构建现代环境治理体系的指导意见》,将环境治理信用体系列为现代环境治理十大体系之一,并要求重点完善企业环保信用评价制度。《中华人民共和国环境保护法》(以下简称《环境保护法》)规定了环保诚信档案规范,为企业环保信用评价制度提供了法律依据。《企业事业单位环境信息公开办法》《企业环境信用评价办法(试行)》等部门规章和规范性文件是企业环保信用评价的基本制度。

在我国环境管理转型的背景下,企业环保信用评价制度作为新型环境治理工具应运而生,其迥异于行政管控类环境法律制度,经济激励型和自我规制型环境法律制度融合是其应然定位,阻却企业环境可控风险生成的预防功能、实现环保信用多元治理的规范功能、形塑企业绿色发展内生机制的引导功能是其应然功能。然而,我国现行企业环保信用评价制度还是因循传统单向度、一元化的行政管理模式:评价主体是生态环境部门,评价行为是政府环境管理手段;评价指标由环境违法行为或环境行政处罚类要素构成;评价结果引用方式主要是行政部门实施的行政激励或惩戒措施等。现行企业环保信用评价制度没有充分回应环境行政管理转型对多元主体、多元措施协同共治的法治化需求,其制度定位偏离、应然功能偏离的原因是我国现行环境法律制度体系结构不完善以及新兴环境法律制度对环境法代际更迭回应不足。

人们对政府有限权力、有限能力以及对规制空间内各类主体之间相互依存关系的再认识,催生了从行政规制到规制治理的理论转向。规制治理理论较早的提出者是英国公法学家科林·斯科特(Colin Scott)教授,他对去中心化规制、反身规制、元规制、回应性规制等不同理论要旨进行了共性概括。该理论强调,在政府规制主体之外,应当更多地利用第三方机构、被规制对象等非政府机构进行自我规制和他人规制;单一的行政规制应当转变为多样性的规制者、多样性的规制规范;规制不再是一个主体简单向另一个主体施加某种要求的过程,而是采用多元规制措施替代政府单一科层制控制措施;同时保障在多元主体及工具背景下,问责机制能顺利实施。规制治理理论不仅能影响环境法律制度体系宏观结构调整,同时也影响环境法律制度的微观规范生成。规制治理理论嬗变契合我国企业环保信用评价制度产生背景、理论要义因应评价制度定位,且能够针对性地纠正评价制度的功能偏离,因此,以规制治理理论为基础健全我国企业环保信用评价制度具有合理性。

本书基于主体多元化的规制治理理论,形成企业环保信用评价主体转移及跟进保障机制健全的主体制度完善思路。我们在考察及借鉴美国、欧盟等域外信用评价主体制度的基础上,系统分析我国行政规制思路下生态环境部门作为评价主体的理论困境,即评价分工与生态环境部门的职能抵牾、限制规制空间内非行政主体的权利配置、评价行政法对部门行为定性困难等。同时,本书证成规制治理思路下第三方机构作为评价主体的正当性因由,即存在正当的评价权源、有助于理清评价法律关系中政府公权力和私权利的边界、符合信用评价的国际惯例,进而完善评价机构的准入规则、明确评价机构的权利义务、健全评价机构的监督制度和责任制度。

本书基于提升规制对象自我规制能力的规制治理理论,完善企业环保信用评价指标三维建构的指标体系。企业环保信用评价指标形塑评价法律关系客体信用的规范样态,影响参评对象权利能力及环境法律行为的绿色化发展趋向。行政规制思路下评价指标的单维度设置存在诸多理论困境,如"守信等同于守法"的悖论、限缩环保信用的内涵及外延、限制参评企业自我规制能力的提升。规制治理思路下评价指标从一维到三维拓展具有充分的理论支持,即符合信用管理学的信用三维度模型。信用三维度模型与规制治理理论都具有融贯性,三维指标与道德、法定和约定义务具有对应性。依据现行法律法规,我们应从诚信度、合规度和践约度三维指标健全企业环保评价指标规范体系,即将企业环保社会责任融入诚信度指标规范,以环境违法行为处理结果重组合规度指标,同时扩大践约度指标规范的张力范围。

本书也基于规制工具多元化的规制治理理论,形成覆盖政府、市场及社会的企业环保信用评价结果引用制度的完善思路,在反思行政规制下评价结果引用的合法性、合理性及关联性的基础上,提出以多元规制为基础的评价结果引用制度的健全思路,即保持政府引用的适度谦抑、保障私主体引用的适度扩展、配套评价引用责任承担制度。秉承结果引用的合法性、合理性和关联性原则,相关部门在环境监管的事前、事中和事后全过程分别楔入环保信用政府引用措施(如环境行政许可、生态环境执法监督等)、市场引用措施(如绿色信贷、绿色保险等)和社会引用措施(如绿色消费、环境公益诉讼等)。规制治理理论多元化与可归责性相伴而生,《中华人民共和国民法典》(以下简称《民法典》)将信用权益套嵌于名誉权中进行保护的模式,不足以为兼具人格及财产双重属性的信用权提供充分保障,企业环保信用评价结果引用中信用权侵害造成的民事、行政和刑事责任应当同步到法律系统。

本书是国家社科基金重大项目"黄河流域生态保护和高质量发展法律制度体系研究"(项目编号:20&ZD185)的阶段性研究成果,在撰写过程中参阅了400多部(篇)已出版和发表的专著和论文,在此,向这些专著和论文的作者致以诚挚的谢意,感谢你们的成果为本书撰写带来的启发和灵感。立信会计出版社的领导和责任编辑对本书的出版给予了大力的支持和帮助,在此表示最诚挚的感谢。

尽管我殚精竭虑,力求尽善尽美,但是由于自身研究水平和认知能力有限,有些观点可能存在不完善或不妥当之处,敬请各位专家及广大读者提出宝贵意见和建议,以便我们后续探研。

王　莉
2022 年 3 月 2 日

目 录

绪 论 …………………………………………………………… 1

第一章 企业环保信用评价法律制度及其应然定位和功能 ………… 14
 第一节 企业环保信用评价的概念及制度解构 ………………… 15
 第二节 环境管理转型及企业环保信用评价制度演进轨迹 …… 25
 第三节 企业环保信用评价法律制度的应然定位 ……………… 36
 第四节 企业环保信用评价法律制度的应然功能 ……………… 46

第二章 现行企业环保信用评价法律制度定位和功能偏离及原因分析 …………………………………………………………… 59
 第一节 我国企业环保信用评价法律制度规范及实践现状 …… 60
 第二节 现行企业环保信用评价法律制度与其应然定位相偏离 …………………………………………………………… 87
 第三节 现行企业环保信用评价法律制度与其应然功能相偏离 …………………………………………………………… 94
 第四节 现行企业环保信用评价法律制度定位及功能偏离原因 …………………………………………………………… 102

第三章 理论转向:规制治理理论引入企业环保信用评价法律制度 …… 113
 第一节 由行政规制向规制治理的理论变迁 …………………… 114
 第二节 规制治理理论对我国环境法律制度的影响 …………… 128

第三节 规制治理理论引入企业环保信用评价制度的正当性 …… 135
第四节 规制治理理论视野下企业环保信用评价制度的完善
思路 …… 145

第四章 基于规制治理理论的企业环保信用评价主体制度的完善 …… 150
第一节 信用评价主体制度的域外考察及借鉴 …… 150
第二节 行政规制思路下生态环境部门作为评价主体的理论
反思 …… 161
第三节 规制治理思路下第三方评价机构作为评价主体的
正当性 …… 172
第四节 企业环保信用评价主体转移下的保障机制跟进 …… 182

第五章 基于规制治理理论的企业环保信用评价指标制度的完善 …… 194
第一节 行政规制思路下评价指标单维度设置的理论反思 …… 195
第二节 规制治理思路下评价指标从一维到三维拓展的理论
支持 …… 203
第三节 健全企业环保信用评价的三维指标规范 …… 213

**第六章 基于规制治理理论的企业环保信用评价结果引用制度的
完善** …… 222
第一节 行政规制思路下政府引用措施的理论反思 …… 223
第二节 规制治理思路下评价引用制度的健全思路 …… 232
第三节 健全企业环保信用评价的多元引用规则 …… 239
第四节 强化企业环保信用评价结果引用中的信用权救济 …… 268

参考文献 …… 277
后　记 …… 295

绪　　论

中国法治现代化有两个无法回避的选择,即古为今用、洋为中用。① 中国环境法律制度从青涩到逐步成熟的发展过程中,一直没有间断对国外环境法律制度的借鉴,然被借鉴的法律制度在实践中"水土不服",很多并未取得预期的良好效果,比如环境影响评价制度、政府环境保护责任制度等。近年来,中国的环境法治正逐步趋向从"法律移植"到"本土资源"的理性回归,也已实现了部分环境法律制度的"中国制造",比如生态保护红线制度、环境保护督察制度等,企业②环保信用评价法律制度③也当属其中。郑少华教授在《中国环境法治四十年:法律文本、法律实施与未来走向》中判断,整体而言,我国的企业环境守法状况逐渐变好,绝大多数企业的环境保护意识日趋增强,但是,如何使企业从"环境法的消极对抗者变成积极的支持者"仍有待决策者和学界进一步破解。企业环保信用评价法律制度是建立环境保护守信激励与失信惩戒机制、督促排污者持续改进环境行为、推动其严格遵守环境保护法律法规的重要抓手④,旨在以可量化的环境信

---

① 郝铁川.中国法制现代化与移植西方法律[J].法学,1993(9):3.
② 为表述方便,本书中的"企业"这一称谓涵盖企业、事业单位和其他生产经营者,与《环境保护法》及其他环境保护单行法的范围一致,即将企业、事业单位和其他生产经营者简称为"企业"。企业、事业单位和其他生产经营者的并列规定可参见《环境保护法》第六十条等规定。
③ 目前,我国立法及理论研究层面对"企业环保信用评价法律制度"的称谓并不统一,如《企业事业单位环境信息公开办法》将其称为"环境行为信用评价制度",《企业环境信用评价办法(试行)》《关于加强企业环境信用体系建设的指导意见》将其称为"环境信用评价",河南省地方规范将其称为"企业、事业单位环保信用评价";南京市地方规范将其称为"环境信用等级管理",广西壮族自治区地方性规范将其称为"生态环境信用评价"。但是,这种称谓上的不统一并不影响对法律制度实质性问题的研究。本书沿用中国共产党十九大报告(2017年),中共中央办公厅、国务院办公厅《国家生态文明试验区(海南)实施方案》(2019年),中共中央办公厅、国务院办公厅《关于构建现代环境治理体系的指导意见》(2020年)等文件的提法,将其称为"企业环保信用评价法律制度"。
④ 陈吉宁.着力解决突出环境问题[N].人民日报,2018-01-11(007).

息重塑环境治理过程,引导企业实现生态绿色、低碳、循环高质量发展,实现政府环境管理绩效和企业自我规制能力的双重提升。中国的法治之路必须注重利用中国的本土资源,注重中国法律文化的传统和实际。故此,本书将具有中国本土特征的企业环保信用评价制度作为研究对象。

与环境影响评价、环境标准、排污许可制度、环境规划等相比,企业环保信用评价法律制度产生时间较晚,最早可以追溯到2000年,其在全国范围内推行却在2013年之后①。该制度是在我国环境管理转型、治理效能提升、环境治理体系及治理能力现代化等新时代背景下产生的新型环境法律制度,是环境法律制度市场化、民主化、公共化发展的产物②③。作为一项产生不久的环境法律制度,企业环保信用评价法律制度因循自下而上、由实践到立法、由政策文本到法律规范逐渐发展的过程,既需要与已有法律制度融合、协调和衔接,又需要既有法律制度的适时跟进调整,以便双向促进并形成新型法律制度成长的法治环境。从制度的既有规范地位审视,企业环保信用评价法律制度具有"双栖"规范特征,即分别属于环境信息公开制度的下位制度和社会信用制度的核心制度。这就需要从学理上系统分析环境信息公开制度以及社会信用制度共性的价值旨趣,并从中透视价值旨趣所隐含的我国环境保护法律制度未来的发展趋向,进而探研此种发展趋向对企业环保信用评价法律制度健全的影响。

2014年《环境保护法》的修订是该法实施25年来的首次重大修改,在我国环境保护法治历史上具有里程碑意义。《环境保护法》第五十四条第三款规定了环保诚信档案制度,该规定可以被认为是企业环保信用评价

---

① 鉴于1995年世界银行在印度尼西亚的PROPER计划运行效果良好,2000年7月,世界银行又资助原国家环境保护总局在我国开展"中国城市工业污染管理与信息公开项目"研究,作为项目研究成果的《工业污染管理与信息公开实施技术指南》和《企业环境行为评价指标分级评判标准》同年开始在镇江市开展试点,本书将其作为我国企业环保信用评价制度开启之初始时间。2013年12月,原环境保护部等四部委联合印发的《企业环境信用评价办法(试行)》(环发〔2013〕150号),要求在全国范围内推行企业环保信用评价制度。
② 王莉.我国企业环保信用评价法律制度的重构进路[J].法学杂志,2018(10):101-103.
③ 孟春阳,王世进.生态多元共治模式的法治依赖及其法律表达[J].重庆大学学报(社会科学版),2019(5):118-125.

法律制度在法律层面的间接规范依据。从规范地位来看,该条隶属于《环境保护法》第五章"信息公开和公众参与",根据全国人民代表大会常务委员会法制工作委员会编写的《中华人民共和国环境保护法》释义,本条是关于"环境信息公开的规定",环保诚信档案是环境信息公开的特定方式①。2014年12月,为最大限度地保证修订后的《环境保护法》能够有效实施,原中华人民共和国环境保护部(以下简称"环境保护部",现为生态环境部)制定并印发了四个配套部门规章,2015年1月1日,这四个配套规章与新修订的《环境保护法》同日实施。其中《企业事业单位环境信息公开办法》(原环境保护部令第31号)是专门针对新增加的"环境信息公开制度"制定的,该办法第五条直接规定了企业环保信用评价法律制度(文本中称为"企业事业单位环境行为信用评价制度"),即环境保护主管部门应当根据企业事业单位公开的环境信息及政府部门环境监管信息,建立企业事业单位环境行为信用评价制度。

环境信息公开制度源于公众环境知情权及参与权的勃兴与保障需要。20世纪五六十年代,随着现代工业的规模化发展,环境问题日趋严重,政府、企业与公众之间环境信息不对称现象随之凸显。公众基于健康保护的需求,通过集体游行、抗议等多种方式要求政府和企业公开与污染相关的各类环境信息,环境信息公开制度由此产生。与此相适应,很多国家纷纷开始着手制定信息公开法律制度,截至2016年11月30日,已经有112个主权国家出台了信息公开法②。美国1966年颁布的《信息自由法》是世界上最早规定政府信息公开制度的法律规范,该法案属于美国《行政程序法》第3节公共信息的修订案,其依据是《美利坚合众国宪法》所确立的相关民主权利③。在制定具有一般意义上的政府信息公开法的同时,美国也制定了大量规范企业环境信息公开的特有法律规范,如《清洁空气法》《清洁水法》《有毒物质控制法》《紧急计划与社区知情权法》等都有强

---

① 信春鹰.《中华人民共和国环境保护法》学习读本[M].北京:中国民主法制出版社,2014:225.
② 后向东.信息公开法基本理论[M].北京:中国法制出版社,2017:51.
③ HENNINGER M. Freedom of information and the right to know: tensions between openness and secrecy[M]//FOERSTEL H N. Freedom of information and the right to know. New York: Greenwood Press, 1999:2-8.

制企业公开环境信息的具体条款①。在国际层面,很多与环境信息相关的国际公约也相继出现,如1990年6月欧共体理事会通过的《关于自由获取环境信息的指令》、1998年联合国欧洲经济委员会环境政策委员会通过的《关于在环境事物中获取信息、公众参与决策和获取司法救济的公约》等均表明公众有权获得环境信息,以便参与环境保护。信息公开相关法律之所以被制定,核心目的就是要确立并保护一种新的权利——知情权,并对侵犯知情权的行为予以惩戒②,但是相关的信息公开法律通常又呈现多元目的,比如,通过信息公开公众能够深入了解政府和企业行为,并对其行为后果作出合理预判,保护自身合法权利免遭侵害;基于对政府和企业相关信息的了解,对行政权力和企业权利进行过程性限制,预防国家及地区生态环境整体权益免遭侵害等。因此,基于信息公开的环境知情权构成了公众参与环境治理的基础性权利。

我国环境信息公开制度的产生发展是基于国内环境保护公众参与权实现的需要。1989年颁布的《环境保护法》第十一条第二款规定:国务院和省、自治区、直辖市人民政府的环境保护行政主管部门,应当定期发布环境状况公报。尽管有学者认为这是我国政府信息公开制度的早期雏形,但实质上从环境状况公报内容看,其过于笼统的信息内容与环境信息公开所要求的深度有很大差距③。随后,2003—2005年连续3年国务院的立法工作计划都将《政府信息公开条例》列入需要抓紧研究、条件成熟时提请审议的法律、行政法规,直到2006年,《政府信息公开条例》才被列为力争当年出台的重点立法项目,最终当年通过并发布。2014年新修订的《环境保护法》增加了全新的内容,即第五章信息公开与公众参与,该章第五十三条规定了公民环境信息知情权及政府的信息公开义务,即公民、法人和其他组织依法享有获取环境信息、参与和监督环境保护的权利。各级人民政府环境保护主管部门和其他负有环境保护监督管理职责的部

---

① 周海梅,李霞,周军.环境信息公开与环保公众参与制度研究[M].北京:中国环境出版社,2016:22.
② 后向东.信息公开的世界经验[M].北京:中国法制出版社,2016:150.
③ 吴韬.我国现行企业信用信息公示制度的完善路径[J].河南财经政法大学学报,2017(5):11.

门,应当依法公开环境信息、完善公众参与程序,为公民、法人和其他组织参与和监督环境保护提供便利。因此,我国《环境保护法》关于信息公开的规定,亦确立了非行政主体参与环境行政管理的知情权基础。

同时,企业环保信用评价制度也是社会信用制度的重要组成部分。信用是商品经济和生产关系发展到一定阶段的产物,市场经济是迄今为止最有效的经济组织方式。在市场经济条件下,市场主体是多元的,尽管各主体参与市场行为的目的不同、利益需求不同,但各主体的市场行为受到的市场利益驱动和影响却是共同的。在市场经济中,市场是资源配置的基础方式和主要手段,政府与市场的功能分野和行为边界理清是市场经济法治的现实需求。非政府市场主体的市场活动一方面具备了经济人理性的趋利性,另一方面也受社会人或生态人理性的影响,需要承担服务、服从于经济社会发展的社会义务。市场经济是信用经济,信用制度是市场经济正常运转的基石。信用既可以在商业经济领域发挥融资、信贷、赊销等作用,也可以在社会治理领域促使公民发挥自觉遵守法律法规等社会既定秩序的作用,因为在市场中内生着能够天然维护秩序的信任伦理文化,信用是这种伦理文化的集中体现①。市场中各利益主体之间公正、公平、稳定关系的维持取决于信用关系的建立。社会信用体系建设通过信用工具等软约束进一步整顿和规范市场经济秩序,一方面通过法治路径鼓励作为被管理对象的企业通过自身良好信用的培育和树立②,重建社会信任机制③;另一方面增加公众参与的深度和广度,与监管者协同成为社会治理的有机组成部分。因此,作为社会信用制度重要组成部分的企业环保信用制度,其建立的目的是引导被监管对象通过环保信用约束落实环境保护义务。该制度是被监管对象实现环保参与权的方式之一④。

因此,基于我国现有法律体系,本书对法律制度之间的关系进行分

---

① 李晓安,彭春.论环境信用法治化[J].法学杂志,2009(1):43-46.
② 孟融.国家治理体系下社会信用体系建设的内在逻辑基调[J].法制与社会发展,2020(4):162.
③ 杨福忠.诚信价值观法律化视野下社会信用立法研究[J].首都师范大学学报(社会科学版),2018(5):57.
④ 杨建顺.中国行政规制的合理化[J].国家检察官学院学报,2017(3):95.

析。一方面,企业环保信用评价制度被隐含或包含于环境信息公开制度,以子制度的身份出现。另一方面,环保信用是社会信用的重要领域,企业环保信用评价是环保信用体系建设的基础性内容。我们应当关注其与传统行政管理措施的不同,企业环保信用评价是新兴的环境保护手段,环境知情权构成了一项市场机制,在此机制下,许多企业愿意主动采取行动、实施改进措施,声誉、道德激励或许比税收、价格等经济激励的作用更大①。同时我们也应当关注到,社会信用制度以信用为治理工具,通过信用工具的激励和内化功能实现信用主体的有效自我规制。党的十九大报告将环保信用评价制度与信息强制性披露制度(即信息公开制度)并行表达②,报告表明了两者在功能层面的差异,两者存在共同的作用机理,即声誉机制③,且均鼓励传统上作为被监管对象的企业或公众主动参与环境治理,合作行政、多元共治,协同形成环境治理的民主化、长效性机制是两者共同的功能。此种共同性提醒我们,鉴于企业环保信用评价制度具有环境信息公开制度和社会信用制度的"双栖"规范特征,可否考虑将信息公开制度中的公众参与实现环境管理目标,以及社会信用制度中参评企业参与实现环境公共治理目标里的共性元素抽取出来,即把多元主体参与环境治理共同实现公共行政目标的基本理论作为制度完善的可能理论筛选方向和规则健全的基础。如果可以,那么此种以多元化为特征的思路是否有充分的学科理论支持(理论基础)、是否与当前及未来我国环境管理机制改革的方向相一致(实践基础)、是否可以形成逻辑自洽、规则融贯的规范体系(规则基础),我们对这些关联性问题均需要进行系统探研。

爱莉诺·奥森特罗姆关于小规模公共池塘资源成功自主治理的范例,虽然说基于本土资源的制度设计不可被全面移植,但它在方法论上确

---

① KARKKAIN B C. Information as environmental regulation:TRI and performance benchmarking, precursor to a new paradigm?[J]. Georgetown Law Journal, 2001, 98(2):257-350.
② 党的十九大报告提出健全环保信用评价、信息强制性披露、严惩重罚等制度。
③ WEINBERG J. Know everything that can be known about everybody:the birth of the credit report[J]. Villanova Law Review, 2018, 63(3):431-475.

有"拨云见日"之借鉴价值①。同样,菲利普·黑克(Philipp Heck)认为,法律是利益的产物,各种法律命令的形式(具体规制规则)是基于生活的实际需要及其评价,而不是基于被设计出来的一般概念②。对于生态文明、环境治理体系及治理能力现代化建设等高标准要求部门法或领域法——环境法律制度而言,其利益调整机制如何适应新时代的社会利益需求,需要政府深入反思并全面统筹。当前,传统的命令控制型监管体制无法提供满意的环境问题解决之道,调动行政相对人及社会主体力量,积极参与民主行政、合作行政、协同行政备受青睐③,从单一的秩序行政到国家社会、福利国家是政府行政未来的发展趋向④。信用是市场的产物,信用评价制度应当回归市场,允许多元主体参与信用评价法律关系,并合力形成以信用为基础的新型环境治理关系。正如有的学者认为,在信用信息问题的治理路径上,国家干预的思维应当适度调整,实现"国家与市场的磨合、自由与管制的对话、政府与私人的合作"⑤,唯有如此,才有可能在一定程度上实现"错综复杂的社会信用体系建设的规范化"⑥。

规制治理理论由行政规制理论演变而来,行政规制理论向规制治理理论的嬗变引起了"规制治理的主体、规制治理的实施、规制治理的机理、规制治理责任的负担"等核心理论问题的重大变化。规制治理理论强调除了政府规制主体,应当更多地利用第三方机构、被规制对象等非政府机构的能力进行自我规制和规制他人;单一的行政规制应当转向为多样性的规制者、多样性的规制规范;基于制度的规范地位分析,我国企业环保信用评价法律制度具有环境信息公开制度和社会信用制度的"双栖"规范特征,传统作为被监管对象的公众或企业主动参与环境治理,合作行政、多元共治,协同形成环境治理的市场化、民主化机制,是信息制度和信用制度共同的目标。

---

① 斜晓东,欧阳恩钱,等.民本视域下环境法调整机制变革:温州模式内在动力的新解读[M].北京:中国社会科学出版社,2010:3.
② 菲利普·黑克.利益法学[M].傅广宇,译.北京:商务印书馆,2016:2-10.
③ 方世荣.行政相对人的概念及作用研究[M]//罗豪才.行政法论丛:第三卷.北京:法律出版社,2000:81.
④ 南博方.行政法[M].杨建顺,译.北京:中国人民大学出版社,2009:25-33.
⑤ 单飞跃."需要国家干预说"的法哲学分析[J].现代法学,2005(2):36.
⑥ 沈岿.社会信用体系建设的法治之道[J].中国法学,2019(5):25.

以信息、市场为基础,融合自我规制要素的规制工具在环境领域不断发展,为企业环保信用评价制度的兴起奠定了基础①。企业环保信用评价制度产生于 2000 年我国生态环境持续恶化、环境管理亟待转型这一特殊的时空环境下,其旨在以可量化的环保信用信息为基础重塑环境治理过程,从作为道德要求的"诚信"、作为经济维度具有预警作用的"经济偿付能力"、作为法律原则的"诚实信用原则"中衍生出来,并以现代环境治理工具的形式存在。规制治理理论与企业环保信用评价制度产生不应有的交错现象:现行企业环保信用评价制度不能有效遵循规制治理理论要义,环境治理理论亦未能充分指导企业环保信用评价制度建构,亟待以规制治理为理论基础健全我国企业环保信用评价制度。

企业环保信用评价制度涵盖的规范不仅包括作为核心的评价规范,还包括相关联规范,如评价之后的结果适用规范。企业环保信用评价制度是兼容法律元素和技术元素的法律制度,评价主体制度不仅包括主体的权源等适格性问题,还包括权利义务、监管制度、责任制度等;评价指标是评价法律关系客体信用的规范构成,直接影响参评对象的权利享有及义务承担;评价结果引用涉及引用行为的合法性、合理性和关联性以及当事人权利侵害及救济制度等,它们均属于企业环保信用评价制度涵盖的法律意义层面的问题。因此,企业环保信用评价的主体制度、指标制度以及结果引用制度构成了涵盖动态评价全过程、具有法律意义的核心制度。基于规制治理理论,健全企业环保信用评价主体制度、指标制度、结果引用制度的对策如下:

第一,基于主体多元化的规制治理理论要义,健全企业环保信用评价主体制度。现行以生态环境部门为评价主体存在诸多问题,集中表现为评价分工与生态环境部门的职能冲突、限制规制空间内非行政主体的权利配置、评价部门行为在行政法上定性困难等。而第三方机构作为评价主体具备充分的正当性因由,即存在正当的评价权源、有助于理清政府权力和市场权利边界、符合信用评价的国际惯例等。企业环保信用评价主体制度完善应当在评价主体从生态环境部门转为第三方评价机构的同

---

① 王瑞雪.公法视野下的环境信用评价制度研究[J].中国行政管理,2020(4):125.

时,健全第三方评价机构的准入规则、权利义务、监督制度、责任承担等跟进保障机制。

第二,基于提升规制对象自我规制能力的规制治理理论要义,健全企业环保信用评价的指标制度。现行企业环保信用评价指标采用单维度指标构建模式,即以环境违法信息为中心构建指标体系,该种模式产生了"环保信用等同于守法"的悖论,不能有效度量、客观反映企业环保信用的全貌。环保信用指标三维构成契合信用管理学的信用三维度模型,与规制治理理论具有融贯性,且三维指标与道德、法定和约定义务具有对应性。依据现行法律规范,从诚信度、合规度和践约度三个维度系统完善企业环保评价指标制度的规范内容,即将企业环保社会责任实化为诚信度指标规范,以环境违法行为处理结果重新组合合规度指标,同时扩大以环保合同签订及履行为核心的践约度指标体系的张力范围。

第三,基于规制工具多元化的规制治理理论要义,健全企业环保信用评价结果引用制度。在反思企业环保信用评价结果引用的合法性、合理性及关联性系统的基础上,提出应当秉承评价结果引用的合法性、合理性和关联性三原则,完善企业环保信用评价的政府引用、市场引用和社会引用规则,其中政府引用措施应当保持适度谦抑,市场引用和社会引用措施应当适度拓展,同时配置评价结果引用的相关法律责任制度。《民法典》将信用权益套嵌于名誉权中保护的模式,不足以充分保障兼具人格及财产双重属性的信用权,企业环保信用评价结果引用中信用权侵害的民事、行政和刑事责任应当同步健全,以便维护企业环保信用评价制度秩序价值和正义价值的统一。

将大量彼此不同而且本身极度复杂的生活事件,以明了的方式予以归类,用清晰的语言加以描述,并赋予其法律意义是"相同"或者同样的法律效果,正是法律的任务所在[①]。党的十八大以来,随着生态文明建设、高质量发展等国家方略的提出,作为社会信用重点领域之一的环保信用建设亦随之强化。2019 年 7 月,国务院办公厅印发的《关于加快推进社会信用体系建设构建以信用为基础的新型监管机制的指导意见》,提出要以加

---

① 卡尔·拉伦茨.法学方法论[M].陈爱娥,译.北京:商务印书馆,2004:319.

强信用监管为着力点,创新监管理念、监管制度和监管方式,不断提升监管能力和水平。其中,环保信用作为社会信用的重要领域,亟待健全以环保信用为基础的新型环境监管机制①。2020年3月,中共中央办公厅、国务院办公厅印发的《关于构建现代环境治理体系的指导意见》,提出将环境治理信用体系作为与环境治理监管体系并行的十大体系之一,要求完善企业环保信用评价制度,并依据评价结果对参评企业实施分级分类监管,实现政府治理、社会调节、企业自治良性互动的现代环境治理体系目标。无论是上述以环保信用为基础的新型环境监管机制,还是依据评价结果实施的分级分类环境监管,其法理实质是对以行政权为核心的传统环境行政监管体制的反思及改革,即以行政权自上而下行使为特征的单中心行政监管机制亟待转型,环境管理转型要从传统的权力—服从模式的行政管理逐渐发展为协商—合作模式的公共治理,传统的限权、控权模式逐渐演变为以实现治理目标为导向,同时具有规范公权力和私权利功能的"新行政法"模式②。环保信用评价制度之所以能够成为撬动环境行政监管体制改革的动力和基础是因为该制度充分兼容了"公""私"不分、"公"中有"私"和"私"中有"公"的公私协商模式,在落实预防原则、督促企业自觉履行环境保护法定义务和社会责任,引导产业绿色转型升级等方面提供了不同于传统监管的长效机制。具体来说:

第一,企业环保信用评价在制度建设上坚持"四个结合",即坚持企业内部环境管理与环保信用相结合,加强企业环境规划、制度建设、教育培训、环境整改,增强整体绿色发展理念;坚持污染治理与环保信用相结合,严格控制违法排污、环境损害,树立企业守法核心理念;坚持把环保信用与激励约束相结合,实行环保信用级别的正向激励与反向约束事后监管制度,规制企业环境行为;坚持把企业信用与负责人信用相结合,实施企业法定代表人、主要负责人与企业环保信用一体化建设,增强企业负责人及相关人员绿色发展理念。

---

① 吕忠梅,吴一冉.中国环境法治70年:从历史走向未来[J].中国法律评论,2019(5):102-109.
② 朱迪·弗里曼.合作治理与新行政法[M].毕洪海,陈标冲,译.北京:商务印书馆,2010:Ⅵ.

第二,企业环保信用评价围绕促进绿色发展设定评价指标。坚持把企业内部环境管理信息作为提升绿色发展动力指标并单独设置,即将企业环保责任制落实、环保培训教育、环保设施运行维护、环境突发事件应急预案管理、ISO14000 环境管理体系认证等作为指标体系,固化企业绿色发展理念,增强企业决策绿色化、制度绿色化;坚持把全过程节能减排作为企业环保信用的约束性指标,即加大企业原材料应用、清洁生产、综合污染防治技术、合法排污、损害担责等评价指标的权重,硬约束企业采取绿色循环低碳措施,实现绿色发展;坚持把企业自我加压、主动将环境管理水平作为激励性指标设置,即把主动信息公开、主动投保环境责任保险、主动清洁审查审核、主动信用承诺、主动使用清洁能源、主动节能减排等作为加分激励指标,引导企业提升绿色发展水平。

第三,企业环保信用评价建立企业自我提升环保信用的增信机制。根据环保信用评价指标体系,实行企业自觉遵守环保法律法规的增信制度,促进企业增强法治观念,自觉履行环保法律义务;实行企业积极整改环境隐患、环境违法行为的增信制度,形成企业自我查找环境隐患、自我整改环境隐患,及时纠正违法、整改环保问题的增信调整机制;实行企业主动减排、主动承担社会责任增信机制,激励企业积极做好产业升级、勇于承担社会环保责任。企业作为环保信用维护主体,主动提升环保信用级别可以享受更多惠益;相反,不主动履行环保法律义务、不承担社会环保责任就会受到不利的约束,实行激励与约束机制,从而有利于形成中国特色的环境治理长效机制。

估计到 2050 年,全球人口将超过 90 亿,面对压力激增的生态环境问题,政策制定者应当整合环境政策(Environmental Policy Integration,EPI),制定多样化的组合监管策略,推动社会向更"可持续"方向发展①。在未来较长一段时间内,以提升环境治理体系和治理能力为目标,健全以环保信用为基础的新型监管体制。如何调适之后产生的企业环保信用评价制度与既有环境监管制度的契合度,使得制度体系能够在整体上实现

---

① FOREMAN J. Developments in environmental regulation: risk based regulation in the UK and Europe[M]. Cham: Springer International Publishing, 2018: ii.

规则对接和功能聚合,将是一个具有时代意义的重要命题。虽然我国当前的环境法在本质上仍然是"管理法"或"控权法",环境权力的行使处于主导或支配性地位,但是这种"管理本位"的法律制度体系构造框架将会随着规制治理理论的渗透适度调整,并通过权力—权利的合理配置,逐步实现政府从"划桨者向掌舵者"的角色转化,在保持行政权力适度谦抑的同时,保障私主体权利适度拓展。正如德国法学家罗伯特·阿列克西认为的,在法的显示层面上,必须加上一个理想化或批判性的社会商谈层面,唯有如此,才能确保法的正确性,也才能形成一个良好和谐的法律体系①。

环境法过去和现在都是实验新型规制方法的绝佳领域。从整体上解决环保问题需要使用多种多样的规制方法,而这些方法都必须是针对具体问题最适合的②。中国环境法治发展的实践表明,我国的环境法律制度始终处于一个致力于解决新问题并试图将旧问题处理得更好的动态过程中③。中国未来环境生态问题的解决无疑应当逐渐减少采用直接干预企业环境行为的行政管控手段,转而透过环境信息、民主商谈、内部自我管理等相对间接的方式,促进被管理者及社会大众提升环境表现的内生动力,即建构整体性、综合性、协调性的环境治理新模式。2019年9月,"金砖国家国际法治论坛"在北京举行,吕忠梅教授发表主旨演讲,强调中国将进一步完善环境监管体制,持续不断推进治理体系和治理能力现代化,为全球性环境保护贡献中国智慧和方案。企业环保信用评价法律制度便是中国生态环境法治的创新性智慧和方案,在美丽中国建设、全面建设社会主义法治国家、国家环境治理体系及治理能力现代化的时代背景下,企业环保信用评价制度将政府、市场和社会多元主体及多元工具合作治理的理念制度化、规范化;将环保被监管对象自觉守法、履行环保社会责任

---

① 罗伯特·阿列克西.法理性商谈——法哲学研究[M].朱光,雷磊,译.北京:中国法制出版社,2011:1.
② 乌特·萨科瑟夫琪,喻文光.通过环境媒介保护的健康保护——空气和水污染防治[J].行政法学研究,2015(4):50.
③ 尼尔·麦考密克.法律推理和法律理论[M].姜峰,译.北京:法律出版社,2005:236.

的内生动力制度化、规范化①……企业环保信用制度以环境治理法治化为基本遵循,为在政府集中供给秩序之外提升社会治理效果②,提供了多元合作,提供环保信用良法善治的中国样本。

---

① 激发社会的自我规制动力,形成环境保护的合力已经成为国家环境保护治理的实践共识。如2021年2月,国务院印发的《关于加快建立健全绿色低碳循环发展经济体系的指导意见》,提出到2035年,我国经济的绿色发展内生动力显著增强,广泛形成绿色生产生活方式。
② 戴昕.理解社会信用体系建设的整体视角:法治分散、德治集中与规制强化[J].中外法学,2019(6):1469.

第一章　企业环保信用评价法律制度及其应然定位和功能

制度是一个社会的博弈规则,或者更规范地说,它们是一些人为设计的、形塑人们互动关系的约束①。制度本质上是一种规范,在一定程度上约束着人们的行为;就其内容而言,制度本身是一种关系,它表征着人们之间关系的某种结构性和秩序性②。制度包括正规约束(如法律和规章)和非正式约束(如习惯、行为规范、伦理规范)③。人们对于制度的关注,首先会集中于制度的定位和功能。定位是指事物的内在本质属性,是事物本身所具有的、区别于其他事物的特征。法律制度的定位是对制度的法律性质或属性的确定。无论是正式制度抑或是非正式制度,都包含着应然功能。应然功能是制度赖以存在的依据,是制度价值指向的具体表现④。法律制度的应然定位和功能是其应当具有的本质属性和规范价值,本章在对企业环保信用评价法律制度的概念内涵、演进轨迹等基础内容系统梳理的基础上,结合我国环境法律基本原则、环境法律制度的类型结构、环境法治的现实需求、环境保护领域立法变动规律等基础素材,归纳总结企业环保信用评价法律制度的应然定位和应然功能,以期为后续的规范及实践检视提供标准和参照。

---

① 道格拉斯·C.诺思.制度、制度变迁与经济绩效[M].杭行,译.上海:格致出版社,2008:3.
② 李松玉.制度权威研究:制度规范与社会秩序[M].北京:社会科学文献出版社,2005:25.
③ 道格拉斯·C.诺思.制度、制度变迁与经济绩效[M].杭行,译.上海:格致出版社,2008:12-25.
④ 辛鸣.在应然与实然之间:关于制度功能及其局限的哲学分析[J].哲学研究,2005(9):93-99.

第一节 企业环保信用评价的概念及制度解构

法律概念是法的要素之一[①]，其语义构成了法律规范目的论证的界限，其重要性不言而喻。正如比克斯所言，概念分析通过区分观念和范畴的逻辑结构，或者通过分析其必然的、本质属性，来探求我们所处的世界中某些方面的真[②][③]。概念乃解决法律问题所必需的工具，如果法律没有限定严格的、专门的概念，我们便不能理性地思考法律问题，没有概念，我们便无法将我们对法律的思考转化成语言，也无法以一种可以理解的方式把这些思考传达给他人[④]。在概念界定的基础上，学者应当同时关注到一项法律制度由若干子制度构成，系统解析法律制度的结构，有利于筛选并形成予以研究的核心子制度体系。

一、企业环保信用评价的概念

法律概念是在法律和法学活动中所使用的一切具有法律意义的概念。法律概念是法律规范的根基[⑤]。企业环保信用评价相关概念是该法律制度所涵涉的理论确立及规范完善的基础，需要优先界定。企业环保信用评价法律制度概念的界定，需要在分析信用、环保信用等概念核心范畴的基础上，推演企业环保信用评价概念的内涵及外延，且该概念应当具备科学性、规范性、普遍性等法律概念的一般特征。

（一）信用概念的两元构造

学者们普遍认为信用在不同语境下的内涵会有不同。学者也大多将其放置于伦理学、经济学和法学语境中进行分类阐释[⑥][⑦]。本书也沿此思

[①] 张文显.法理学[M].北京:高等教育出版社,1999:76.
[②] 布赖恩·比克斯.法理学:理论与语境:第四版[M].邱昭继,译.北京:法律出版社,2008:15-29.比克斯的观点被国内很多学术文献引用,应作为法律概念解析的基本遵循.
[③] 邱昭继.法学研究中的概念分析方法[J].法律科学(西北政法大学学报),2008(6):38;雷磊.法律概念是重要的吗?[J].法学研究,2017(4):75.
[④] 博登海默.法理学:法律哲学与法律方法[M].邓正来,译.北京:中国政法大学出版社,1999:486.
[⑤] 雷磊.法律概念是重要的吗[J].法学研究,2017(4):74-75.
[⑥] 董美娟.信用含义的历史演进[M]//蓝寿荣.社会诚信的伦理与法律分析.武汉:华中科技大学出版社,2010:5-12.
[⑦] 李新庚.信用论纲:信用的道德和经济意义分析[D].北京:中共中央党校,2003:19-23.

路,试图透过体系化、多维度的分析,梳理不同学科视域下信用的共性本质。

伦理学语境下的信用概念的历史最为久远。在我国古代,很多论著都有关于信用重要性的论述。如《论语》中的"人而无信,不知其可也",《易经》中的"人之所助者,信也",《管子》中的"信不足,安有信",《左传·宣公十二年》中的"其君能下人,必能信用其民矣"。与信用相对应的拉丁文是 crdeo,该拉丁文具有信用、信任、诚意等含义。但无论是我国古代典籍的记载,还是古罗马拉丁语的词义,均表明了信用产生自道德或伦理的土壤,信用的基本内涵是人或组织符合主流价值观的美好德行,这些德行的形成往往由多次有德的行为逐步累积而来①。正如有学者所归纳的,信用是一种诚实不欺、值得信赖的美德,也是一种信守承诺、勇担责任的公德②。在伦理的语境下,信用也可以带来经济利益或社会地位,比如德行好的人,更容易获得人们普遍的尊重,在其遭遇困难的时候更容易获得他人的帮助,但这是信用拥有者基于信用产生的利益,实质上并不是信用本身。

经济学语境下的信用概念,是随着交易活动和市场经济兴起逐步形成的,与信贷和赊销直接关联。在英美法系中,信用对应的英文单词为 credit,是授信方提供信贷即授信方把对特定物品拥有的财产权让渡给受信方,约定在未来某一时刻获取对其他特定物品的所有权。③ 或者是一种以偿还和付息为条件的价值运动的特殊形式,主要体现在货币的借贷和商品交易的赊销或预付两个方面④。它也可理解为为得到或提供货物、服务后并不立即而是允诺在将来付给报酬的做法,一方是否通过信贷与另一方做交易,取决于他对债务人的特点、偿还能力和提供的担保的估计⑤。也就是说,信用在信贷或赊销经济活动中是充当的基础性作用的媒介,一方是否具有信用或信用高低的程度是放贷方或赊销方决定是否实施贷款

---

① SHAW W H. Social and personal ethics[M]. New York: Wadsworth Publishing, 1993: 11-36.
② 杨文礼. 信用哲学引论[D]. 北京:中共中央党校, 2013:39.
③ 约翰·伊特韦尔. 新帕尔格雷夫经济学大辞典[M]. 北京:经济科学出版社, 1987:213.
④ 黄运武. 市场经济大词典[M]. 武汉:武汉大学出版社, 1993:458.
⑤ 戴维·M. 沃克. 牛津法律大辞典[M]. 北京:光明日报出版社, 1989:225.

或赊销,以及决定贷款或赊销额度的关键因素。因此,经济学上的信用实质上是市场主体在经济活动中获得借贷、赊销的权利能力,或者表现为其偿债能力。

法学语境下的信用概念,源于民事主体进行民事活动的基本行为遵循,也就是民法的主要原则——诚实信用原则。但是诚实信用原则中的"信用"与西方经济学中的赊销和信贷并不关联,更接近于伦理意义上的信用内涵,即言必出、行必果,遵守诺言,不恶意磋商,全面履行合同义务等民事主体的善良品行。诚实信用原则之所以将"信用"与"诚实"两个词汇并列使用,一是这两个词的内涵相互独立,诚实偏向指代民事主体忠诚、老实的德行,而信用偏向指代对履行各类合同或约定行为后果的正面评价;二是两者构成一个合成词,共同表达忠诚、践约的良好品德。在实际案例中,诚实和信用存在语义交叉重叠,很难理清何种情况下民事主体违反了诚实原则,何种情况下又违反了信用原则。后来,随着市场经济的法治化建设,基于保护商事主体的信用权益(权利)的需要,个人及组织的信用权逐渐纳入民法及商法的研究范围,并基于信用所带来的经济价值产生了信用权这一法律概念。但无论是民法的诚实信用原则,还是信用权,其中信用的本质含义均是诚实、践约等道德品质,此种道德品质是民事法律行为的基本遵循,或者可以为具备此种品质的所有人带来有理由期待的经济利益。

我们认为,信用并非如一些学者们所言,信用的概念在不同语境下会发生变化,相反,在不同的语境下,信用的本质属性并未改变,改变的是人们借用信用这一工具所要达到的目的。在法律制度尚无或者稀少的人类社会发展早期,信用是一种淳朴的民风或统治者的德行,用于填补无"法"或少"法"境况下的社会治理需要。在市场经济社会,考虑到人们对资本获取的需求,信用功能的主要表现是以借贷或赊销为主要目的的经济行为,实质上作为伦理意义上的诚信道德并未消亡,而且它是赊销或延付启动的信任基础。在法律语境下,诚实信用原则所渗透的先合同义务、全面履约、无因管理、不当得利返还等法律制度,以及法律所要保障的信用权益或权利,其本质仍然是以信用的道德性为基础的,不同的是,法律语境下信用的功能是权利保护的客体或法律行为的基本遵循。因此,就信用概念自身而言,任何语境下的信用内涵本身并无实质意义上的区别,也不会因语境的改变而改变。信用概念之所以有多重含义,主要在于语境的变化,在不同的语境下,比如经济信用、商业信用、社会信用等不同的语境下含义自然不同。

因此,特定语境下的信用概念实质是基础元素和目标元素"两元构造"的结果,对概念的认知需要从基础要素,即伦理学意义上的信用着手,同时考察不同场域下信用的目标元素,然后将两者串联起来,形成不同语境下的信用内涵。基础元素是信用概念的魂或者根,目标元素是信用概念的外观或枝叶,正如焦国成教授所言:信用的原始含义是道德意义上的[①]。

(二) 环保信用的概念界定

在国内,环保信用也被称为环境信用、环境行为信用或环境保护信用等。比如,《企业事业单位环境信息公开办法》以及江苏、浙江等地的早期文件称之为"环境行为信用";《企业环境信用评价办法(试行)》《关于加强企业环境信用体系建设的指导意见》、南京市地方规范等称之为"环境信用";深圳市等个别城市也称之为"环境保护信用"。党的十九大报告称之为"环保信用",之后中央及地方发布或修订的文件大多沿用该称谓,如《国家生态文明试验区(海南)实施方案》《江苏省企业环保信用评价暂行办法》《河南省企业事业单位环保信用评价管理办法》等。

环保信用的英文表述是 environmental credit[②]。例如,马克·里巴乌多(Marc Ribaudo)、罗伯特·约翰逊(Robert Johansson)、卡尔·琼斯(Carol Jones)使用了"environmental credit"这一词组,这里的环境信用是指信贷或赊销,比如农民将其农业种植减少的二氧化碳排放量出售给有削减任务的企业,因为二氧化碳减排量不是现货交易,因此具有赊销的性质[③]。此外,杰西卡·福克斯(Jessica Fox)、加德纳(Royal C. Gardner)、

---

① 焦国成. 中国社会信用体系建设的理论与实践[M]. 北京:中国人民大学出版社,2009:7.
② credit 在英文中具有信用和信贷的双重含义,由于在国外信用最早是在金融领域使用的,企业和个人的信用在银行授信时才具有特别的价值。
③ RIBAUDO M, JOHANSSON R, JONES C A. Environmental credit trading: can farming benefit?[J]. USDA Economic Research Service, 2006, 4(1): 47-52.

托德·马基(Todd Maki)也使用了 environmental credit 这一词组,提出国家立法机关制定的政策应当为保护湿地、濒危物种、水质、森林等环境保护行为提供经济激励,如果这些保护行为可以为施行者带来信用值,那么在环境信贷市场,信用手段比传统的补贴、减税等工具可能更为有效①。

如前文所述,特定语境下的信用概念实质是基础元素和目标元素"两元构造"的结果,信用只有放置于不同的语境下,才能体现不同的内涵。对于环保信用概念而言,其中的信用是基础元素,秉承信用伦理学意义上的内涵,即自然人或组织诚实、守信的美德,目标元素就是概念中的"环保"二字,即环境保护。因此,环保信用是信用权益的拥有人因保护环境而累积良好品行的综合表现。良好品行是内化的诚实、守信等美德的外部表现,此种外部表现又可以细化为遵守环保法律法规、履行环保合约、承担环保社会责任等多维度的内容。

环保信用与普通商业信用(如经济信用)不同,后者运用的目标在于获取赊销或延付的私人利益,而环保信用的运用不仅在于满足信用拥有者的私人利益,同时也在于满足多数人群的环境公共利益,环保信用拥有者的可期待利益包括私人利益和环境公共利益。与商业信用的运用在于满足经济需求的目的不同,环保信用的运用在于满足环境保护的需求,即信用在环保的语境下,具备了管理的功能,环保信用的功能主要是环境治理,而不是获取经济利益。当然,如果市场主体(如商业银行、保险机构)在从事经营活动时以环保信用为参考指标,则环保信用也可以为信用拥有者带来经济利益。

(三) 企业环保信用评价的概念

企业环保信用评价又可称为企业环境信用评价、企业环境行为信用评价等。多数学者对于企业环保信用评价的概念界定②③④,直接援引

---

① FOX J, GARDNER RC, MAKI T. Stacking opportunities and risks in environmental credit markets[J]. Environmental Law Report News and Analysis, 2011, 41(2): 48-50.
② 贺震. 推进环保信用评价[J]. 中国环境监察, 2017(8): 57.
③ 何佳锡. 我国环境信用评价现状初探[J]. 环境与可持续发展, 2016(3): 125.
④ 谢刚, 史会剑, 王玉涛. 企业环境行为信用评价理论与实践研究[M]. 北京: 中国环境出版社, 2016: 23.

《企业环境信用评价办法(试行)》第二条的规定,或者将其中个别词进行了调整,如张胜认为,环保信用评价是环保部门根据环境政策法规规定的指标、方法与程序,对企业环境行为进行信用评价,确定信用等级,并且向社会公开,供公众监督和有关部门、机构及组织应用的环境管理手段①。也有不少学者在借鉴国外信用评价成果的基础上,对环保信用评价概念中的具体内容,比如评价主体等提出了进一步完善的建议②。

各省(区、市)也制定了企业环保信用评价制度,但其概念的内涵及外延均存在一定差异。如《山东省企业环境信用评价办法》(2020年)第三条规定:本办法所称企业环境信用评价,是指生态环境主管部门根据企业环境违法违规行为信息,对企业环境信用进行评价,向社会公开评价结果的活动③。《江苏省企事业环保信用评价办法》(2019年)第三条规定:本办法所称企事业环保信用评价,是指生态环境主管部门根据排污企事业单位环境行为信息,按照规定的指标、方法和程序,对其环境行为进行信用评价,确定其环保信用等级并向社会公开,供社会监督和应用的环境管理手段④。《河南省企业事业单位环保信用评价管理办法》(2018年)第二条规定:"本办法所称企业事业单位环保信用评价,是指环保部门根据企业事业单位环境信息,按照环保信用评价标准和程序,对其环保信用进行评价定级,并向社会公开环境评价信息的管理手段。"《浙江省企业环境信用评价管理办法(试行)》(2020年)第三条规定:本办法所称企业环境信用评价,是指生态环境部门根据企业环境行为信息,按照规定的指标、方法和程序,对企业环境行为进行信用评价,确定信用等级,并向社会公开,供公众监督和有关部门、机构及组织应用的

---

① 张胜.关于我国环保信用评价的若干思考和建议[J].环境保护,2017(20):40.
② 莫张勤.反思与重构企业环境信用评价的中国实践:以多元主体参与为视角[J].商业经济研究,2017(2):41-43.
③ 山东省环保厅.山东省企业环境信用评价办法的通知[EB/OL].(2021-01-31)[2021-02-04].http://xxgk.sdein.gov.cn/zfwj/lhf/202101/t20210104_3505092.html.
④ 江苏省环保厅.江苏省企事业环保信用评价办法[EB/OL].(2020-01-02)[2021-02-04].http://hbj.nanjing.gov.cn/njshjbhj/202001/t20200102_1763325.html.

环境管理手段①。

上述文件对企业环保信用评价的概念表述存在一定差异,现有概念包含的要素主要有五个方面,即评价主体、评价内容、评价对象、评价结果引用、评价行为定性。其中评价主体均规定为生态环境部门,各省的文件对此没有分歧。关于评价内容,有的文件表述为企业环境行为信息,有的表述为环境信息,有的表述为环境行为。关于评价对象,虽然文件都表述为企业或企业事业单位,但根据各个省份评价文件其他条款的规定,这些作为评价对象的企业(企业事业单位)的范围并不相同,有的是各级生态环境部门确定的重点监控企业,有的包括需要办理工商登记且需要进行排污许可证的所有企业。关于评价结果引用,有的省份规定的引用主体包括部门、机构和组织,有的笼统规定为社会引用,有的文件并没有评价引用的表述。关于评价行为定性,尽管各省份文件表述不太一致,但总体上可归纳为环境管理手段或环境监督管理手段。

企业环保信用评价是我国环境规制转型过程中产生的一种新型法律制度,其制定的目的是填补单一中心行政管理绩效不佳、成本高昂的弊端,该制度是近年在国内产生的新型环境治理的手段之一。而且,从国际经验来看,由社会第三方机构实施相似的评价是主要的评价方式,国内普遍采取生态环境部门所做的环保信用评价的主要原因是目前尚缺乏有能力进行评估的社会第三方机构。同时,企业环保信用评价是现行法律规范的既有称谓,制度不仅涵盖核心的评价行为,还包括相关联的其他行为,如评价结果应用的联动激励约束等,企业环保信用评价不仅仅涵盖了核心的评价行为本身,还包含了完整的动态评价过程,以及评价之后的结果引用,比如相关部门和机构联合采取的激励惩戒措施等。此外,与其他环境法律制度的功能相似,预防生态环境损害也是企业环保信用评价的制度功能,比如非重点监控企业也存在发生生态环境损害的可能性,此类企业同样也需要进行环保信用评价。同时,作为企业环保信用评价内容的环境信息是评价概念中应当表述的重点内容之一,但是现有文件并没

---

① 浙江省环保厅. 浙江省企业环境信用评价管理办法(试行)[EB/OL]. (2020-04-07)[2021-02-04]. http://www.ruian.gov.cn/art/2020/4/7/art_1423793_42503053.html.

有列举环境信息应当包含的具体类型,以致于概念界定不清晰。

基于上述分析,我们认为企业环保信用评价是指具有评价资格的组织按照规定的评价指标、方法和程序,对企业遵守环保法律法规、承担环保社会责任、履行环保合约等方面的环境行为信息进行综合评估,确定环保信用级别并向社会公开,供有关部门、机构、组织、个人等引用的环境治理手段。

我们关于企业环保信用评价的概念界定,与现有国家及地方评价文本的概念界定并不完全一致,主要不同点有:一是评价主体不同,现有规范将其规定为生态环境部门,我们将其确定为具有评价资格的组织,即独立的第三方机构,评价主体的调整不仅需要对原有行政主体职权及行为的行政法评价综合考察,更需要对第三方机构的评价权源以及具体的配套规范等内容综合研究。二是评价指标内容不同,我们将其确定为能够表征企业环保信用的环境行为综合信息,具体哪些信息的集合能够更为妥当地表征企业的环保信用,后文将在基础理论论证基础上进行合理框定。三是引用的主体不同,现有文本没有着重关注该问题,我们将其列举为有关部门、机构、组织、个人等,评价结果引用主体范围及其实施措施如何框定才能有利于评价制度承载更多的环境治理功能,后文将在理论论证基础上进行规范完善论述。四是评价行为的定性不同,现有文本将其定性为政府管理手段,我们将其定位为环境治理手段,因为从政府管理手段到环境治理手段的调整,不仅是概念或理念的变动,而且需要基础理论和规范内容的跟进调整,后文也将结合基本理论和规制设计综合论证。

二、企业环保信用评价的制度解构

目前,国内已有一定数量的国家及地方性质的规范文本专门规定了企业环保信用评价制度,尽管规范文本的制定层级有待提升,规范文本内容尚待优化,但都探索产生了制度规范的初步样本。国家层面的专门规范是2013年原环境保护部等四部委联合印发的《企业环境信用评价办法(试行)》。截至2021年3月,我国已经有28个省(区、市)制定了地方规范。我们将国家规范文本及地方文本(以山东示例)涉及的规范内容以表格方式呈现(表1-1),分析了其与本研究对象之间的关联度,以便解构企业环保信用评价的子制度体系。

表1-1 企业环保信用评价的制度内容

规范类型	规范名称	规范主要内容	规范内容归类及对本研究对象的指引
国家规范文本	《企业环境信用评价办法(试行)》	总则(包括评价范围、职责分工、评价责任等内容)	自愿评价后评价范围规范已经没有讨论的意义; 职责分工涉及行政权与公民参与权协调属于法律问题; 评价责任涉及权利救济等属于法律问题
		评价指标和等级	评价指标是强制性规范,与参评企业信用权直接关联属于法律问题; 评价等级及指标权重属于技术问题
		评价信息来源(信息提供、归集等)	属于环境信息公开制度的内容
		评价程序(工作程序,涉及部分权利救济内容)	工作程序属于技术问题; 程序中权利救济内容属于法律问题
		评价结果公开与共享(评价共享平台建设)	评价结果公开属于信息公开制度的内容; 共享平台建设属于技术问题
		守信激励和失信惩戒(具体激励和惩戒措施)	属于评价结果的引用问题,涉及权力行使、权利救济等法律问题
地方规范文本	《山东省企业环境信用评价办法》	总则(主要涉及职责分工、信用承诺等)	职责分工属于法律问题; 信用承诺并入指标规范
		评价工作机制(包括计分方法、信用等级及工作程序)	评价指标属于强制性规范,是法律问题; 信用等级及工作程序中的部分内容属于技术性规范; 工作程序中权利救济内容属于法律问题
		黑名单制度(名单确立规则及名单标识)	黑名单制度中的部分内容可归入评价指标,部分内容可归入评价引用制度中合并研究; 黑名单的标识属于技术性规范

(续表)

规范类型	规范名称	规范主要内容	规范内容归类及对本研究对象的指引
地方规范	《山东省企业环境信用评价办法》	分级分类管理	属于评价结果的引用问题,涉及权力行使、权利救济等法律问题
		信息公开及评价结果应用(信息公开、评价结果通报及联合惩戒)	部分内容属于环境信息公开的内容; 评价结果通报是工作要求,属于技术性规范; 联合惩戒是评价引用制度的内容,涉及当事人权利义务等法律问题

基于表1-1的梳理,本研究得出以下三点结论。

第一,企业环保信用评价制度是兼容法律元素和技术元素的法律制度。与环境影响评价制度类似,企业环保信用评价制度在实际运行过程中也存在评价技术问题,比如评价指标权重问题、评价信息平台建设问题、评价材料规范性问题、评价模式问题、评价工作程序等,这些问题不属于法律层面应当讨论的问题,本研究不予探讨。本研究重点讨论评价主体适格性、评价指标科学规范性、评价结果引用合法性等问题。其中,评价主体的适格性包括第三方评价主体的权源及责任承担,评价指标是评价法律关系客体信用的规范内容,直接影响参评对象的权利及义务承担,评价结果引用涉及引用措施的合法性、合理性和关联性以及法律责任问题。上述所列均属于企业环保信用评价法律制度涵盖的法律问题。

第二,企业环保信用评价制度涵盖整个动态的评价过程。企业环保信用评价是我国现行法律规范的既有称谓,制度规范不仅涵盖核心的评价行为,还包括相关联的其他行为,如评价结果引用等。因此,本研究所要讨论的企业环保信用评价不仅是静态的评价行为,而且是整个动态的评价过程,即不仅包括狭义、单一、静态的评价行为,也包括评价后的结果引用制度等。

第三,除了技术元素,现有的国家及地方评价规范中还有部分内容属于环境信息公开法律制度的内容,比如信息归集、通报、共享等,鉴于环境信息公开法律制度是一项独立的法律制度,且法律规范相对健全,本研究未将其纳入研究范围。此外,评价程序中涉及的参评对象的权利义务、权益救济等问题可以并入相关的主体制度和引用制度。

企业环保信用评价的制度解构见图 1-1。

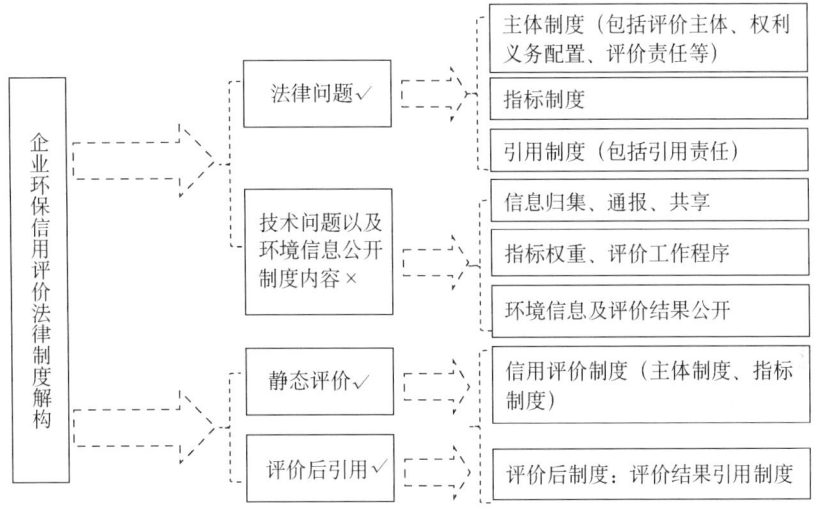

图 1-1　企业环保信用评价的制度解构①

第二节　环境管理转型及企业环保信用评价制度演进轨迹

在我国,环境管理转型源于生态文明建设对环境保护的高标准要求。我们可以从发展阶段、发展理念、社会形态等不同的角度阐释生态文明。比如,生态文明是人类文明发展的一个新的阶段,即继工业文明之后的新兴文明形态;生态文明是人类遵循人、自然、社会和谐发展这一客观规律而取得的物质与精神成果的总和;生态文明是以人与自然、人与人、人与社会和谐共生、良性循环、全面发展、持续繁荣为基本宗旨的社会形态;生态文明是与"野蛮"相对的一种发展理念,是指在工业文明已经取得成果

---

①　图中"√"表示该项内容属于本项目的研究对象,"×"表示该项内容不属于本项目的研究对象。

的基础上,用更文明的态度对待自然,拒绝对大自然进行野蛮与粗暴的掠夺,积极建设和认真保护良好的生态环境,改善与优化人与自然的关系,从而实现经济社会可持续发展的长远目标。因此,生态文明是一种与自然(资源)或生态环境紧密联系的人类社会的文明形态或文明发展阶段,生态文明时代环境保护要求标准高,传统以行政管控为中心的环境监管体制存在行政成本高昂、治理绩效不佳、治理碎片化等问题,环境监管体制亟待转型以适应当下环境治理需求。

一、环境管理转型与企业环保信用评价制度产生

环境监管体制转型研究及实践最早始于国外,国外传统的政府单中心环境管理体制面临改革,迫切需要从单一的政府管理转为政府、市场和社会多元化合作的协同管理体制。在美国,这一体制从20世纪70年代一直持续至今,人们讨论的重点也从早期的可行性问题,发展到后期监管转型机制如何设计问题。有学者认为,通过公私合作、权力下放和权力授予,政府能整体性审视各项法律和政策,实现体制从命令控制型到规制治理的转型①。有学者创新性地提出了元规制的概念,其要义在于法律通过介入经营者的微观管理,为经营者的自律性活动设置外来制度约束,同时保留相当程度的灵活性②。也有学者认为开放公司应实现有效的自我监管与民主,自我规制能够将政府、市场和社会等子系统有机关联,在降低规制成本的同时,提高其专业性和技术性,并被规制者普遍接受③。有学者提出,有效的治理网络可以激活多元主体合作参与的内生动力,协调多元工具,聚合分散资源,实现公共利益保护的行政任务,重塑民主治理是新规制空间的内在要求,关注规制活动和规制组织"去中心化"属性的同时,更需关注规制活动的动态演进和自我纠错,关注不同主体的规制责

---

① FORD C. New governance in the teeth of human frailty: lesson from financial regulation [J]. Wisconsin Law Review, 2009, 57(3): 103-123.

② 卡里·科格里安内斯,埃文·门得尔松.元规制与自我规制[M]//罗伯特·鲍德温,马丁·凯夫,马丁·洛奇.牛津规制手册.宋华琳,等译.上海:上海三联书店,2017:163-187.

③ PARKER C. The open corporation: effective self-regulation and democracy[M]. Cambridge: Cambridge University Press, 2002: 245-291.

任①。当然,规制规范扩展至政府之外,民间和商业行为者是实现治理的有效机制,规范多样性、控制者多样性和调控机制多样性至关重要,其中多样性的规制规范包括合同、通告、标准等多元法律规范;控制者包括政府部门、企业、协会、认证机构等多元主体;调控机制包括法律法规、社会规范、市场机制、代码控制等②。

我国于1979年制定了第一部《环境保护法(试行)》,而后该法在1989年经过修订正式成为环境保护领域的综合性法律,修改后的《环境保护法》是一部典型的由命令—控制型法律制度组成的综合性法律。这与国外环境管理早期实践采取的模式是相同的,为应对生态危机,世界各国均围绕企业编织了庞大而细密的环境规制网络③,政府希望通过强有力的行政权力配置形成促使被监管对象守法的高压态势。在早期,这种政府单中心的监管方式配置还是妥当的,原因在于当时生产性企业总量并不多,加上市场经济秩序还尚未完全建立,生态环境还尚未触动公众参与环境治理。20世纪90年代,随着我国建立社会主义市场经济改革目标的逐步确立,各类经济主体经营热情蓬勃高涨,我国经济开始走上了高位复苏发展之路。伴随着经济快速发展,我国环境问题也日益严重,我国政府也从20世纪90年代开始每年发布年度环境状态公报。根据原国家环境保护总局发布的《1995年中国环境状况公报》,总体上讲,我国资源浪费、环境污染和生态破坏相当严重,且仍在发展,与1994年相比,以城市为中心的环境污染向农村蔓延;生态破坏的范围仍在扩大④。《1996年中国环境状况公报》再次强调:以城市为中心的环境污染仍在发展,生态破坏范围仍在扩大,污染程度在加重⑤。

随着环境污染日益加剧,环境行政监管立法及执法高压态势日益增量,环保督察、查封扣押、按日计罚、限产停产、停业关闭、移送拘留……监

---

① VIBERT F. The new regulatory space: reframing democratic governance [M]. Massachusetts: Edward Elgar, 2014: 15-16.
② SCOTT C. Analysing regulatory space: fragmented resources and institutional design [J]. Public Law, 2001: 329-353.
③ 谭冰霖.环境规制的反身法路向[J].中外法学,2016(6):1512.
④ 国家环境保护总局.1995年中国环境状况公报[J].环境保护,1996(7):2.
⑤ 国家环境保护总局.1996年中国环境状况公报[J].环境保护,1997(6):3.

管手段日益强化。环保部门为了应对企业的环境违法行为可谓使出了浑身解数①,虽然取得了一定成效,比如生态环境局部状况较前几年有所好转,但从中央和各地的环保督察情况看,环保形势依然严峻,整体生态环境状况不容乐观。因此,与国外规制转型的因由相似,《环境保护法》等确立的行政法律制度同样面临规制低效、规制能力有限的质疑,我国必须在单中心环境行政规章制度外,建立健全更广泛主体参与的经济激励型、公众参与型环境法律制度,借助广泛的社会主体和市场主体考量企业的环境表现,将环境因素嵌入整个治理网络,在降低社会环境整体风险的同时,提升环境治理效果②。在此情形下,我国需要及时调整立法规则策略,将行政主体、行政措施外的其他主体和措施及时纳入立法规范范围,保障其参与环境治理行为的合法性和规范性,凝聚环境治理合力,但是由于国内行政机关长期对传统"命令—控制"规制模式的依赖,缺乏对其他社会子系统独特运行逻辑③的应有重视,这一思路未能及时完全转化为法律规范。

我国学者对环境管理传统模式的反思和研究已经有多年的历史。王明远、马骧聪早在1998年就提出构建环境经济法律制度,在"直接控制"的行政手段外,填补"间接控制"的市场手段和自我调控手段,以便共同促进可持续发展目标实现④。近年来,国内关于环境监管转型的论著日渐增多,尽管切入角度不同,但是其单中心行政管制亟待转型的意思表达是相同的。如秦天宝认为,多元共治因具有平衡多主体间利益、提升行政管理效率等特点应当成为我国建设现代化环境治理体系的新理念,随着我国提出"形成政府、企业、公众共治的环境治理体系",传统的行政主体与社会主体在环境治理体系中的关系也将由"命令管制"向"沟通协作"发展⑤。杜辉提出,公私协力是当前环境治理转型的基础和主导范式,"环境私主

---

① 贺震.推进企业环境信用评价[J].中国环境监察,2017(8):57.
② 吴元元.信息基础、声誉机制与执法优化:食品安全治理的新视野[J].中国社会科学,2012(6):115-116.
③ 谭冰霖.环境规制的反身法路向[J].中外法学,2016(6):1512.
④ 王明远,马骧聪.论我国可持续发展的环境经济法律制度[J].中国人口·资源与环境,1998(4):61-64.
⑤ 秦天宝.法治视野下环境多元共治的功能定位[J].环境与可持续发展,2019(1):13.

第一章　企业环保信用评价法律制度及其应然定位和功能

体是与行政公权主体相对称的另一种环境治理主体",政府因应环境治理转型的实际需要,应当健全私主体治理的法治体系①。高秦伟认为,政府规制难以应对现代社会各种纷繁复杂的经济社会问题,政府应当通过规范设置,充分引导私人主体积极主动地进行自我规制②。张宝指出,依靠强化规制权力来解决或遏制环境恶化的思路应当改变,公共任务不能只由国家独占行使,而应通过公私合作和社会自我规制来实现规制目标,经济手段、信息规制、自愿协议、公众参与、风险评估等规制手段逐渐兴起,环境规制进入多元规制时代③。

环境管理转型关键是要处理好市场与政府之间的关系,尤其是要注重发挥市场在资源配置中的决定性作用,通过制度机制建设推动企业从被动管理向主动参与管理转变,这就需要将环境行为与市场信用有机融合,环境信用评价是实现这一融合的纽带和桥梁④。环保信用评价制度是社会诚信体系建设的重要组成部分,是一项激励并约束排污企业的综合性环境政策措施,是创新环境管理工作机制的有益尝试。因此,为了实现生态文明建设目标,我国环境治理模式及制度建设也必须从国家全局视角对社会经济发展进行整体安排、统筹考虑,唯此才能有效解决环境恶化以及碳中和等环境难题。健全企业环保信用评价法律制度,对政府管理而言,有利于解决环境行政管理制度体系庞大,成本高昂,但无法从源头上解决环境问题,无法走出环境治理局部改善、整体效果不明显的困境。对企业而言,社会信用体系建设已经成为时代所需⑤,环保信用体系建设自然成为环境保护领域的时代要求;信用的资本属性使环保信用可以成为企业信用资本的有效组成单元,企业资本扩张的需求吸引企业积极建立并维护自身的环保信用;面对新一轮因环境保护引发的企业重新洗牌,企业绿色转型发展面临着现实需求刚性、法律规范需求刚性、政策需求刚性。因此,无论是从政府有效的环境治理角度,抑或是从企业适应时代要

---

① 杜辉.论环境私主体治理的法治进路与制度建构[J].华东政法大学学报,2016(2):119-128.
② 高秦伟.社会自我规制与行政法的任务[J].中国法学,2015(5):71-98.
③ 张宝.环境规制的法律构造[M].北京:北京大学出版社,2018:5-25.
④ 张志奇,李英锐.企业环境信用评价的进展、问题与对策建议[J].环境保护,2015(20):51.
⑤ 吴晶妹.社会信用体系建设是时代所需[J].征信,2015(2):1.

求和自身需求的角度,企业环保信用评价制度的产生都有助于实现环境管理体制的转型目标。

二、我国企业环保信用评价法律制度的演进轨迹

通过上文分析可知,我国环境保护工作长期以来由政府单中心力量推动,环保部门几乎已经将传统行政资源、行政手段等全部用于环境监管,然而随着社会生产的不断扩大和企业的不断增多,强化传统监管的方式已经难以实现生态环境的整体性、根本性好转。社会管理强调社会功能,突出多元社会主体的自我规制,注重被管理对象持续改进环境行为,这为环境保护工作提供了突破性的思路。环保信用体系建设正是针对环境保护信用缺失问题,以社会信用体系建设为总体架构,在社会管理思维下产生的一种新型环境治理手段。企业环保信用评价法律制度大致因循从早期试点到省级建制再到国家层面建设的演进轨迹,经历了从环境行为评价,到环境行为与信用结合评价,再到国家层面独立的环保信用评价的发展阶段。

(一) 早期试点:企业环境行为评价阶段(2000—2004年)

我国企业环保信用评价法律制度最早的实践可以追溯到2000年,肇始于环境信息公开制度建设的需要。鉴于1995年世界银行在印度尼西亚的 PROPER 计划①运行效果良好,2000年7月,世界银行又资助原国家

---

① 污染控制计划、评估和评价计划(PROPER)是印度尼西亚政府环境影响管理厅为减轻与污染有关的问题而进行的一项创新尝试,属于国家级公共环境报告计划,该计划于1995年6月在世界银行的支持下启动。该计划实施通过引入"清洁技术"的概念,使用奖励和透明度促进环境管理系统等方法,鼓励企业减少污染,强制企业遵守污染控制标准并采用有助于"清洁技术"的做法,促进工业界遵守污染管制条例,确保政府实现更好的环境管理目标。PROPER 计划的核心内容是开发了一个颜色编码的评价方案,并根据监管标准对企业的环境保护性能进行评价。颜色编码系统基于五种颜色——金色、绿色、蓝色、红色和黑色,不同的颜色对应企业在污染控制方面的不同水平。环境保护水平表现出色的企业将获得金色等级,这些企业的污染物排放达标要求严于国家监管标准要求,尤其是在控制空气污染和危险废物方面。绿色等级表明企业的环境管理超出了预期的合规水平,但尚没有达到表现出色的水平。蓝色等级表明企业的环境管理符合国家监管标准。红色等级表示企业环境保护表现不佳,尽管企业表现出某种污染控制能力,但并未符合监管标准。黑色等级表示企业环境保护业绩水平排名靠后,且企业不努力控制污染,并可能出现严重的环境风险。PROPER 计划通过实施环境等级评价方案,转变了污染控制和执法机制监管方法的范式,民间有权获得环境信息并使用这些信息,可以有效监测环境执法性能上的偏差。

环境保护总局在我国开展"中国城市工业污染管理与信息公开项目"研究,作为项目研究成果的《工业污染管理与信息公开实施技术指南》《企业环境行为评价指标分级评判标准》于同年在江苏省的镇江市试点。

镇江市于2000年首次对91家工业企业1999年度的环境行为进行评价,在全国引起强烈反响①。2001年在镇江市完成试点工作的基础上,江苏省全面启动企业环境行为信息评价工作。2002年4月,为巩固试点工作成果并在全省推广,江苏省原环境保护厅印发了《江苏省企业环境行为信息公开化制度实施办法(暂行)》(苏环法〔2002〕11号),该暂行办法共十一条,规定了参与评价的企业范围、评价标准、程序以及评价结果适用等内容。该办法要求各地必须将重点污染企业纳入企业环境行为评价和公开范围,制定了绿色等级企业在银行信贷、环保项目获取等方面的优惠政策。

江苏省开展环境行为评价工作后,其他一些省(区、市)也开始进行试点探索。如安徽省铜陵市,作为我国中部工矿型城市,为了更好地解决日趋严重的环境污染和生态破坏问题,在充分学习江苏省经验的基础上,于2004年7月印发了《铜陵市工业企业环境行为信息公开化管理暂行办法》。该办法规定,市政府指定的评价机构根据办法确定的指标和程序进行企业环境行为等级评定,并将评定结果报市环保局审查、公示并公开。

江苏省镇江市和安徽省的企业环境行为评价在一定程度上缓解了当地环保部门监管力量有限,即使"白+黑""5+2"也力有不逮的监管困境,企业环境行为评价制度开启了凝聚社会多方力量、提高环境监管能力和环境监管绩效的新型监管机制②。但是,这一阶段个别省(区、市)开展的环境行为评价并非真正意义上的环保信用评价,只是政府对企业环境行为进行的综合评估,这种评估并非基于环保信用体系构建的因由。因此,这一阶段的企业环境行为评价属于环境信息公开制度的雏形,奠定了企业环保信用评价信息公开内容的规范基础。

---

① 2017年6月笔者参加原环境保护部举办的"全国环境信用评价体系建设工作培训班",此数据出自时任江苏省环境保护厅法规处处长龚志军《江苏省环保信用体系政策介绍》的报告。

② 贺震.推进企业环境信用评价中国环境监察[J].中国环境监察,2017(8):56-58.

(二) 省(区、市)级建制:企业环境行为评价与信用评价结合阶段(2005—2012年)

在各省(区、市)企业环境行为评价试点工作取得经验的基础上,原国家环境保护总局在2005年11月发布了《关于加快推进企业环境行为评价工作的意见》(环发〔2005〕125号)及其附件《企业环境行为评价技术指南》。该文件要求2010年前,各省(区、市)要全面推行企业环境行为评价。随后,一些省份开始落实这一要求并制定省级层面的环境行为评价规范。市场经济是信用经济,在开展企业环境行为评价的同时,2002年11月,为了更好地推动市场经济建设,党的十六大提出了"健全现代市场经济的社会信用体系"的总体要求。2003年3月,国务院提出要用5年左右的时间初步建立我国社会信用体系的基本框架。

在制度交错实施的背景下,一些地方政府开始尝试将环境行为评价和环保信用制度结合实施。2006年1月,广东省原环境保护局制定了《重点污染源环境保护信用管理试行办法》(2009年修订)。该办法确立了重点污染源环境保护信用管理制度,对重点污染源企业实施环境保护信用评价制度,评价由江苏省原环境保护局会同地方环境保护部门实施,评价结果分为环保诚信企业、环保警示企业和环保严管企业,评价指标包括企业污染控制、环保守法、公众监督管理情况3项共13项子指标。2007年8月,浙江省印发了《浙江省企业环境行为信用等级评价实施方案(试行)》建立了企业环境行为评价体系。2008年5月,河北省印发了《河北省重点监控企业环境行为评价实施方案(试行)》。上海市依据2009年江苏省、浙江省和上海市三省(市)原环境保护厅(局)联合制定下发的《关于印发长江三角洲地区企业环境行为信息公开工作实施办法(暂行)和长江三角洲地区企业环境行为信息评价标准(暂行)的通知》(苏环发〔2009〕23号)等文件,2010年开始组织开展区域企业环境行为评价。在此期间,一些城市也开始在省级评价规范基础上探索具有地方特色的评价规范。如2011年2月,杭州市原环境保护局发布了《关于开展2010年度杭州市企业环境行为信用等级评定的通知》;2011年3月,深圳市发布了《深圳市重点污染源环境保护信用管理办法》;2011年8月,沈阳市出台了《沈阳市企业环境信用等级评价管理办法》等。

此外,为保障环保信用评价结果的有效适用,2008年原国家环境保护总局印发了《关于规范向中国人民银行征信系统提供企业环境违法信息工作的通知》(环办〔2008〕33号),对各地信息报送工作提出了明确具体的要求。2009年,原环境保护部与中国人民银行发布《关于全面落实绿色信贷政策进一步完善信息共享工作的通知》(环办〔2009〕77号)。一些城市也先试先行,积极探索与环保信息关联的绿色信贷政策。如2007年,山东省日照市发布《关于加强环境保护防范企业信贷风险的意见》,2009年江苏省发布《关于落实绿色信贷政策进一步完善信息共享工作的通知》(苏环办〔2009〕378号)等。

鉴于企业环保信用评价工作的复杂性及上位法规范的缺位①,从全国范围看,除江苏、浙江、上海、河北等少数省市完成了从文件印发到实践推行的工作,绝大多数的省(区、市)并未在原国家环境保护局要求的时间节点,即2010年前,完成省级规范的发布及开展评价工作。因此,2011年10月,国务院印发了《关于加强环境保护重点工作的意见》,再次明确提出建立健全环保信用评价制度。同时,2012年原环境保护部开始起草具有指导意义的统一评价规范,评价草案于2013年9月开始征求意见,正式文本于2013年年末印发。

(三) 国家规范:独立的环保信用评价阶段(2013年至今)

2013年12月,原环境保护部会同中华人民共和国国家发展和改革委员会(以下简称"发改委")、中国人民银行、中华人民共和国银行业监督管理委员会(以下简称"银监会")等四部委联合印发了《企业环境信用评价办法(试行)》(环发〔2013〕150号),办法的实施标志着我国企业环保信用评价工作开始进入国家层面统一建制及实施阶段。2014年6月,国务院发布的《社会信用体系建设规划纲要(2014—2020年)》(国发〔2014〕21号)要求"加强环保信用数据的采集和整理""建立企业环境行为信用评价制度""完善企业环境行为信用信息共享机制",进一步强化了企业环保信用评价工作在整个社会信用体系建设中的重要地位。2014年10月发

---

① 谢刚,史会剑,王玉涛.企业环境行为信用评价理论与实践研究[M].北京:中国环境出版社,2016:15-23.

布的《企业信息公示暂行条例》(国务院令第 654 号)第十八条规定,应当建立健全信用约束机制,其中包括基于环保信用评价结果的环保信用约束机制。2014 年 4 月修订通过的《环境保护法》明确规定:"县级以上地方人民政府环境保护主管部门和其他负有环境保护监督管理职责的部门,应当将企业事业单位和其他生产经营者的环境违法信息记入社会诚信档案,及时向社会公布违法者名单。"该法为企业环保信用评价工作提供了法律层面的规范依据。2014 年 12 月,原环境保护部第 31 号令发布的《企业事业单位环境信息公开办法》要求"建立企业事业单位环境行为信用评价制度",首次确立了环保信用评价法律制度的规范地位。

2015 年 4 月,国务院印发《水污染防治行动计划》(国发〔2015〕17 号),该计划要求加强环境信用体系建设,构建守信激励与失信惩戒机制。2015 年 12 月,原环境保护部联合国家发改委出台了《关于加强企业环境信用评价体系建设的指导意见》(环办〔2015〕161 号),该意见要求我国到 2020 年基本建立环保信用制度。2016 年 8 月,国家发展和改革委员会同中国人民银行、原环境保护部等多部门联合印发了《关于对环境保护领域失信生产经营单位及其有关人员开展联合惩戒的合作备忘录》(发改财金〔2016〕1580 号),决定对环保领域失信生产经营单位及其有关人员开展联合惩戒,惩戒措施涉及市场准入、行政许可、优惠政策等三大领域共二十五项具体措施。此外,国务院发布的《关于建立完善守信联合激励和失信联合惩戒制度加快推进社会诚信建设的指导意见》(国发〔2016〕33 号)、原环境保护部发布的《关于转发江苏省根据环境信用评价等级实行差别电价、污水处理收费政策性文件的函》(环办政法函〔2016〕810 号)、《国务院关于印发大气污染防治行动计划的通知》(国发〔2013〕37 号)、《国务院关于印发土壤水污染防治行动计划的通知》(国发〔2016〕31 号)、《国家生态文明试验区(福建)实施方案》《国家生态文明试验区(海南)实施方案》等一批中央或国家机关的文件均提出健全实施企业环保信用评价法律制度的要求①。

为进一步形成"激励和约束并举的生态文明制度体系、政府企业公众

---

① 此外,一些行业协会也在积极探索企业环保信用的评价规则。如 2018 年广东省环境保护产业协会发布了《广东省环境保护产业企业信用等级评价管理办法(试行)》。

共治的绿色行动体系",2017年党的十九大报告再次强化着力解决突出环境问题,要求健全环保信用评价等制度①。2018年国务院发布的《关于全面加强生态环境保护坚决打好污染防治攻坚战的意见》强调深化生态环境保护管理体制改革,健全环保信用评价等制度。2019年7月,国务院办公厅印发《关于加快推进社会信用体系建设构建以信用为基础的新型监管机制的指导意见》,提出以加强信用监管为着力点,创新监管理念、监管制度和监管方式,不断提升监管能力和水平。2020年3月,中共中央办公厅、国务院办公厅印发《关于构建现代环境治理体系的指导意见》,要求健全环境治理信用体系,完善企业环保信用评价制度。截至2021年3月,全国31个省、自治区和直辖市(港澳台地区不在统计范围)中有28个省(区、市)均制定或修订②本行政区域的企业环保信用评价规范性文件。目前各个省(区、市)均根据本行政区域的规范性文件或国家规范开展了企业环保信用评价工作。

前述三阶段演进轨迹中列举的各类评价规范大多属于规范性文件,尚未有直接规定企业环保信用评价制度的法律法规,目前最高层级的规范只有部门规章③。鉴于此,2019年9月,生态环境部办公厅印发了《关于进一步深化生态环境监管服务推动经济高质量发展的意见》(环综合〔2019〕74号),该文件在第五部分"强化责任担当,健全保障机制"中规定了"完善法律法规标准体系"的内容,其中包括研究修订环保信用评价管

---

① 陈吉宁.着力解决突出环境问题(认真学习宣传贯彻党的十九大精神)[N].人民日报,2018-01-11(007).

② 地方环保信用评价规范变动较快,大多地方的评价办法首次制定之后又进行了二次修订,如《辽宁省企业环境信用评价管理办法》(2016年试行,2018年修订)、《山东省企业环境信用评价办法》(2016年制定,2018年修订,2021年再次修订)、《河南省企业事业单位环保信用评价管理办法》(2013年试行,2018年修订)、《安徽省企业环境信用评价实施方案》(2013年试行,2017年修订)等。有的地方评价规范内容变化比较大,比如江苏省。具体内容参见《江苏省企业环保信用评价暂行办法》(苏环办〔2018〕515号)与《江苏省企业环保信用评价标准及评价办法》(苏环办〔2013〕12号)文本内容。

③ 《环境保护法》第五十四条第三款的规定企业环境诚信档案制度、《中小企业促进法》第七条规定的中小企业信用制度建设、《企业信息公示暂行条例》第十八条信用约束机制也只是与企业环保信用评价法律制度相关联,现有法律法规并没有直接规定企业环保信用评价制度的直接规范。要求建立"企业事业单位环境行为信用评价制度"的《企业事业单位环境信息公开办法》是原环境保护部制定的部门规章。

理条例①。目前,生态环境部正在积极推动企业环保信用评价管理行政法规的各项立法工作,2020年5月,生态环境部起草的《企业事业单位环保信用评价管理办法(征求意见稿)》下发各省级生态环境部门,并在系统内部征求意见。

第三节　企业环保信用评价法律制度的应然定位

法律制度的定位是对制度法律性质或属性的确定。性质或属性是事物内在的本质属性,是事物本身所具有的、区别于其他事物的特征。从逻辑上说,法律制度的生成模式有两类,一类是理论先导式立法,即在理论成熟的基础上直接立法;另一类是实践先导式立法,即在实践效果良好的基础上直接立法。企业环保信用评价规范属于典型的实践先导式立法,国外没有直接的立法经验可以借鉴,国内在多年实践的基础上,尽管已逐渐形成了一系列规范,但高层级规范笼统、原则性强,低层级规范科学性、引导性、合法性不足。企业环保信用评价法律制度的合理、科学、准确定位,有利于未来进一步科学立法。根据环境保护的主体和手段,环境保护法律制度可以划分为三种类型,分别是环境管制类法律制度、经济激励类法律制度②和自我规制类法律制度③④⑤。三种类型法律制度的有机结合有助于政府主体、市场主体和社会主体协同配合,共同实现生态环境多元共治、多措并举的善治格局。企业环保信用评价法律制度的应然定位围

---

① 生态环境部.关于进一步深化生态环境监管服务推动经济高质量发展的意见[EB/OL].(2019-09-08)[2019-12-01]. http://www.law-lib.com/law/law_view.asp?id=659140.

② 王明远、马骧聪早在1998年就提出了经济激励环境法律制度概念。王明远,马骧聪.论我国可持续发展的环境法律制度[J].中国人口·资源与环境,1998(4):62.

③ 本书没有使用公众参与的概念,原因在于公众参与更多地侧重表达基于外部行政力量干预下的被动加入,不能很好地表达被管理者基于自身需求的自发主动参与。而自我规制则体现了外部管理与内部调适的有机结合,更加清晰地表明公众参与内驱力及规制目标的达成。已经有学者提出了自我规制的概念。

④ 詹镇荣.民营化法与管制革新[M].台北:元照出版有限公司,2005:148.有学者认为环境自我规制是"排污者通过设定并满足一系列内部环境标准进行自我环保审查,以此回应市场偏好,将自己置于市场竞争的优势地位,并获取来自行政机关在环保执法裁量、税收优惠等方面的优待"。

⑤ 杜辉.论环境私主体治理的法治进路与度建构[J].华东政法大学学报,2016(2):122.

绕三种类型环境法律制度的产生背景、制度特征及治理绩效等内容的比较展开。

一、经济激励型环境法律制度

我们在考察环境问题治理的变迁史后发现,在原始社会和农业社会,没有所谓现代意义上的环境污染和生态破坏,更多的是环境卫生问题。工业革命以来,随着人类利用环境行为的日益增多,局部环境问题开始出现,尤其是因使用土地等不动产造成的环境纠纷日益增加,早期的法律规范倾向于采用民事法律规范,在保障自由权与财产权为中心的法律框架下通过私人诉讼解决,行政手段并不过多地介入私人之间的环境纠纷。在工业社会,较为盛行的观点是,环境污染和生态破坏是工业生产不可避免的副产品,工业生产在私人营利的同时,也具有增进社会福祉的功能,排污行为的原因具有相当的"社会妥当性",因此采用私法解决方式能够更好地平衡工业生产私人营利和社会福利。这种解决问题的观念,本质上是依据以个人责任为基础的市民法原理来寻求事态的解决[①],原则上认为不得以公权力介入来随便混淆个人责任原则。

20世纪六七十年代,环境问题从点状的局部污染开始走向片状的区域流域污染,面对日益严峻的环境污染和生态破坏,尤其是环境问题引发的公众健康风险开始凸显,事后的私人诉讼已经不能解决区域性、流域性环境问题,必须通过公共手段来保护环境与公众健康。在此背景下,美国、日本和欧盟等开始通过环境法律的制定或修改回应社会对公害规制的呼声和需求,从注重私法之间的纠纷解决转向为通过公权力干预排污企业的经营行为,大量针对环境公害的立法活动在全球工业国家率先启动[②]。立法的基本途径是采取秩序行政下的公权力管控模式,通过设立专责的生态环境保护机关、制定严苛的环境标准、利用环境治理技术、设定禁止性行为规范,对违法者施以行政处罚、行政强制等各种制裁方式,达

---

① 原田尚彦.环境法[M].于敏,译.北京:法律出版社,1999:7.
② RUHL J B. The co-evolution of sustainable development and environmental justice: cooperation, then competition, then conflict[J]. Duke Environmental Law & Policy Forum, 1999, 9(2): 161-186.

到规制污染和破坏生态环境行为的目的。几乎在同一时期,我国于1979年颁布了《环境保护法(试行)》,初步建立了环境行政管控的法律框架,其中立法确立的三大政策①之一是"强化环境管理",八大制度②中除了排污收费制度均是行政管控类制度。

通常认为,环境法是"政府管制法"③,其中的制度大多是行政管控法律制度,这与环境法的法律特征相符合。排污许可制度、环境影响评价制度、环境行政处罚制度等均属于环境管控类法律制度,其共同的特征是制度的实施主体均为行政主体,实施手段均为行政审批、行政强制等行政手段,受严格的行政程序约束,产生行政法律责任的行政法律制度。根据行政法学基本理论,环境行政行为是指国家生态环境行政机关依据国家环境保护的法律法规,实施国家环境保护行政管理而发生法律效果的行为,即环境行政行为是国家生态环境行政机关实施环境保护的行政管理活动的总称。环境行政行为成立必须具备以下四个要件:环境行政权能的存在、环境行政权的实际运用、意思表示行为的存在、法律效果的存在④。行政管控类环境法律制度属于"直接调控型"法律制度,即以政府为主体,使用"命令—控制"行政强制手段进行环境保护的法律制度类型。行政管控类环境法律制度下的环境治理作用力来自掌握公权力的行政机关,其作用力方向是单向性的,作用结果是被规制对象被动接受行政处罚、行政强制等不利后果。其基本特征如下:一是行政管控类法律制度的实施主体必须是行政机关或其授权的主体。二是行政机关实施的行政管控行为必须有法律行政法规的明确授权。三是行政机关实施的行政管控行为必须都受到法定程序的约束。四是行政机关实施的行政管控行为对被管控对象产生行政上的法律后果⑤。以环境行政处罚为例,法律行政法规需要对环境行政处罚的事项和处罚种类及幅度进行明确规定,同时实施行政

---

① "预防为主防治结合""谁开发,谁养护,谁污染,谁治理"和"强化环境管理"三大政策。
② 八大制度包括:环境影响评价制度、"三同时"制度、征收排污费制度、环境保护目标责任制度、城市环境综合整治定量考核制度、限期治理制度、排污许可证制度、污染集中控制制度。
③ 史玉成.环境法的法权结构理论[M].北京:商务印书馆,2018:362.
④ 胡建淼.行政法学[M].4版.北京:法律出版社,2015:128-165.
⑤ 国内行政法教材对此观点一致。胡建淼.行政法学[M].4版.北京:法律出版社,2015;罗豪才,湛中乐.行政法学[M].4版.北京:北京大学出版社,2016.

处罚的机关必须是该项行政处罚实施的法定主体,该处罚行为具有行政法上的强制执行效力,该行为的合法性问题受到行政复议、行政诉讼等程序性制度的评价。

企业环保信用评价是我国环境规制转型过程中产生的一种新型法律制度,目的在于革除单中心行政管理绩效低下、成本高昂的弊端。对标行政管控类环境法律制度,企业环保信用评价行为不符合行政权能的存在、环境行政权的实际运用等具体行政行为构成要件的基本理论,不具备行政管控型法律制度的法律特征。理由有三:一是企业环保信用评价工作目前尽管由生态环境部门承担,但是法律法规并未明确规定生态环境部门的评价职权分工,更多地可以解释为当前我国第三方评价机构力量薄弱之下的暂时策略,并非来自法律法规的明确授权,缺乏法定职权来源的政府评价行为很难通过行政强制力实施。二是生态环境部门实施的评价行为并不必然对参评企业的权益产生直接影响,如果后续启动激励及惩戒措施则产生影响,如果不启动则不会产生影响。三是生态环境部门实施的评价行为没有严格的行政程序拘束规范。因此,无论是从评价行为的主体、评价行为的法律后果,抑或是从评价行为应当遵循的基本程序等方面考量,企业环保信用评价制度并非典型的行政管控法律制度。

随着城市的迅猛发展,生态环境受到影响,单纯依靠传统的民事赔偿、行政处罚和刑事制裁等手段解决环境问题显然难以达到理想效果。一方面,上述手段解决环境问题往往在于末端治理,环境污染和生态破坏之后的高额治理成本、治理效果不彰以及部分损害不可逆性等因素迫使立法者调整新的规制思路和制度措施。正如学者所言,无论公法(环境控制)如何先进和全面,总会产生意外和不可预测的后果,"意外终将发生",政府管制失灵需要调整现有的规制手段[①]。另一方面,排污行为具备典型外部不经济性特征,外部不经济性妥当的解决思路是将其外部的不经济性内部化,提高税费水平或者开征新的税费项目是内部化的手段之一,在区域或流域污染总量控制视角下,开展排污权交易也是在确保总量不变

---

① 马克·韦尔德.环境损害的民事责任:欧洲和美国法律与政策比较[M].张一心,吴婧,译.北京:商务印书馆,2017:23.

情况下内部化的另一种方式。外部不经济性的内部化需要环境立法进行制度创新,在环境法体系中加强经济法律制度的运用可以使环境资源得到更为合理的利用,使污染者的经济成本随着污染物的多少而变化,从而减少环境污染损害。因此,环境行政的思维必须表现出充分的诚意,接纳来自社会其他力量及其价值判断的标准①。在此背景下,基于污染者负担的环境法基本原则,以市场机制为核心机制的经济激励型环境法律制度便在20世纪80年代末至20世纪90年代初开始蓬勃兴起。最为典型的经济激励环境法律制度当属环境税费和排污权交易制度。基于经济学的分析视野,前者侧重于运用宏观调控手段,即通过"看得见的手"来解决环境的外部不经济性问题,被称为庇古手段;后者则侧重于运用市场机制,即通过"看不见的手"来解决环境的外部不经济性,被称为科斯手段②。

经济激励型环境法律制度属于"间接调控型"法律制度,即以市场为主体,主要采用税收、交易等经济工具进行环境保护的法律制度③。经济激励型环境法律制度依循环境资源有偿使用和污染者负担原则,通过市场机制,使开发、利用、污染、破坏环境资源的生产者、消费者承担相应的经济代价,从而将环境成本纳入各级经济分析和决策过程,促使开发、利用、污染、破坏环境资源者从自身利益出发选择更加有利于环境资源保护的生产、经营和消费方式。同时也可以筹集一笔资金,由政府根据需要加以支配,以支持清洁工艺技术的研究、开发、推广、应用以及区域环境综合整治、重点污染源治理、污染防治基础设施的建设和某些特殊类型的环境受害者的救济等,改变过去无偿或低价使用环境资源并将环境成本转嫁给社会的做法,从而最大限度地实现经济、社会、环境、资源协调发展的政策目标,即不是将特定的增加环境负荷行为认定为违

---

① 李永林. 环境风险的合作规制:行政法视角的分析[M]. 北京:中国政法大学出版社,2014:79.
② 沈满洪. 论环境经济手段[J]. 经济研究,1997(10):57.
③ 王明远,马骧聪. 论我国可持续发展的环境经济法律制度[J]. 中国人口·资源与环境,1998(4):3-5.

法并果断加以禁止,而是通过金钱诱导人们从事减轻环境负荷的行为[①]。因此,经济激励类环境法律制度具备以下特点:一是经济激励的工具是税收或交易等经济工具;二是税收或交易等经济工具足以影响企业环境行为选择。

信用是市场的产物。尽管信用始于原始交换时期,并在商品经济时期开始广泛产生,但真正的发展是在市场经济时期,并成为与商品交换和货币流通紧密相连的经济范畴[②]。马克思认为,信用是商品经济发展到一定阶段的产物,属于生产关系,但信用是生产关系发展到一定程度的产物,只有在资本主义社会才会出现,原因在于资本社会存在资本高度流通的需求和可能性。实践证明,市场经济是迄今为止最有效的经济组织方式,在市场经济条件下,市场主体是多元的,尽管他们参与市场行为的目的不同、利益需求不同,但各主体的市场行为均会受到市场利益的驱动和影响。市场主体在追求自身利益最大化的同时也在实现社会利益最大化,这就是亚当·斯密的"看不见的手"理论,该理论的假设前提是:市场参与者是理性的"经济人",但是这里的理性是有限的,人的利己行为必须得到有效的引导,否则将会破坏市场的正常秩序。因此,一种能够起到维护作用的伦理文化应运而生,信用就是市场要求的伦理文化,市场中各利益主体之间公正、公平、稳定关系的维持往往取决于各自的信用行为和信用关系的建立,信用是社会经济运行最重要的基础之一,是经济交往的重要保障。良好的信用机制能够促进资源的有效配置,提高经济运行的效率,它是现代市场经济必不可少的市场元素。19世纪,德国布鲁诺·希尔德布兰德以交易方式作为标准,将社会经济的发展阶段描绘为自然经济时期、货币经济时期、信用经济时期,其中信用经济时期就是人类社会发展的市场经济阶段[③]。

现代市场经济中信用发挥的作用越来越重要,信用已经渗透经济活动的各个层面,在投资、消费、生产、销售各领域都能看到信用的积极影

---

① 交告尚史,等.日本环境法概论[M].田林,丁倩文,译.北京:中国法制出版社,2014:196.
② 刘肖原.我国社会信用体系建设问题研究[M].北京:知识产权出版社,2016:3.
③ 李镇华.信用制度建设的理论基础[D].成都:西南财经大学,2006:12.

响。我国著名经济学家厉以宁也曾指出,市场经济既是法治经济,又是信用经济,从某种程度上来说,现代市场经济已经演化为信用经济。在经济交易中,信用能使交易双方相互信任并对交易结果形成稳定的收益预期,形成长期、稳定的合作关系,而这种合作关系的长期稳定又会进一步增强经济主体在市场中的信用,为经济主体创造更多的交易机会,获取更多的利益。在此过程中,信用已经演化为经济主体获得交易对手信任并顺利完成交易、实现利益的一种资本。当信用主体拥有这种资本时,它就会充分利用自己已经建立的信用资本来扩大生产和交易的范围,获取更大的信用利益。正如英国著名经济学家约翰·穆勒所说,人类所有的经济生产联合活动效率取决于人们之间彼此信任、遵守合约的程度①。这表明信用资本有利于提升全社会的交易效率,增加全社会的信用利益。

从信用到信用资本效用的发挥建立在特定机构对市场主体拥有信用级别的评估基础上,只有如此,才能让不同企业的不同信用表现在统一的规则和标准下获得平等的测算。因此,无论是企业还是个人,只要拥有了通过评估的信用资本,就可以通过资本的使用、集聚和流转等途径获取可能的资本利益。信用评价作为专业评估机构建立在定量基础上的定性判断行为,可以有效、及时地提供信用主体的信用等级,在揭示市场风险的同时,也为信用主体充分发挥信用资本效用提供了基础性的证明材料。通过信用评价作为传递媒介,信用主体的信用资本方可转化为银行授信、交易机会等可用资本并最终发挥资本的价值。正如亚当·斯密、大卫·李嘉图等西方经济学家提出的信用媒介论一样,信用评价在生产、交换过程中发挥着重要的、不可或缺的作用。

企业环保信用评价法律制度通过对参评单位承担环保社会责任、遵守环保法律法规、履行环保合约等环境行为的综合评估,确定并公布环保信用级别,并基于信用级别采取差别化的联合奖励惩戒等措施。企业环保信用评价将评价结果与企业的经济利益相关联,通过正向经济激励和逆向经济惩戒,调动市场主体参与环境保护的积极性②,符合经济激励类

---

① 约翰·穆勒.政治经济学原理:及其在社会哲学上的若干应用(上卷)[M].赵荣潜,等译.北京:商务印书馆,1991:468-472.
② 陈吉宁.着力解决突出环境问题[N].人民日报,2018-01-11(007).

环境法律制度的一般特征,也应因了市场经济即信用经济时代的信用法治建设需求。实质上,采用经济手段应对环境污染问题是世界各国的惯常做法。因此,企业环保信用评价法律制度与排污权交易、水权交易等既有的经济激励类法律制度运行机理相似,相较于行政管控制度,经济激励法律制度对当事人的行为调节不是依赖行政命令与制裁,而主要是通过对收益的影响引导其进入法律调整预期的行为模式,当事人通常因对其自身经济利益的关注自觉接受法律的调整,整个法律机制的运行不是对抗的过程,而是基于利益作出的合作选择[①]。

二、自我规制型环境法律制度

与熟人社会环境下的信用不同,当代社会的市场化和社会化使得原有的信用环境土崩瓦解[②]。信用重塑不仅需要政府赋能、法治赋能,更需要直接被规制对象和间接被规制对象积极实施信用自我重塑策略。自我规制型法律制度的本质是社会互动,即以企业、社会组织和公众等为主体,主要采取信用、信息、环境标志等声誉工具,激发公众、社会组织、工业企业等改变其环境行为,继而实现环境保护目标。自我规制类环境法律制度的环境治理作用力通常来自作为被规制对象的企业或个人,这类私主体为避免行政行为对自身声誉及经济利益的不利影响,通过启动内部自律手段,承担法律法规设定的法定义务及社会责任,作用机理是通过被规制对象自我主动作为,消灭或减少行政处罚、行政强制等不利后果。

自我规制类环境法律制度是在反思第一代环境法行政管控类法律制度,以及第二代环境法经济激励类法律制度功能不足的基础上,形成发展起来的第三代环境法的标志性制度类型。从行政管控型法律制度到经济激励型法律制度,再到自我规制型法律制度的变迁,生态环境部门行政权力行使的深度和广度在逐步弱化。行政管控型法律制度是行政机关按照法律法规设定环境技术和绩效标准,依据规定的条件、程序和种类来履行有关环境管理的执法、规划和决策等任务。在经济激励类环境法律制度下,环境行政机

---

① 鄢斌. 社会变迁中的环境法[M]. 武汉:华中科技大学出版社,2008:231.
② PACKIN N G, ARETZ Y. On social credit and the right to be unnetworked[J]. Columbia Business Law Review,2016(2):343-345.

关依据法律法规,在完成初次权利分配(如设定环境税费率或分配环境容量配额)之后就不再干预市场主体的环境行为,只有在环境税费、排污权交易等市场领域发生重大违法情形或市场失灵时,行政机关方才会以替代性的方式加以矫正。而在自我规制类环境法律制度下,环境行政机关从行政管理、市场规制转向借用一定的自我规制工具,引发被管理对象自觉守法和履行社会责任的内生动力,并通过内部管理行为的调整实现履行法定或约定义务的目标。与行政管控型环境法律制度和经济激励型环境法律制度相比,自我规制类环境法律制度运行成本最为低廉,因守法及履约惯性形成的环境治理效果更加长效和稳定,同时也连带促进良法善治治理文化的蓬勃发展。从某种意义上来说,社会力量意味着一种站在民间社会之上的装置(apparatus),并暗示着一个独立的、特殊的群体(可能是阶级)国家权力①。在全球化进程中,法律越来越受到非正式组织的影响,治理原则和规则的民主化促进越来越多的利益相关者参与决策②。

自我规制类环境法律制度具有以下特征:一是该类制度中的自我规制主体往往是环境行政管理的被管理对象,但是不排除其他主体。二是自我规制法律制度的内容是基于环境行政管理内容、目标或手段的内部适应性调整。自我规制的目标是达成不违法、少违法、履行社会责任等法律规范规定的义务和责任,这些既定的义务和责任也构成了环境行政管理的主要内容,自我规制需要因循现有的法律法规,通过内部规范调整、管理机构调整等主动适应国家法律法规的要求,避免产生违法事实。三是自我规制的方向表现为自下而上、由内而外逆向推进或回应。行政管控方向是自上而下地由行政主体作用于行政相对方,通过行政处罚等行政行为影响行政相对方的外在行为,进而影响其内部的自我选择;而自我规制行为则与此相反,被监管对象通过内部管理策略调整影响其外在的环境行为表现,降低违法行为发生概率,减少生态环境损害后果。四是自我规制的结果是合作环境行政目标的达成。环境保护具有公益性,生态

---

① BOGOJEVIC S. The erosion of the rule of law: how populism threatens environmental protection[J]. Journal of Environmental Law, 2019, 31(3): 2.
② DILLING O, MARKUS T. The transnationalisation of environmental law[J]. Journal of Environmental Law, 2018, 30(2): 1, 26.

环境部门的环境监管行为基于此基本目标产生,自我规制型环境法律制度的实施目标同样也可以实现维护环境公共利益的目标。

从本源上来说,企业环保信用的运行机理与西方国家的契约精神高度相似,也构成了企业环保信用评价法律制度自我规制特征的伦理基础。西方的契约精神源远流长,最早可追溯到古希腊,亚里士多德的思想对后世的契约理论影响深刻。亚里士多德在伦理学中关于正义的论述,蕴含着丰富的契约思想。他提出交换正义的概念,交换正义是人们进行交易的行为准则,不得损人利己是交换正义的基本原则,现代契约精神是从自愿交易理论推演而来的,即等价交换原则与慷慨理论,在适当的时间以适当的数量,对适当对象施行财物上的给予,恪守允诺。西方的契约精神并不仅仅停留在古代的法律和宗教文化中,还被作为一种社会政治概念运用于政治制度和社会管理手段,这便是社会契约精神。英国史学家梅因曾指出,迄今为止,所有社会的进步运动,均是一个从身份到契约的运动[1]。社会契约论认为国家与公权力的根源为人们缔结的社会契约,新兴的市民阶级以契约为纽带的商品生产和商品交换代表了新的社会秩序,是用社会契约的方式说明国家和法律及一切的权利和义务的正当性和合理性的学说[2]。社会契约论以"天赋人权"为基础,以"自然状态说"为前提,人们放弃自然权利,交给一个人或某些人,缔结契约来治理国家,实质上是有关权力分配与控制的理论。契约精神的本质在于信任,私主体之间相互信任,公民与国家之间相互信任,基于此信任,私主体之间可以信守合同并履行之,国家与公民之间可以形成新型的道德纽带,共同推动社会向前发展。企业环保信用的运行机理与此相似,基于国家与企业之间的契约,该种契约的本体可能是法律、政策,也可能是政府的行政管理措施,企业应当信守对经济社会有推动作用的法律政策措施,因此遵守法律政策,诸如绿色清洁生产并合法排污,是企业对国家及其公民应当承担的道德义务,违背义务意味着其环境方面信用度的沦丧或下降。

信用的基本含义是遵守诺言,实践承诺,从而获取别人的信任[3],诺

---

[1] 梅因.古代法[M].沈景一,译.北京:商务印书馆,2017:199-203.
[2] 卢梭.社会契约论[M].李平沤,译.北京:商务印书馆,2011:64-72.
[3] 吴晶妹.现代信用学[M].北京:中国人民大学出版社,2009:38.

言构成了自我规制得以生成的义务性基础。企业环保信用具有经济功能为辅、社会功能为主的特征,环保信用主体通过遵守社会责任、法律法规及约定,规范其在生产经营过程中的环境行为,并取得政府、市场、公众等利益群体的信任。企业环保信用评价的概念界定和评价标准设置等均应体现企业对社会的履行承诺行为,并且企业的信用评价结果应该产生"信用"应有的结果,即失去社会群体的信任,并对企业的经济行为造成一定的影响①,此种压力引发企业通过组织机构调整、产业政策调整、管理规范调整等内部自律行为,达到履行法定义务、约定义务等目的,进而实现与直接行政规制相同的环境管理目标,同时管理绩效也大幅提升。因此,企业环保信用评价法律制度运行机理与自我规制环境法律制度运行机理相吻合,契合自我规制类环境法律制度一般特征,有此定位的企业环保信用评价制度意图构建的是由内而外、自下而上的新型合作行政新模式,即公私合作模式,②而这种模式正是未来环境治理"良法善治"追求的方向和目标。

第四节 企业环保信用评价法律制度的应然功能

通常认为,功能是指事物或方法等所能发挥的效能或作用。依此解释,法律制度的功能是指由法律原则和法律规则构成的完整制度规范所能发挥的效能或作用,是制度目标及其社会价值的集中体现。无论是立法者、研究者抑或是普通民众,都会关注法律制度的功能分析与法律制度功能的实现。制度包括法律制度和非法律制度(如部分尚未上升为法律规范的经济制度、管理制度)。法律制度抑或是非法律制度,都包含着应然功能和实然功能。应然功能属于制度功能的原生性样态,是立法者希望制度发挥的最大效用或作用,是制度赖以存在的依据和制度价值指向

---

① 阿奇·B.卡罗尔,安·K.巴克霍尔茨.企业与社会:伦理与利益相关者管理:第5版[M].黄煜平,等译.北京:机械工业出版社,2004:108.
② 肖磊.公私合作环境治理法律规制及其展开[J].中国矿业大学学报(社会科学版),2021(1):76.

的具体表现;而实然功能是制度发挥功能的现实形态①,属于制度功能的实践性样态。

一、阻却企业环境可控风险的预防功能

预防原则不仅仅指预防损害,更在于预防可能引发损害的风险,从某种意义上来说,预防原则也可被称为风险预防原则②③。风险预防源于对末端治理效果不彰的现实反思和生态环境损害的治理困境。末端治理是包括发达国家在内的全球很多国家早期应对环境问题时的普遍做法。末端治理注重环境污染的事后补救,该做法简单地认为被污染物污染后的环境通过科学技术的介入就完全可以恢复。不可否认,以污染物达标排放后的管理和控制为核心的末端治理,曾经对污染物的消除和生态环境的恢复发挥了重要作用。然而,由于环境问题的潜伏性、缓发性、流动性、复合性等时空异变特点,末端治理的实践最终也表明该种方法处理环境污染和生态破坏问题具有不科学性、不经济性和无能为力性,末端治理的替代或更迭在所难免,并从 20 世纪五六十年代起,该方法逐渐被预防理念及后续发展的预防法律原则替代。

德国学者乌尔里希·贝克在《世界风险社会》一书中指出,风险无处不在,人类正生活在文明的火山上④。环境风险当属其中之一,人类有责任管理这种风险⑤,国家应当对可以预见的环境风险负起防治或预防的责任⑥。由于末端治理应对环境污染存在诸多缺陷,而"防患于未然"更符合经济学中成本与效益的要求,世界范围内一种新的环境法律原则——风险

---

① 辛鸣. 在应然与实然之间:关于制度功能及其局限的哲学分析[J]. 哲学研究,2005(9):93-99.
② 在 20 世纪末期预防原则亦加入风险预防及未来预防之要素。预防原则不仅限于抗拒对于环境具有威胁性之危害及排除已产生之具体损害,而且在一定危险性产生之前就预先去防止对环境及人类生物之危害,前者可称为损害预防,后者称为风险预防。对环境法更具意义的为后者。
③ 陈慈阳. 环境法总论[M]. 台北:元照出版有限公司,2011:309-310.
④ 乌尔里希·贝克. 世界风险社会[M]. 吴英姿,孙淑敏,译. 南京:南京大学出版社,2004:2.
⑤ BOUTILLON S. The precautionary principle: development of an international standard[J]. Michigan Journal of International Law,2002,23(2):431-438.
⑥ BIRNIE P,BOYLE A,REDGWELL C. International law and the environment[M]. Oxford:Oxford University Press,2009:153.

预防原则便应运而生。风险预防,是指如果预见到某种活动存在对环境有损害的可能性,最好在该可能性变成不容置疑的现实之前采取行动,阻断损害后果的出现。风险预防以科学的不确定为前提,是针对环境恶化结果的滞后性和不可逆转性特点被提出来的,1987年的《蒙特利尔议定书》首次规定了该原则。该原则的基本精神是,当国家遇到严重或不可逆转的危险时,不得以缺乏科学上的证据为由,推迟或拒绝采取保护环境的行动。1992年联合国环境与发展会议通过的《里约环境与发展宣言》也规定,为了保护生态环境,各个国家应根据其能力积极推行风险预防的方法。在有严重或不可挽回的损害、危害威胁时,缺乏充分的科学确定性不应被用来作为迟延采取防止环境恶化的有效措施的理由①。该规定构成了标准的风险预防原则的国际定义②。1998年在美国威斯康星州的会议上通过的《关于风险预防原则的声明》对风险预防原则的落实有明确的表述,即当一项活动对人类健康或环境产生危害的威胁时,应当采取预防措施,即使有些因果关系还未在科学上得到充分确认,在这种情况下,证明责任应当由活动的支持者承担,而非公众,风险预防原则运用的过程必须公开、知情且民主,必须包括受潜在影响的各方当事人,同时必须对包括不作为在内的替代方案进行审查③。

我国现有环境法律制度多为以事中、事后行为管制为主构建起来的制度体系,即我国现行环境法律制度常表现为环境行政法律制度。其原因在于,人们通常认为环境是典型的公共产品,环境保护所提供的治理效果具有公共性,环境法律制度是公共利益本位的公法④,传统的环境管理

---

① 《里约环境与发展宣言》第15项原则。很多学者也围绕该原则进行了深入研究。FREESTONE D, HEY E. The precautionary principle and international law: the challenge of implementation[M]. The Hague: Kluwer International Law, 1996: 5.
② MOMS J. Rethinking risk and the precautionary principle[M]. Oxford: Butterworth-Heinemann, 2000: 39.
③ Wingspread Statement on the Precautionary Principle. The English original text: When an activity raises threats human of harm to human health or the environment precautionary measures should be taken even if some cause and effect relationships are not fully established scientifically. In this context the proponent of an activity rather than the public should bear the burden of proof. The process of applying the Precautionary Principle must be open informed and democratic and must include the potentially affected parties. It must also involve an examination of the full range of alternatives including no action.
④ 刘三木. 从环境的公共性看环境法的属性[J]. 法学评论, 2010(6): 77-81.

模式采用公法中的"命令和控制"机制,在规制方式上表现为以国家主义为中心、以行政控制为主导、以诱致性手段为辅助的强制性供给模式,在管理范围上表现为以行政管辖区域为边界的"条块"样态,在规制主体上表现为政府的单中心规制,在规制费用供给上表现为单一的财政资金支出。然而,无论政府环境控制如何先进和全面,总会产生意外和不可预测的后果[①],现行环境管理面临管理滞后性、有效性与持续性的反思和诘问,其根本症结在于当前的环境管理仍不同程度地实践着"分散管理、单一规制、头痛医头、脚痛医脚"模式,缺乏全局战略部署以及全面系统的整体安排,多元主体兼容协作机制建构不足,我国局部环境好转、总体环境恶化、生态前景令人担忧、环保压力逐年加大[②]的态势与此不无关系。因此,强化对环境行为的前端管理和约束,是当前及未来我国环境法律制度需要强化的发展方向。

预防原则是我国《环境保护法》确立的首要基本原则,具体法律制度的建构也围绕有效落实预防原则展开。然而,作为预防类典范的行政管控类法律制度,如环境影响评价制度、排污许可制度等,并未发挥立法预期的预防效果,比如未批先建现象的顽疾至今难以根治,这不排除针对企业单一环境行为,运用单一管理工具威慑力有限的原因。预防原则如何实化为具体的法律制度是重点研究方向,尽管国内很多论著围绕预防原则及其制度落实业已进行了持续研究[③④⑤⑥],但制度落实仍然是需要继续重点关注的方向。在社会转型及风险多发的时代背景下,环境风险治理应当由传统的官僚、阶层、修补式、个别式、中央集权的命令控制路线,转变成强调预防、整合、参与、协商与弹性的公私协力模式[⑦]。传统预防性环境法律制度包括环境影响评价、"三同时"等,我们认为,预防原则的制度

---

① 马克·韦尔德.环境损害的民事责任:欧洲和美国法律与政策比较[M].张一心,吴婧,译.北京:商务印书馆,2017:7.

② 汪劲.中国环境法治失灵的因素分析:执政因素对我国环境法治的影响[J].上海交通大学学报(哲学社会科学版),2012(1):23.

③ 金瑞林.我国环境保护法的基本原则和实施中的基本问题[J].环境保护,1980(1):7.

④ 蔡守秋.生态文明建设的法律和制度[M].北京:中国法制出版社,2007:76-77.

⑤ 陈泉生,等.环境法学基本原理[M].北京:中国环境科学出版社,2004:140.

⑥ 竺效.论中国环境法基本原则的立法发展和再发展[J].华东政法大学学报,2014(3):13.

⑦ 杜健勋.论环境风险治理转型[J].中国人口·资源与环境,2019(10):32.

落实需要立法配套能够综合评定企业各类环境行为的法律制度,作为我国治理制度创新的企业环保信用评价法律制度具备这种功能。正如有的学者认为:作为事前预防模式的失信行政联合惩戒能够弥补传统事后处罚模式的不足①,有效提高社会治理水平。

企业环保信用评价法律制度与传统的典型预防类法律制度,比如环境影响评价法律制度等的运行机理并不完全相同。环境影响评价法律制度通过对规划和建设项目实施后可能造成的不良影响(环境风险)进行评估,对预防或者减轻不良环境影响的对策和措施不到位的规划或建设项目不予审批,从而达到直接阻却规划或建设项目实施后不良损害发生的效果。与环境影响评价法律制度的直接阻却性预防功能不同,企业环保信用评价法律制度则表现为间接阻却性预防功能,即通过对企业以往环境违法、违约等相关行为的进行综合评估,采取行政、经济等手段和方式,激发企业履行法律义务、社会责任及合同责任,继而减少可能发生的环境损害。企业环保信用评价法律制度体现出来的间接阻却性预防功能,与环境影响评价、"三同时"等已有直接预防性法律制度,共同构成了更加科学、合理、全面的预防性环境法律制度体系,从而更有效地解决单中心环境行政管控手段行政失灵问题。

企业环保信用评价法律制度阻却企业环境风险的预防功能,有利于解决我国当前环境法律制度体系中预防类法律制度种类有限、功能发挥有限的不足问题。企业环保信用评价法律制度通过将企业与信用关联的环境行为设置为综合性指标体系,并据此评价结果开展对企业的分类管理,对评价级别低的企业采取限制或禁止准入某种环境行为的措施,从而有效预防环境损害风险的发生。2013年,原环境保护部等四部委联合发布了《企业环境信用评价办法(试行)》及附件《企业环境信用评价指标及评分方法(试行)》②,该文本中的评价指标由污染防治、生态保护、环境管理、社会监督等四个方面指标组成,每一个方面又包括多项具体的指标

---

① 沈毅龙.论失信的行政联合惩戒及其法律控制[J].法学家,2019(4):120.
② 此处引述目的在于论证评价指标的多元化组成对生态环境损害预防的作用。

项,以污染防治为例,评价指标就包括大气及水污染物达标排放、一般固体废物处理处置、危险废物规范化管理、噪声污染防治等四项子指标。这些指标构成了企业环保信用的综合评价指标体系,能够全面反映企业既往遵守环境法律法规、承担社会责任等方面的综合情况。在此基础上形成的企业环保信用评价结果可以作为行政机关、市场主体以及社会主体合作监管的依据;行政机关可以通过行业限(禁)入、行政许可约束等手段预防后续环境行为可能引发的风险;市场主体可以通过贷款限制、交易调节等手段倒逼企业内部自律调整,进而预防可能的环境污染或生态破坏风险;社会主体通过产品标识、消费偏好等影响企业绿色转型,形成可持续发展的长效机制。企业环保信用评价法律制度体现的间接阻却性预防,不是对单一项目可能引发风险的预防,而是对企业整体经营行为可能引发风险的综合性预防。

二、实化环保信用多元治理的规范功能

鉴于环境问题的复杂性,传统观念认为,市场主体的趋利经济人本性,使得其社会责任承担及市场调节功能不能有效发挥作用,且生态环境损害的巨灾性也使市场主体无力应对,此外,环境要素生态价值及其损害的公共性也使得国家干预或管控成为环境治理的主要路径。现代国家的环境实践表明,解决生态环境问题优位选择依靠国家意志及相关制度安排①,国家在环境保护中能发挥特殊的功效,环境保护应该贯彻"国家干预原则"②,对经济活动进行适度干预,可以有效纠正行为的"外部不经济性",从而维持社会总体利益。

我国政府从 20 世纪 70 年代就开始通过制定法律规范和宏观政策应对中国的环境污染问题,一系列旨在提高违法成本、预防污染、源头防控的法律规范陆续出台。近年来,国家的宏观纲领文件更是围绕科学发展、美丽中国建设、高质量发展等理念,系统规划未来中国经济社会可持续发展的宏观蓝图,构建适应中国环境治理需求的现代环境治理体系。然而,

---

① 蒋京议.国家干预环境问题的战略思考[J].国家行政学院学报,2008(4):75.
② 陈泉生,宋婧.论环境法的国家干预原则[J].当代法学,2006(5):57-59.

我国早期的规范性文件无法摆脱经济发展和环境保护之间矛盾的桎梏,更多地关注政府在环境管理中的核心和支配地位,强调政府环境管理中职权的配置,市场手段使用和公众参与度不足,且制度之间的有效协调性不足。在此类规范指引下,现行环境治理体系存在治理战略不清、定位不明、管理分散、治理主体孤立、手段单一、整体性治理制度供给不足,制度间缺乏有效衔接与组合等弊端①,无法完成将各种体制内外、新旧治理要素协调在经济和环境协同高质量发展中重塑的历史使命,致使环境治理的有效性无法保障。

国外环境治理研究随着时间变迁和情势发展,从早期的政府管制理论、所有权控制理论、自主治理理论发展到目前的多中心治理理论、整体治理理论、网络化治理理论、协同治理理论、生态系统管理理论等,具体的环境治理模式也从政府管制—命令型模式、市场化模式、公民治理模式逐渐向多元治理模式发展。目前,国内学界对环境治理的研究重点是将国外环境治理理论和模式引入中国,并尝试探讨其在中国的扩展性和适用性,如整体治理模式②、协同治理模式③、多中心治理模式④、转型管理模式⑤等。因应国际环境治理理论的发展,2014 年修订的《环境保护法》关注现有立法不足的问题,推动建立多元共治的现代环境治理体系。2015 年印发的《生态文明体制改革总体方案》要求建立健全现代环境治理体系。2017 年党的十九大报告提出构建政府为主导、企业为主体、社会组织和公众共同参与的环境治理体系。2019 年党的十九届四中全会审议通过的《中共中央关于坚持和完善中国特色社会主义制度 推进国家治理体系和治理能力现代化若干重大问题的决定》,规划了 2035 年基本实现国家治理体系和治理能力现代化的宏伟蓝图。2020 年 3 月,中共中央办公厅、国务院办公厅印发《关于构建现代环境治理体系的指导意见》,要求

---

① 杨健燕. 低碳发展的政府调控路径选择[J]. 中州学刊,2011(4):58-59.
② 黄莉培. 整体性治理理论对我国环境治理的启示:基于英美德三国环境治理模式[J]. 中国青年政治学院学报,2012(5):93.
③ 李雪梅. 环境治理多中心合作模式研究:基于环境群体性事件[M]. 北京:人民出版社,2015:17.
④ 杨华锋. 论环境协同治理[D]. 南京:南京农业大学,2011:20.
⑤ 洪进,郑梅,余文涛. 转型管理:环境治理的新模式[J]. 中国人口·资源与环境,2010(9):78.

健全环境治理信用体系,完善企业环保信用评价制度,这在一定程度上回应了我国多元共治和环境治理现代化的需求,释放了政府依法依规治理环境的强烈信号。

环境多元共治制度具有促成保障环境利益的法律秩序、实现公众与行政主体互动协作、提升环境行政的制度化能力等功能①,环境多元共治不仅仅强调治理主体的多元化,更强调治理方式的多元化,有意识弱化政府管控型制度,补强经济激励型和自我规制型法律制度,是当前和今后环境管理转型和法律制度完善的重点。与政府管控型法律制度不同,经济激励型环保法律制度是对法律所调整的与环境保护有关的经济社会关系的固化,其特点是让市场在环境治理活动中起基础性作用,激发市场主体主动交易或自我约束行为的内生动力,达成污染减排、清洁生产等环境治理目标。并且,在前述基本法律制度基础上,还应当看到第三代环境法规制的核心意旨是在法律自我限制的基础上,系统化培育企业自觉提升环境表现的反思性结构②。以环保信用行为为基础的企业环保信用评价制度具有经济激励型和自我规制型法律制度反思性结构的特征。

企业环保信用评价旨在以可量化的环境信息为基础重塑规制与治理过程,其已经从作为道德要求的"诚信"、作为经济维度具有预警作用的"经济偿付能力"以及作为法律原则的"诚实信用原则"衍生为现代环境治理工具。企业环保信用评价法律制度通过对参评单位承担环保社会责任、遵守环保法律法规、履行环保合约等环境行为的综合评估,确定并公布环保信用级别。企业环保信用评价制度融合多元治理主体,融合多元治理工具,与多元共治要求的治理主体多元化和治理工具措施多元化相契合,能够集约发挥政府、市场和社会的合力作用,倒逼企业形成环境保护自律意识,在降低政府环境管理成本的同时大大提升环境管理绩效③。企业环保信用评价法律制度将政府、市场和社会多元主体参与环境信用治理的正当权利规范化,将不同治理主体行使权利的依据标准规范

---

① 秦天宝.法治视野下环境多元共治的功能定位[J].环境与可持续发展,2019(1):13.
② 谭冰霖.论第三代环境规制[J].现代法学,2018(1):118-120.
③ 张志奇,李英锐.企业环保信用评价的进展、问题与对策建议[J].环境保护,2015(20):51.

化,将环保信用评价结果引用措施规范化,使得多元共治环境治理理念在环保信用评价制度上的落实成为可能,并进一步规范指引多元共治、公私合作、协同行政等在环境保护基本制度中的应用。

三、形塑绿色发展内生机制的引导功能

1989年,在气候变化日趋成为国际社会高度关切问题的情况下,英国环境经济学家大卫·皮尔斯等发表了《绿色经济的蓝图》,并首次提出了绿色经济这一概念①。此后,美国、欧盟、日本等纷纷施行绿色行政,提出绿色发展规划或战略。绿色发展是对传统高耗能、高污染、高排放发展模式反思并创新的结果,此种发展模式要求在生态环境容量或承载能力范围内,实现经济、社会、环境可持续协调发展。企业绿色发展是从一种状态转变为另外一种状态的过程,具体可以表现为企业在不同产业间或不同发展模式间进行转变,重点是提升企业在产业链中的价值位势,提高产品的技术含量及企业自身的盈利水平②。绿色发展要求综合考量生态环境发展水平与经济社会发展水平,经济社会发展过程和发展结果实现绿色化和生态化目标。自2010年以来,北京师范大学等单位联合持续发布了系列《中国绿色发展指数报告》,报告显示,近年来,尽管我国绿色发展水平整体提升,但全国存在明显的绿色发展水平区域不均衡现象,并且绿色发展指数提升主要依靠经济增长绿化度和政府政策支持度的拉动,资源环境承载潜力有恶化趋势③。污染物来源有生产污染和生活污染,生产污染的毒害性、污染范围、污染程度等都是生活污染无法相比的,其中企业生产污染占比很大,事业单位和其他生产经营者尽管也排放污染物,但污染不大。作为市场核心参与者和经济社会发展中坚力量的企业,其绿色发展程度是我国绿色发展目标能否实现的关键。

当前我国环境污染状况整体出现了稳中向好趋势,但成效并不显著,部分地区区域性、流域性环境问题不容乐观。2014年4月原环境保护部

---

① 大卫·皮尔斯,等.绿色经济的蓝图[M].何晓军,译.北京:北京师范大学出版社,1996:2.
② 谢家平,杨光.企业绿色转型升级的可行路径是什么[EB/OL].(2018-05-19)[2018-09-11]. http://theory.gmw.cn/2016-12/13/content_23250831.htm.
③ 易昌良.《2016中国绿色发展指数报告》正式发布[EB/OL].(2017-12-20)[2018-09-10]. http://energy.people.com.cn/n1/2016/1226/c71661-28977551.html.

和原国土资源部联合发布了我国首个《全国土壤污染状况调查公报》,公报显示:全国土壤污染总超标率为16.1%,其中耕地土壤点位超标率为19.4%,重污染企业用地、工业园区等区域土壤污染超标严重①,"镉大米""癌症村""重金属蔬菜"等事件频发。巨大的煤炭资源消耗、庞大的机动车尾气排放,造成我国大气污染物的排放总量居高,空气质量改善缓慢,尽管氮氧化物、二氧化硫、PM10、PM2.5等四类主要污染物年均浓度基本呈现逐渐下降趋势,达标城市比例有所提高,二氧化硫和氮氧化物2015年全国平均年均浓度已达到一级空气质量标准,但目前的空气质量与理想的空气环境有一定的差距,尤其是部分地区PM10、PM2.5等细微颗粒物浓度严重超标,京津冀及周边地区、珠江三角洲城市群等区域大气污染依然严重。大气、水、土壤等环境污染现状的改变,需要企业节能减排、清洁生产、绿色高质量发展,承担应有的环保社会责任。

环境资源违法案件数量居高不下,部分案件社会危害性大,社会影响恶劣,造成的生态环境损害巨大。据原环境保护部统计,2016年全国共立案查处环境违法案件13.78万件,下达处罚决定12.47万份,罚没金额66.33亿元,分别同比增长34%、28%和56%②。2018年3月召开的"全国环境执法工作会议暨环境执法大练兵总结部署会"公布,根据原环境保护部的数据,2017 年 1~10 月全国共查处环境违法案件数量为142 907起,与2016年同期的74 392起相比,增加了92%③。2021年3月8日,在党的第十三届全国人大四次会议上,最高人民法院院长周强向大会作的最高人民法院工作报告显示,2020年全国各级法院审结一审环境资源案件是25.3万件。江苏泰州天价赔偿案、宁夏腾格里沙漠污染案、云南阳宗海砷污染事件、湖南浏阳镉污染事件、福建紫金矿业溃坝事件、云南曲靖铬渣污染等一大批生态环境损害案件陆续发生。环境违法案件高发的背后是企业传统"三高"发展模式的驱动,根本性的源头解决方式

---

① 环境保护部,国土资源部. 全国土壤污染状况调查公报[EB/OL]. (2014-04-17)[2018-09-10]. http://www.gov.cn/foot/site1/20140417/782bcb88840814ba158d01.pdf.
② 唐斓. 全国查处环境违法案件数量创历史新高,罚没66.33亿元[EB/OL]. (2017-04-22)[2018-09-10]. http://www.xinhuanet.com/politics/2017-04/22/c_1120854170.htm.
③ 胡虹,张祎. 2017年全国查处环境违法案件14万余起同比增92%[EB/OL]. (2018-05-22)[2018-09-11]. http://cq.people.com.cn/n2/2018/0522/c365401-31612645.html.

只能是走绿色发展之路。

近年来,国家层面有关企业绿色发展的政策主要来源是全国人民代表大会会议精神,以及国务院以及中央两办发布的文件。党的十八大、党的十九大都传递了强烈的绿色发展信号。党的十八大将生态文明纳入五位一体战略布局,提出建设生态文明美丽中国;党的十九大报告指出,我们已经进入了新时代,要"坚持新发展理念,推动新型工业化、信息化、城镇化、农业现代化同步发展",切实推进绿色发展在内的美丽中国建设四大举措,实现人与自然和谐共生的现代化。国务院发布的文件主要是一些宏观指引的计划、意见或规划,如《大气污染防治行动计划》《水污染防治行动计划》《土壤污染防治行动计划》《打赢蓝天保卫战三年行动计划》《"十三五"生态环境保护规划》等。中共中央办公厅、国务院办公厅发布的文件主要是中央全面深化改革委员会(以下简称"中央深改委")审议通过的文件。2013年12月30日中央深改委成立至今,召开了多次会议,审议通过了一大批关系经济社会发展重大改革政策的决议,其中环保领域的文件数量占比较大,表达了中央坚定不移推动绿色发展的决心和信心。《环境保护督察方案(试行)》《跨地区环保机构试点方案》《生态环境监测网络建设方案》《党政领导干部生态环境损害责任追究办法(试行)》《中国三江源国家公园体制试点方案》《关于健全生态保护补偿机制的意见》《生态环境损害赔偿制度改革方案》等一批涉及环境保护领域的重大文件陆续印发。

因此,当前我国企业绿色发展的现实的刚性需求、规范的刚性要求、政策的刚性要求,重典治污、重刑治污、经济高压、违法成本提升等刚性规范要求,倒逼企业积极守法,采取升级改造、节能减排、达标排放等转型措施,实现绿色可持续发展。如果国家对社会主体的管制能力已达上限,则只有通过在社会主体的内部系统中加强反思机制的法律结构,使社会主体所追求的目标和手段合乎其宗旨,才有可能促使其良知发挥作用,从而将外部冲突内化于内部决策结构①。企业实现绿色转型发展,应当在行政

---

① HOPT K J, TEUBNER G, GUNTHER TEUBNER. Corporate governance and directors' liabilities: legal economic and sociological analyses on corporate responsibility[J]. Walter de Gruyter, 1985: 166.

外在管制的路径之外探寻多元化的路径,尤其是内化的自我规制路径。有学者认为,法律是利益的产物,各种法律命令的形式(具体规制规则)是基于生活的实际需要及其评价,而不是被设计出来的一般概念①。传统的命令控制型规制和自由市场在面临日渐复杂、严重的环境问题时,显然无法提供满意的解决之道②,无法协调不同利益主体的利益需求,环境管理转型是必然的发展趋势。1995年,美国时任总统克林顿发布了一份《重塑环境规制》的文件,根据该文件,美国国家环境保护局(以下简称"美国环保署")开始了协商颁发行政许可的实验,即通过协商,被规制公司许诺实现"更优环境绩效"目标并签订"最终方案协议"(FPA),作为鼓励,美国环保署可为其颁发一项综合性环境许可,取代原本应当分别申请、程序烦琐的多项排污许可证③。因此,环境管理转型是从传统的权力—服从模式的行政管理逐渐发展为协商—合作模式的公共治理,传统的限权、控权模式逐渐演变为实现治理目标为导向,同时具有规范公权力和私权利功能的"新行政法"模式。

作为一种新型的环境治理手段,企业环保信用评价法律制度具有全面、公开、共享等特点。全面,是指评价使用的环境信息能够全方位反映企业各类环境行为状况。公开,是指环境信息及评价结果向社会公开,保障公众知情权和监督权。共享,是指环境信息及评价结果在相关部门和机构间实现互联互通,作为联合奖惩的依据。企业环保信用评价法律制度在我国已实施多年,在很多地方已经取得了很好的社会效果。企业环保信用评价法律制度实行的是多部门、多机构的联合奖惩,环保信用级别高的企业获得的奖励不仅仅来自生态环境部门,还可能来自发改委、财政、税务、证券、银行和保险等部门或机构,聚合奖励效应对企业具有较大的吸引力;反之,信用不良企业,将会一处失信、处处受限,企业受到多部门和机构的聚合惩戒,还会关联到企业的法定代表人或主要负责人。因此,企业环保信用评价制度不仅有利于提高企业环境自律意识和环保社

---

① 菲利普·黑克.利益法学[M].傅广宇,译.北京:商务印书馆,2016:2-10.
② 科林·斯科特.规则、治理与法律:前沿问题研究[M].安永康,译.北京:清华大学出版社,2018:145-149.
③ 朱迪·弗里曼.合作治理与新行政法[M].毕洪海,陈标冲,译.北京:商务印书馆,2010:Ⅷ.

会责任意识,促进企业从漠视污染、消极治理、被动应付向重视环保、清洁生产、主动减排转变,形成环境自觉的绿色发展机制;还有利于完善公众参与、社会监督机制,督促企业持续加强和改进环境管理,实现绿色发展的环境保护工作目标。在实践中,企业环保信用评价法律制度已经开始凸显其制度优势。2018年中华人民共和国生态环境部(以下简称"生态环境部")会同证监会对上市公司江苏辉丰联合惩戒,违法环境信息公开之后,公司股价大跌,信用带来的聚合惩治后果远比行政罚款更严重。江苏等省份采用环保信用与水价、电价、政府采购名录等联动奖惩的做法,也取得了较好的社会效益。

当代社会不同于传统社会,当代社会是一种功能上不断分化的系统,如果传统社会的分化主要体现在社会阶层分化的话,那么当代社会的分化则主要表现为功能上的高度分化、专业化和自律化①。社会控制要以改变他人的内在价值为基础,制度是组织化的行为模式,又是模式化的思想习惯,改变人的价值观和思想习惯就是制度问题。环保信用评价制度是将环境价值转化为环境人格,借助人格评价并依赖信用的声誉机制实现环境治理目标的创新性治理模式,制度的核心功能是借助信用内核、评价媒介、信息工具,提升企业自我规制能力,重塑环境规制过程,实现企业绿色转型内生动力的产生发展,该功能是国家行政和公众互动下的优势制度呈现。同时我们也应当关注到,当前我国正处于环境行政管制的社会转型期,根植于社会内部的传统性与移植于社会外部的现代性之间的兼容关系十分脆弱②,在国家与行政、公权主体与私权主体互动过程中,需要在"国家本位"与"社会本位"之间通过制度机制建设寻求内在一致的平衡状态,实现社会规范多元之间的契合与交融③。

---

① LUHMANN N. The differentiation of society[M]. Columbia:Columbia University Press,1982:Xii.
② 郭星华,石任昊.社会规范:多元、冲突与互动[J].中州学刊,2016(3):62.
③ 李挚萍教授在《环境法的新发展——管制与民主之互动》一书中表明,应当以政府管制和公众参与的"双轮"模式建构环境法的发展规划。

第二章 现行企业环保信用评价法律制度定位和功能偏离及原因分析

自 2013 年 12 月原环境保护部等四部委发布《企业环境信用评价办法(试行)》至今,开展企业环保信用评价工作的地方在取得成绩和经验的同时,也暴露了一些问题,比如企业对评价结果的认同度普遍不高,评价指标的科学性受到质疑,银行对企业授信时参考环境评价结果的权重不大,企业环保信用评价的激励与约束机制不明显等。从理论上来说,以环保信用评价为核心建立的"守信激励、失信惩戒"新型环境监管机制,不仅可以集约发挥生态环境部门和其他行政部门(如发改委、价格等部门)及市场主体(银行、保险公司等)的合力作用[①],还可以倒逼企业形成环境保护自律意识,进而履行环保社会责任,从而在降低政府环境管理成本的同时大大提升环境管理绩效。制度理论应然与该制度实践绩效不彰之间错位的原因是制度本身设计的问题,还是制度运行的外环境存在问题,抑或是两者兼有,这就需要学者对我国企业环保信用评价法律制度的规范和实践现状进行系统评估,全面检视现行制度体系存在问题及其症结的根源,并理性分析现行企业环保信用评价法律制度与其应然定位和应然功能之间的差异与错位点,探寻更为科学的基础理论支持,为政府从应然层面健全法律制度奠定基础。

---

① 张志奇,李英锐.企业环境信用评价的进展、问题与对策建议[J].环境保护,2015(10):52.

第一节　我国企业环保信用评价法律制度规范及实践现状

目前,印度尼西亚的 PROPER 计划①、菲律宾的 Eco-watch 计划有与我国企业环保信用评价法律制度相似的内容。在美国等信用制度产生早于环境法律制度的国家,除了信息公开等关联规范,并没有系统的企业环保信用评价制度。而在国内,企业环保信用评价制度包括的直接规范范围较广,企业环保信用评价法律制度是中国的创新型制度,学者对于该制度的系统检视应当基于国内规范及评价实践展开。

一、我国企业环保信用评价法律制度规范现状

本书在第一章第二节已经系统梳理了企业环保信用评价制度产生和发展过程中出现的、具有标志意义的国家及地方规范,本节在前述基础上,结合现有文本的具体规范,重点介绍与企业环保信用评价法律制度直接或间接相关的规范内容。

(一) 国家层面规范的现状

在我国,立法及规范性文件均可约束和规范企业的生态环境行为。由于目前企业环保信用评价法律制度的立法尚不成熟,文本多为规范性文件。国家层面的立法及其主要内容见表 2-1。

表 2-1　国家层面立法梳理

规范类型	规范名称	生效时间	规范内容
国家层面立法	《环境保护法》	2015 年 1 月 1 日	第五十四条第三款环保诚信档案制度
	《中华人民共和国中小企业促进法》(以下简称《中小企业促进法》)	2017 年 9 月 1 日	第七条关于中小企业信用制度建设

---

① 1995 年世界银行资助印度尼西亚实施"污染控制、评价和分级"计划。该制度与菲律宾的 Eco-watch 计划更类似于我国的环境信息公开制度,与环保信用评价制度并不相同。

(续表)

规范类型	规范名称	生效时间	规范内容
国家层面立法	《企业信息公示暂行条例》	2014年10月1日	第十八条关于在政府采购等特定领域的信用约束机制
	《企业事业单位环境信息公开办法》	2015年1月1日	第五条规定建立企业事业单位环境行为信用评价制度

从表2-1可知,法律和行政法规层面,并无明确规定企业环保信用评价制度的规范,但是从《环境保护法》的企业环保诚信档案制度、《中小企业促进法》的社会信用建设以及《企业信息公示暂行条例》的信用约束机制中可以推出隐含的企业环保信用评价制度。其中环保诚信档案制度建立的目的是全面掌握企业的诚信状况,以便对其进行综合评估,为企业环保信用评价夯实信息资料储备基础;按照目前我国社会信用建设的总体规划,企业社会信用包括信贷、纳税、合同履约、产品质量、知识产权等领域的信用,环保信用是其中的重要领域之一,因此实现中小企业信用信息查询、交流和共享的社会化等活动,自然也适用规范企业环保信用的信息征集与评价活动;企业的信用约束机制与企业环保信用评价是无法分割的,因为评价的目标之一是将评价结果应用到财政、金融、招投标等领域,反向对企业进行激励或约束,企业信用约束机制被纳入信用评价制度。原环境保护部在2014年发布的《企业事业单位环境信息公开办法》直接规定了企业事业单位环境行为信用评价制度。该规章是对《环境保护法》中的企业环保档案制度、《中小企业促进法》中的社会信用建设、《企业信息公示暂行条例》中的信用约束机制等的衔接立法。

《环境保护法》第五十四条第三款隶属于《环境保护法》第五章"信息公开和公众参与",根据全国人大常委会法制工作委员会编写的《中华人民共和国环境保护法》释义,该条是关于"环境信息公开的规定",环保诚信档案是环境信息公开的特定方式[①]。企业环保信用评价制度被直接写入《企业事业单位环境信息公开办法》,从法律制度之间的关系来看,企业

---

① 信春鹰.《中华人民共和国环境保护法》学习读本[M].北京:中国民主法制出版社,2014:225.

环保信用评价制度在环境信息公开制度中以子制度的身份出现。而且,根据《企业事业单位环境信息公开办法》,纳入企业环保信用评价的信息范围是环境违法信息(环境监管信息),其他信息不在该范围内,这就会产生生产经营单位不违法则守信的悖论,因为从常识即可判断,信用的外延显然不仅仅只包含守法,立法者在此显然有意限缩了环保信用的涵盖范围。由此产生的问题是,如果环保信用评价制度的功能仅仅是辅助信息公开,并且是信息公开制度实现的方式,则其功能的发挥不会受到影响,但是如果环保信用评价制度有其他更为核心的制度功能,则需要深入分析现行立法对其功能限缩是否影响了核心功能的发挥。

此外,尽管企业环保信用评价制度在《环境保护法》《中小企业促进法》《企业信息公示暂行条例》《企业事业单位环境信息公开办法》等文件中均有潜在体现或直接规定,但是从上述列举的文件可以看出,国家层面的法律规范较为宏观,并未有较为具体可操作的细化规定。企业环保信用评价法律制度的此种立法现状,为企业环保信用评价规范性文件的大量产生提供了可能空间,同时提供了规范性文件入法的可能;对于企业环保信用评价制度的检视样本,应当以法律进行规范,还应当依据大量的规范性文件,尽管就适用效力而言,法律规范具有当然的优势。

按照发布时间的先后依次梳理国家层面规范性文件见表 2-2。

表 2-2 国家层面规范性文件梳理

规范类型	政策名称	发文机关	生效时间	规范内容
国家层面政策	《关于社会信用体系建设的若干意见》	国务院办公厅	2007 年 3 月 23 日	完善法规,形成社会信用体系基本框架和运行机制
	《国务院关于加强环境保护重点工作的意见》	国务院	2011 年 10 月 17 日	要求建立企业环境行为信用评价制度

(续表)

规范类型	政策名称	发文机关	生效时间	规范内容
国家层面政策	《企业环境信用评价办法（试行）》	原环境保护部等四部门联发	2013年12月18日	规定了企业环保信用评价的范围、评价工作主管机关、评价指标和等级、评价信息来源、评价程序、评价结果公开与共享、守信激励和失信惩戒等
	《水污染防治行动计划》	国务院	2014年4月	要求加强环境信用体系建设，构建守信激励与失信惩戒机制
	《社会信用体系建设规划纲要（2014—2020年）》	国务院	2014年6月14日	建立企业环境行为信用评价制度，根据企业信用等级予以鼓励、警示或惩戒
	《关于加强环境监管执法的通知》	国务院办公厅	2014年11月12日	要求建立环境信用评价制度，将企业环境违法行为纳入社会信用体系
	《关于加强企业环境信用体系建设的指导意见》	原环境保护部和国家发改委	2015年11月27日	完善企业环境信用评价制度推动建立环保守信激励、失信惩戒机制等，包括若干措施
	《关于建立完善守信联合激励和失信联合惩戒制度加快推进社会诚信建设的指导意见》	国务院	2016年6月12日	要求建立完善的守信联合激励和失信联合惩戒制度，规定了若干具体的激励和惩戒制度
	《关于对环境保护领域失信生产经营单位及其有关人员开展联合惩戒的合作备忘录》	国家发改委等31个部门	2016年7月20日	对环境保护领域严重失信的生产经营单位及其有关人员开展联合惩戒，涉及市场准入三大领域共25项具体措施

(续表)

规范类型	政策名称	发文机关	生效时间	规范内容
国家层面政策	《"十三五"全国环境保护法规和环境经济政策建设规划》	原环境保护部	2016年8月23日	规定了"十三五"期间重点规划的28项法律政策建设任务,并将环境信用建设"入法"放在了极其重要的位置
	党的十九大报告	中国共产党中央委员会	2017年10月18日	提出着力健全环保信用评价等非行政性措施保障生态文明建设
	《关于全面加强生态环境保护坚决打好污染防治攻坚战的意见》	国务院	2018年6月16日	提出健全环保信用评价,助力污染防治攻坚战
	《国家生态文明试验区(海南)实施方案》	中共中央办公厅、国务院办公厅	2019年5月12日	健全环保信用评价制度,强化环保信用的经济约束
	《关于加快推进社会信用体系建设构建以信用为基础的新型监管机制的指导意见》	国务院办公厅	2019年7月16日	以加强信用监管为着力点,健全贯穿市场主体全生命周期的事前、事中、事后的新型监管机制若干具体措施
	《关于进一步深化生态环境监管服务推动经济高质量发展的意见》	生态环境部	2019年9月10日	规定了包括"研究制修订环保信用评价管理条例"在内的完善法律法规标准体系
	《关于构建现代体系的指导意见》	中共中央办公厅、国务院办公厅	2020年3月3日	完善企业环保信用评价制度,依据评价结果实施分类监管

对国家层面规范性文件梳理后发现,除了《企业环境信用评价办法(试行)》《关于加强企业环境信用体系建设的指导意见》等文件对企业环保信用评价制度有较为详细的表述,其他文件都是概括性的宏观指引①,主要意义在于彰显制度的重要作用,对企业环保信用评价制度具体操作

---

① 李富贵,等.企业环境行为分析[J].中国环境管理干部学院学报,2015(3):54.

性规范建设的直接作用并不显著,这也是为何亟待对企业环保信用评价制度进行高层级立法的主要原因。本章第二、第三、第四节将结合《企业环境信用评价办法(试行)》《关于加强企业环境信用体系建设的指导意见》《关于对环境保护领域失信生产经营单位及其有关人员开展联合惩戒的合作备忘录》等规范内容,详细检视企业环保信用评价法律制度与其应然定位和应然功能之间偏离的现状,并分析此种偏离潜在的深层次原因,以期为法律制度的理论完善及规范调整提供参考。

(二)地方典型省份的规范现状

截至 2021 年 3 月,全国 31 个省(区、市),除北京、天津两个直辖市和青海省没有发布本地区的环保信用评价规范,其余 28 个省份均陆续发布(制定或修订)了本地区的企业环保信用评价办法①。一些地级市也勇于

---

① 这些地区的企业环保信用评价办法如下:1.《黑龙江省企业环境信用评价暂行办法》(厅办文件〔2017〕263 号,2018 年 1 月 1 日起施行);2.《吉林省企业环境信用评价方法(试行)》(吉环发〔2017〕33 号,2018 年 3 月 1 日起施行);3.《辽宁省企业环境信用评价管理办法》(辽环发〔2020〕9 号,2020 年 5 月 9 日起实施);4.《河北省企业环境信用评价管理办法(试行)》(冀环办字函〔2017〕748 号,2017 年 11 月 29 日);5.《山西省企业环境行为评价办法》(晋环发〔2008〕1 号,2008 年 1 月 2 日);6.《山东省企业环境信用评价办法》(修订,鲁环发〔2020〕52 号,2021 年 5 月 1 日起施行);7.《内蒙古自治区企业环境信用评价实施方案(试行)》(内环发〔2015〕68 号,2015 年 5 月 5 日);8.《宁夏回族自治区企业环境信用评价办法》(宁环规发〔2019〕5 号,2019 年 11 月 9 日起施行);9.《新疆维吾尔自治区企业环境信用评价管理办法(试行)》(2018 年 9 月 10 起施行);10.《甘肃省工业企业环境保护标准化建设暨环境信用评价工作方案(试行)》(甘环发〔2014〕61 号,2014 年 4 月 1 日起施行);11.《西藏自治区企业环境信用等级评价办法(试行)》(2014 年 9 月 1 日);12.《四川省企业环境信用评价指标及管理办法》(川环函〔2014〕181 号,2014 年 12 月),2018 年印发《四川省企业环境信用评价指标及计分办法(2018 年版)》,2020 年 6 月印发《四川省企业环境信用评价指标及计分方法(2019 年版)》《四川省社会环境监测机构环境信用评价指标及计分方法》;13.《重庆市企业环境信用评价办法》(渝环〔2017〕174 号,2017 年 10 月 13 印发);14.《陕西省企业环境信用评价办法》及《陕西省企业环境信用评价要求及考核评分标准》(2016 年 1 月 1 日起实施);15.《贵州省企业环境信用评价指标体系及评价方法》(黔环通〔2018〕116 号,2018 年 5 月 10 日起施行);16.《广西壮族自治区企业生态环境信用评价办法(试行)》(2020 年 1 月 1 日起施行);17.《海南省环境保护信用评价办法(试行)》(2020 年 9 月 1 日起施行);18.《广东省环境保护产业企业信用等级评价管理办法(试行)》(2015 年 2 月 10 日起施行);19.《湖南省企业环境信用评价实施意见(试行)》(2017 年 1 月 1 日起施行);20.《江西省企业环境信用评价及信用管理暂行办法》(2017 年 10 月 25 日起施行);21.《湖北省企业环境信用评价办法》(修订,鄂环发〔2019〕24 号,2019 年 10 月 25 日起施行);22.《河南省企业事业单位环保信用评价管理办法》(修订豫环文〔2018〕217 号,2018 年 10 月 10 日起施行);23.《安徽省企业环境信用评价实施方案》(2017 年 4 月 5 日施行);24.《浙江省企业环境信用评价管理办法(试行)》(修订,浙环函〔2020〕16 号,2020 年 2 月 20 日起施行);25.《江苏省企业环保信用评价暂行办法》(修订,苏环办〔2018〕515 号 2019 年 1 月 1 日起施行);26.《福建省企业环境信用动态评价实施方案》(闽环保总队〔2018〕67 号,2018 年 12 月 19 日起施行);27.《云南省企业环境信用评价管理办法(试行)》;28. 上海市的评价工作依据的是《长三角地区企业环境行为评价标准(暂行)》。此外,根据调研,北京市、天津市和青海省评价工作依据 2013 年四部委发布的《企业环境信用评价办法(试行)》实施,尚未制定地方评价规范。

探索,在参照省级环保信用评价规范的基础上,制定了市级评价规范,如南京市、杭州市、南通市、深圳市等①。2013年原环境保护部等四部门发布的《企业环境信用评价办法(试行)》是对浙江省、江苏省地方实践经验的总结,后来随着评价工作的不断探索和持续深入推进,这两个省份也发布了调整后的评价办法。地方方案大致可分为两类:一是原则采用原环境保护部等四部委的办法和标准,但对部分评价办法、指标及其权重做了修改和调整,如浙江省、重庆市、河南省等,这类省市占比很大。二是另行创新了简化型评价办法、指标体系和计分方法,如山东省、吉林省、江苏省(2019年之后②)等。此外,很多省份还印发了有关企业环保信用评价结果引用的规范性文件,如2019年5月17日,江苏省发展改革委和生态环境厅印发了《关于完善根据环保信用评价结果实行差别化价格政策的通知》等。下面以浙江省和山东省企业环保信用评价规范为样本进行分析。

1. 浙江省企业环境信用评价规范③

2020年1月20日,浙江省生态环境厅印发了《浙江省企业环境信用评价管理办法(试行)》(浙环函〔2020〕16号)(以下简称《办法》),该《办法》自2020年2月20日起施行。《办法》是在《长江三角洲地区企业环境行为信息公开工作实施办法(暂行)和长江三角洲地区企业环境行为信息评价标准(暂行)》(苏环发〔2009〕23号)基础上修订而成的。浙江省的规范与国家规范内容基本保持一致,但在指标设置、信用分级、评价结果引用等方面存在较大差别。评价规范的主要内容如下。

第一,参评范围。参评企业分为强制参评和自愿参评企业两类。其中强制参评企业包括六类,它们分别是:年度重点排污单位;列入重点环境风险源名录管理的排污单位;实施排污许可重点管理的排污单位;纳入

---

① 《南京市环境失信行为信用等级管理暂行办法》(2017年12月29日)、《杭州市企业环境行为信用等级评价管理办法(试行)》(2016年7月1日起施行)、《南通市企业环保信用评价标准及评价方法》的通知(2016年3月29日起实施)、《深圳市重点污染源环保信用管理办法》(2015年1月1日施行)等。

② 2018年12月,江苏省生态环境厅联合省信用办印发了《江苏省企业环保信用评价暂行办法》,自2019年1月1日起施行,原《江苏省企业环保信用评价及信用管理暂行办法》(苏环规〔2013〕1号)、《江苏省企业环保信用评价标准及评价办法》(苏环办〔2013〕12号)同时废止。

③ 浙江省将企业环保信用评价称为企业环境信用评价,本部分关于浙江省规范的介绍采用浙江省地方文件规定的名称,即企业环境信用评价。

生态环境部门"双随机"抽查监管的排污单位;环境影响评价、环境监测、污染源自动监控运维、排污许可技术咨询、环境污染第三方治理等领域的环境服务机构;列入生态环境严重失信名单的单位。鼓励未纳入上述范围的企业、事业单位和其他生产经营者自愿申请参加环境信用评价。原则上所有企业均可自愿参与企业环保信用评价。

第二,评价主体。根据《办法》,浙江省企业环境信用评价工作由浙江省生态环境部门和设区市生态环境部门负责实施。其中,省生态环境厅负责制定发布全省统一的企业环保信用评价管理办法、评价指标及评分标准,设计全省统一的企业环保信用评价管理系统,组织开展全省企业环保信用评价并公布评价结果,汇总发布全省生态环境严重失信名单。设区市生态环境局负责及时归集、上报企业环保信用评价基础数据,依申请对企业环保信用评价结果进行复核、对评价指标进行修复;对列入、移出生态环境严重失信名单信息进行认定、审核和上报。

第三,评价指标和等级。《浙江省企业环境信用评价管理办法(试行)》的附件有《浙江省企业环境信用评价指标及评分标准(试行)》和《浙江省污染源自动监控第三方运维机构环境信用等级评价指标及评分标准》。其中,企业环境信用评价指标总分为1 000分,包括环境守法(300分)、环境管理和生态保护(300分)、社会责任(400分)等三个一级指标,一级指标下设置二级指标,二级指标下设置具体评价标准。其中"环境守法"指标的二级指标包括"行政执法"和"挂牌督办"两类,行政执法二级指标包括警告、罚款、没收违法所得等12项,挂牌督办包括被生态环境部和省政府督办、被省生态环境厅挂牌督办等4项评价标准。环境管理和生态保护指标的二级指标包括企业自行监测、污染源自动监控、危险废物规范化管理、清洁生产工作、排污许可证执行、排污权有偿使用和交易、突发环境事件、生态环境损害等八类。社会责任指标的二级指标包括严重失信和企业公共信用两类。污染源自动监控第三方运维机构环境信用等级评价采取直接扣分制,指标包括服务质量指标、环境管理指标、社会责任,其中服务质量指标的二级指标是指运行质量,环境管理指标的二级指标包括行政处罚和行政命令,社会责任指标的二级指标是指严重失信。参评单位的环境信用分为五个等级,980分及以上为A级(优秀,以绿色表示)、920 分(含)至 980 分为 B 级(良好,以蓝色表示)、800 分(含)至 920 分为 C 级(中等,以黄色表示)、600 分至 800 分为 D 级(较差,以红色表示)、600 分及以下为 E 级(差,以黑色表示)。

第四,评价结果应用。对 A 级和 B 级企业,各级生态环境部门可以采取的激励性措施有:对其办理环境影响评价文件审批等生态环境保护许可事项提供便捷服务,在同等条件下予以积极支持;优先安排生态环境专项资金或者其他资金补助;优先安排生态环境科技项目立项;生态环境部门在组织有关表彰奖励活动中,优先授予其有关荣誉称号;国家或者地方规定的其他激励性措施。对 D 级和 E 级企业,生态环境部门可以采取的惩戒性措施有:重点审查其环境影响评价许可等生态环境行政许可事项;限制参加生态环境部门组织的各类表彰奖励活动;撤销生态环境部门授予的荣誉称号等。

2. 山东省企业环境信用评价规范

2020 年 12 月 13 日,山东省生态环境厅、山东省发展和改革委员会联合印发了《山东省企业环境信用评价办法》(鲁环发〔2020〕52 号)①,评价办法自 2021 年 5 月 1 日起施行。山东省在 2016 年发布实施评价办法之后,在 2018 年对该办法进行了修订和完善,此次在 2018 年文本的基础上又对该办法进行了修改。山东省的评价规范整体设置思路与国家规范有很大差别,指标易于操作,也被其他省份学习、参考。山东省评价规范的主要内容及特点如下。

1)评价规范的主要内容

(1)评价主体为省级和设区市级环保部门。其中省生态环境厅负责制定企业环境违法违规行为记分标准,建立企业环境信用评价信息管理系统,组织全省企业环境信用评价工作;设区市的生态环境局负责本行政区域企业环境信用评价工作。

(2)评价方法借鉴我国道路交通安全违法行为累积记分周期的做法,对企业的环境违法违规行为实施年度记分制。指标内容完全以企业受到

---

① 山东省将企业环保信用评价称为企业环境信用评价,本部分关于山东省规范的介绍采用山东省地方文件规定的名称,即企业环境信用评价。

的处罚处理结果为指标体系,不涉及企业各类违法违规的行为类别。

(3)企业环境信用共分为四个等级,由好到差依次标识为绿色企业、蓝色企业、黄色企业、黑色企业。

(4)评价程序包括获取企业环境失信行为信息、录入信息、实时评价、告知企业、企业整改、复核、记分调整、公开等。

2)评价规范的主要特点

(1)评价范围涵盖面广。除污染物排放总量大、环境风险高、生态环境影响大的企业,进一步将评价范围扩大到所有环境监管企业和单位。

(2)评价指标体系简化。建立与日常环境监管工作相结合的评价指标体系,将企业环境违法违规行为处罚处理情况作为评价指标;提高评价指标的区分度,避免指标交叉;与当前环境管理需求相结合,建立评价指标动态调整机制。

(3)评价方法简单易行。山东省采用负评价方式,评价指标和程序比较简单,与日常环境监管工作有机结合,适用性和可操作性较强;同时也减少了因正面评价带来的程序复杂、采集数据工作量大、重复性计分等问题;操作简单且易于被公众接受,减少人为干预因素,评判企业的环境信用等级,仅通过设置红、黄、绿三种颜色标识来反映企业的环境守信状况,由相关方将评价结果作为决策依据,既达到评价的目的,又减少了法律纠纷的发生。

(4)评价的时效性强。山东省采用实时评价方式,将企业环境违法违规行为及时录入信息管理系统,对企业环境信用进行实时评价和公开,减少了工作量,提高了时效性和透明度,增强了对企业的警示作用,便于社会监督和信息及时共享。

(5)建立差别化的企业环境信用修复机制。建立记分核销机制,促进整改。企业一般环境违法违规行为达到整改要求后,允许相关部门对其环境信用进行修复、对信用等级进行调整。对严重环境违法违规行为达到整改要求后,则在一定的观察期后再对其环境信用进行修复和信用等级调整。

二、我国企业环保信用评价法律制度的实践现状

目前,国内31个省(区、市)均开展了企业环保信用评价工作。以原环境保护部等四部委发布的《企业环境信用评价办法(试行)》为分界,2013年之前只有江苏、浙江、上海、河北等为数不多的省市完成了从文件印发到实践推行的工作,绝大多数的省(区、市)在2013年之后陆续印发评价文件并启动评价工作。即便如此,2013年之后各个省份的企业环保信用评价工作开展情况差别比较明显,江苏、浙江是评价工作开展较早的省份,在建立了规范成熟的评价机制、评价工作顺利开展的情况下,已经将工作重心转移到评价结果引用工作,并健全了检查频次分类监管、动态电价联动激励约束、浮动汇率银行贷款联动激励约束等机制①。河南、宁夏、新疆等部分中西部省份的评价工作启动较晚②,尚停留在全面开展评价工作阶段,后续的评价结果引用规范制定及制度实践还处在探索阶段。山东、吉林等省份的评价指标相对简单,便于操作,实现了参评企业的全覆盖。但是,从全国范围来看,评价过程中的评价结果引用,即环保信用评价的联动激励约束措施落实情况并不理想,"重评轻用、评后不能用或评后基本不用"现象较为明显③。

(一)问卷调研

围绕现有企业环保信用评价制度实施成效及实践中存在的问题,笔者通过问卷调查、会议座谈、四人访谈等方式开展了实证调查。根据政府、企业和公众不同类型的调研对象,笔者分别设置了侧重点不同的政府问卷、企业问卷和公众问卷,其中对政府和企业采取问卷调查和会议座谈合并的方式进行调研。政府问卷发放对象为参与会议座谈的人员,共发放问卷58份,回收有效问卷58份;企业问卷发放对象为参与会议座谈人员及部分生产一线工作人员,共发放问卷124份,回收有效问卷

---

① 贺震.以信用为抓手推动环境监管方式变革:江苏运用环保信用加强企业环境监管为例[J].绿叶,2019(Z1):79-85.

② 河南省的评价工作在2014、2015年连续开展两轮后,由于2013年制定的评价规范和评价指标的操作性问题,评价工作一直停滞到2019年才重新启动(2018年修订了原有的评价规范文件)。

③ 张胜.关于我国企业环境信用评价的若干思考和建议[J].环境保护,2017(10):40-43.

120份;民众问卷共发放196份,回收有效问卷189份。其中政府问卷主要侧重对评价指标设置的科学性、评价制度的实施成效及评价工作遇到的障碍等方面设置调研题目。企业问卷主要侧重对评价指标设置的科学性、评价制度实施对企业的影响以及评价工作开展后企业经营管理层面的应对策略等方面设置调研题目。公众问卷主要侧重对企业环保信用评价制度的认知度、环保信用评价制度实施可行性等方面设置调研题目。

1. 企业问卷

企业问卷反馈的问题主要有:①自愿参与环保信用评价的企业数量有限。必须参评的国控重点污染企业和省控重点污染企业占比分别为23.5%和45.3%,合计68.8%,非必须参评的企业,比如非国控和省控的一般生产性企业等的比例只有31.2%。②受访者对企业环保信用评价制度有一定程度的了解。15.2%的调查对象为企业的法定代表人,45.3%的调查对象为企业中层以上管理者,37%的调查对象是企业负责环境管理的专职人员,2.5%的调查对象为企业普通员工,98%以上的比例为单位的管理者或环保职位的工作人员,其中75.1%的人员对企业环保信用评价制度有较多了解,但也有24.9%的受访者对该制度并不了解。受访者了解企业环保信用评价的途径也很多样化,52.7%的受访者通过媒体进行了解,11.2%的受访者通过官方文件进行了解,但是也有很大比例的人员是因为本企业或亲戚朋友的企业被要求参与评价才了解到。③受访者对生态环境部门的企业环保信用评价结果公信力褒贬不一,且原因也各不相同。37.8%的受访者认为本人所在企业上一年度的企业环保信用评价结果的公信力程度弱,21.5%的受访者认为公信力较弱,19.5%的受访者认为公信力强,21.2%的受访者认为公信力较强。对于导致公信力褒贬不一的原因,53.2%的受访者认为原因在于评价部门自身,83.2%的受访者认为评价标准有问题,78.2%的受访者认为评价程序有问题,89.2%的受访者认为评价信息收集有问题。④企业环保信用的评价结果比例失调。从答卷情况看,19.7%的受访者单位被评为5A,34.2%的受访者单位被评为4A,29.5%的受访者单位被评为3A,2A及其以下的企业占比约16%,良好以上比例过高。⑤企业对环保信用评价制度重视程度不够,且内部机构及人员配备也存在诸多问题。45.8%的受访者所在单位设置有专门负责环境管理的机构并配备专门的环保工作人员,44.2%的受访者单位没有设置专门负责环境管理的机构并配备专门的环保工作人员。同时,45.3%的受访者认为其所在单位的环保管理机构和工作人员发挥的作用不大,33.5%的受访者认为与公司的其他部门相比,环保管理机构作用明显弱化,只有21.2%的受访者认为环保管理机构起着至关重要的作用。⑥目前我国的企业环保信用评价制度还存在诸多问题。根据问卷结果,企业员工被专门安排接受政府环保培训的比例只有44.6%,32.3%的受访者没有被培训过,当然也不排除受访者不清楚是否被培训过,可见政府的培训对于企业有着重要的作用。除此之外,受访者认为我国现有的企业环保信用评价制度存在诸多问题,比如95.3%的受访者认为评价结果公信度有待提高,75.4%的受访者认为生态环境部门评价存在妥当性问题,89.8%的受访者认为参与评价的企业范围有待拓展,95.4%的受访者认为评价结果被其他部门利用程度低。

附件1

企业卷中部分代表性题目及其统计图如下所示。

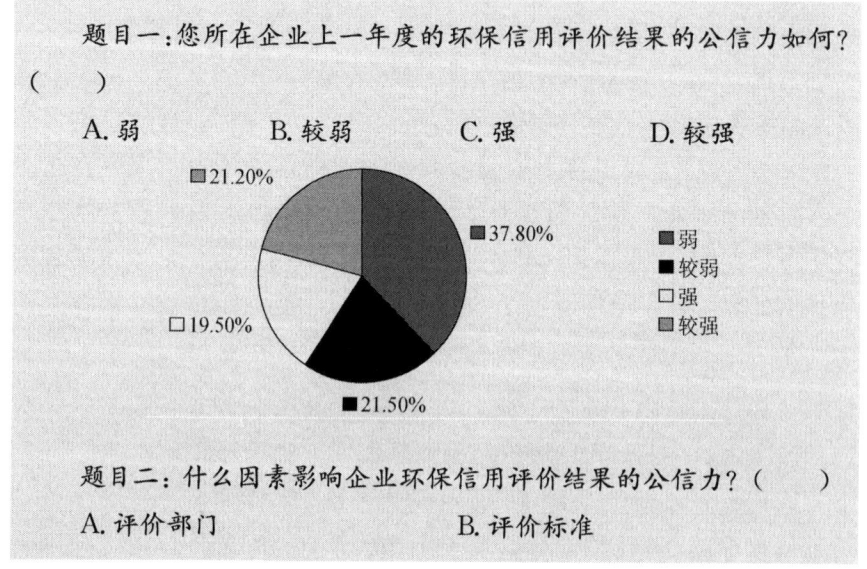

C. 评价程序　　　　　　D. 评价信息收集

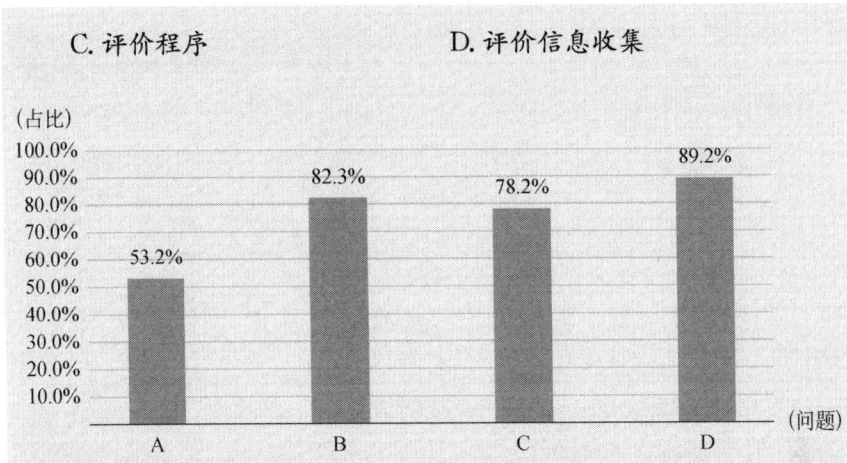

题目三：您所在单位的环保管理机构和工作人员发挥作用的程度如何？（　　）

A. 作用不大

B. 起着至关重要的作用

C. 与公司的其他部门相比，作用明显弱化

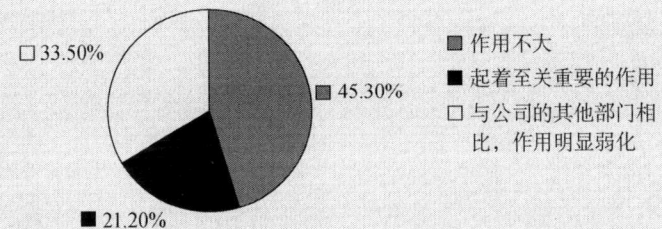

题目四：您认为我国现有的企业环保信用评价制度存在什么问题？（　　）

A. 评价结果公信度有待提高

B. 生态环境部门评价的妥当性存在问题

C. 参与评价的企业范围有待拓展

D. 评价结果被其他部门利用程度低

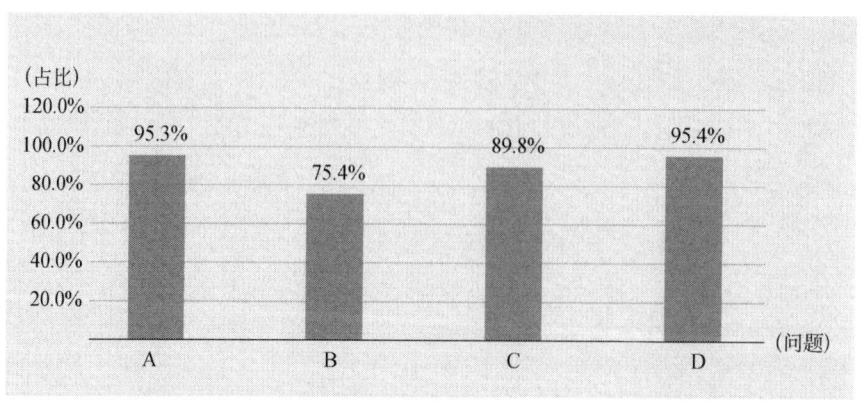

2. 政府问卷

政府问卷反馈的问题主要有：①生态环境部门的工作人员在进行企业环保信用评价过程中遇到的问题比较多。其中92.3%的受访者认为全面收集企业环境信息困难，72.4%的受访者认为评价结果中良好以上企业的比重较大，95.7%的受访者认为部分评价指标科学性、规范性不足，96.3%的受访者认为其他部门利用企业环保信用评价结果的比例不高；66.1%的受访者认为环保部门自身评价机制有待完善。②生态环境部门公布评价结果的平台建设有待强化。通过问卷调查，98.3%的受访者公布评价信息的平台是政府官网，87.6%的受访者选择在地方的企业信息查询平台公布，而在全国性的网站公布的比例并不高，比如全国企业信用平台的公布比例是23.8%，"信用中国"网站的公布比例是43.6%。③企业环保信用评价制度尚存诸多不完善亟待优化规则。98.2%的受访者认为企业环境信息覆盖面不足，93.7%的受访者认为应当制定更加严格的评价指标，78.3%的受访者认为应当在全国性信息查询平台公示参与评价的所有企业信息，68.9%的受访者认为应当制定针对每一信用等级的不同奖惩标准，76.3%的受访者认为应当逐步培育第三方评价主体，生态环境部门自身的评价存在诸多弊端。

附件2

政府卷中部分代表性题目及其统计图如下所示。

题目一：您在企业环保信用评价工作过程中遇到的问题有哪些？
（　　）

A. 全面收集企业环境信息困难

B. 评价结果中良好以上企业的比重较大

C. 部分评价指标科学性规范性不足

D. 其他部门利用企业环保信用评价结果的比例不高

E. 生态环境部门自身评价机制有待完善

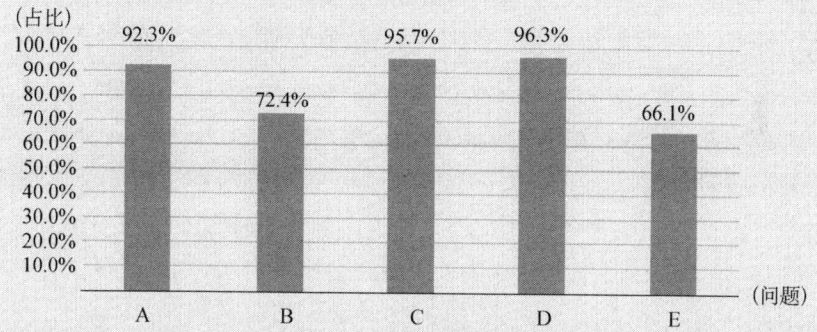

题目二：我国企业环保信用评价制度完善路径有哪些？（　　）

A. 应当全面收集企业环境信息

B. 制定更加科学的评价指标

C. 在全国性信息查询平台公示参与评价的所有企业信息

D. 制定针对每一信用等级的不同奖惩标准

E. 逐步培育第三方信用评价主体

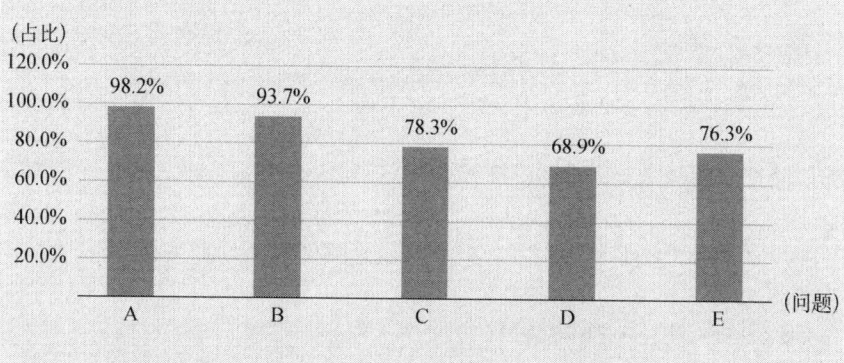

3. 公众问卷

公众问卷反馈的问题主要有:①公众对企业环保信用评价制度及意义的了解程度有限。40.1%的受访者对该制度并不了解,只有59.9%的受访者了解。64.1%的受访者认为意义重大,24.8%的受访者对我国开展企业环保信用评价制度的意义并不清楚,当然也有11.1%的受访者认为我国开展企业环保信用评价制度的意义并不大。关于对企业环保信用评价具体内容的了解,只有34.8%的受访者认为了解很多,其余的受访者了解甚少或者根本不了解。②公众对企业环境违法行为的举报比例并不高,举报激励机制有待强化。36.1%的受访者选择经常向生态环境部门或其他机构举报企业的环境违法行为,而63.9%的受访者认为不会经常向生态环境部门或其他机构举报企业的环境违法行为。45.2%的受访者认为主动向生态环境部门举报违法行为不需要激励,但也有54.8%的受访者认为需要一定激励机制才可为之。在问卷列举的四种激励机制中,物质奖励激励只占33.5%,荣誉称号占35.8%,政府积极处理违法举报和环保与每一个人都密切相关的环保观念占到了75.9%和56.8%。③公众对环境保护重任承担主体的多种选择,表达了公众对合力推进环境保护的希望。政府、企业、公众、环保组织受访者选择了相同的比例,可见公众认为环境保护需要政府、公众等多主体的共同治理方可为之。

附件3

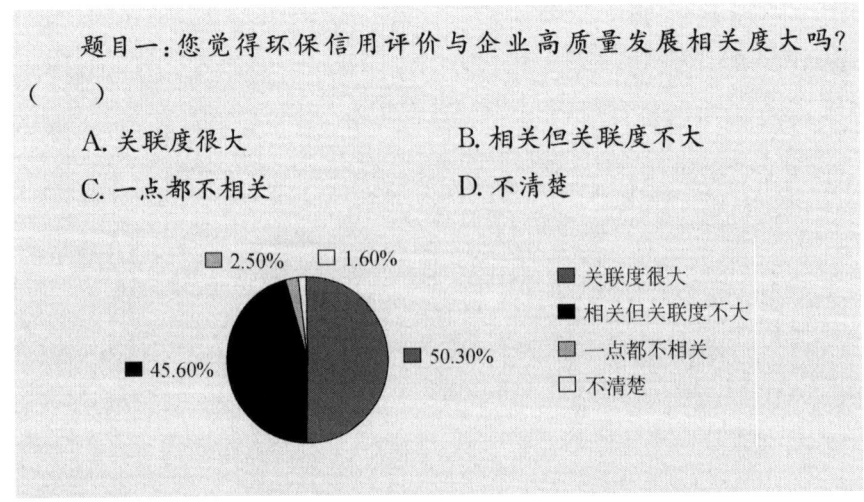

题目一:您觉得环保信用评价与企业高质量发展相关度大吗?
( )
A. 关联度很大　　　　　　B. 相关但关联度不大
C. 一点都不相关　　　　　D. 不清楚

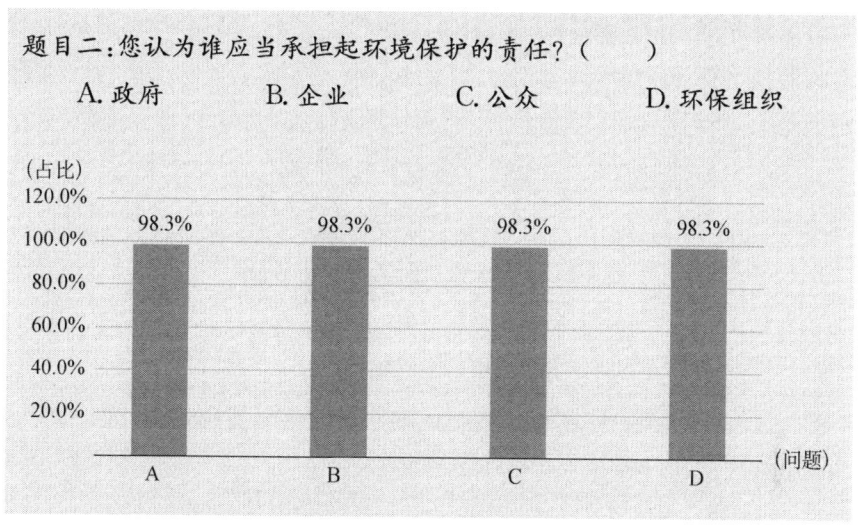

(二) 会议座谈调研

我们工作单位属于地方高校,服务地方经济社会建设是地方高校义不容辞的责任,我校的环境法学科长期与河南省生态环境厅保持密切的基地共建和项目合作关系。我们受托起草的《河南省企业事业单位环保信用评价办法》已于2018年7月由原河南省环境保护厅、河南省发改委等六部门联合印发。我们连续四年承担了河南省生态环境厅法规处《基于绿色发展的河南省企业环保信用评价法律制度研究》《以环保信用为基础的新型环境监管机制改革研究》等以环保信用体系建设为主题的委托课题。河南省生态环境厅非常重视企业环保信用评价工作,多次组织课题组去兄弟省份学习调研。2018—2020年,河南省生态环境厅共召开八次座谈会,其中省级生态环境部门座谈会四次、企业现场座谈会四次。省级生态环境部门的座谈会分别在山东省、河南省、广东省和江苏省生态环境厅举行。参会人员主要包括负责企业环保信用评价工作的省厅处室主管领导及直接负责人员、省生态环境监管执法局一线执法人员、评价系统软件开发公司技术人员、省辖市生态环境部门负责评价工作的人员、参与评价相关文件制定的高校和科研院所的专家学者、银行金融机构的工作人员等。企业现场座谈会在山东省与河南省举行。其中,参会的山东省企业为国家控股重点企业,河南省企业包括一家上市的国家控股重点企业和两家省属控股的民营企业,这两家民营企业分别是运行良好的中型规模金属冶炼和电镀企业。企业座谈会的参会人员主要包括企业环境管理机构的主管领导、具体负责环保信用评价工作的人员、公司的技术总工、企业法务或委托的执业律师等。会议座谈的调研提纲主要内容见表2-3。

表 2-3　政府及企业座谈会的调研提纲

座谈类型		座谈会提纲
政府座谈会	1	本省的企业环保信用评价工作机制
	2	参评企业的类型、评价的覆盖率以及自愿参评的企业占比
	3	企业环保信用评价工作中遇到的问题
	4	国家及本省的评价指标是否完善,有哪些完善建议
	5	企业环保信用评价结果引用措施有哪些,引用中出现的问题,引用措施的落实情况
	6	开展环保信用评价后,参评企业守法状况
	7	本省比较典型的激励和惩戒案例
	8	是否探索过环保信用评价结果的跨区域互认,以及结果如何等
企业座谈会	1	企业参与环保信用评价的工作机制
	2	企业内部环境管理的机构建设及人员配备情况
	3	对省内企业环保信用评价规范及指标体系的建议
	4	企业对国家法律法规政策的执行情况
	5	企业对环保信用评价制度实施与绿色发展及经济效益增长等问题的认识
	6	实施环保信用评价以来,企业在银行贷款、政府资金扶持、环保评先评优等方面受到的影响等

无论是在企业的座谈会上还是在生态环境部门的座谈会上,参会人员在对企业环保信用评价法律制度实施成效予以肯定的同时,也提出不少制度运行中存在的现实问题,希望后续国家立法进一步完善。对于制度的实施成效,参会人员观点较为一致,主要表现为对环境监管绩效的促进作用以及对企业自觉履行法定义务和社会责任的引导作用。参会人员也表示,鉴于最近几年一些新兴环境保护手段几乎同时介入环境监管,比如行政法上

的按日连续处罚、查封扣押等措施,民事立法中的开展生态环境损害赔偿制度,以及刑事立法中入刑门槛日益降低等均可能影响环境治理效能,环保信用评价法律制度在提升监管效能以及促使企业守法和承担社会责任等方面贡献的具体额度,尚未有定量的数据,但是基本的定性研判可以得出结论。现将参会人员提出的制度运行中存在的问题归纳为以下几个方面。

第一,全国统一的评价规范缺失引发的问题。目前,除了个别省份依据国家的评价规范开展评价工作,其他省份均制定了内容及评价标准与国家标准不尽相同的地方评价规范,并依据其开展评价工作。由于评价规范和标准没有在全国统一,各省份之间评价工作进展不一致:有些省份进展较快,成效显著;有些省份认为环保信用评价没有上位法依据,工作推动力度有限、进展缓慢。而且,被各地特色化后的环保信用评价无论是评价范围、评价方法、评价指标还是评价结果分类都五花八门。比如,不同省份环保信用评价涵盖的企业类型及数量差别较大;不同省份的评价结果有三级制、四级制和五级制之分,差异较大;针对环保不良企业的颜色标识,有的以红牌表示,有的以黑牌表示,并不统一。不同的企业评价范围和标准下的评价结果难以跨区域互信互认,是造成实践中评价结果难以统一使用的主要原因之一[①②]。同时,被调研企业希望国家能够尽快制定统一科学的评价规范,以便在规范评价行为的同时,环保信用能够发挥更大的治理效能。

第二,评价标准缺乏科学性、规范性的问题。在座谈及访谈过程中,笔者提及企业环保信用与环保违法行为两者能否对等的问题,与会人员均表示前者的外延显然可以涵盖后者,用后者来表达企业环保信用的内涵,并不全面,现有的评价指标体系应当在环境违法行为外,进行适当的拓展,但如何拓展,目前还没有明晰的思路。与此直接相关,被调研人员认为,目前法律法规层面没有明确的环保信用立法规定,2013年原环境保护部等四部委的规范文件笼统地将其表述为遵守法律法规和承担社会责

---

① 无独有偶,生态环境部环境科学研究院的一项调研结果也表明,69.99%的企业认为应当设置全国统一的环保信用评价标准,88.02%的企业认为统一全国环保评价标准对企业有较大正面影响和一般正面影响。
② 文秋霞,等.企业环保信用评价政策实施研究[J].中国环境管理,2020(4):102.

任的情况,此种表述是否科学需要深入研究。评价指标是表征环保信用内涵的具体环境信息类型,在环保信用界定本身科学性未知的情况下,目前国家和地方设置的评价指标的科学性有待商榷。此外,作为评价主体的生态环境部门更关心评价指标的可操作性问题,由于生态环境部门人员力量有限,他们更希望作为评价指标的证明材料,是客观存在的已确认的法律事实,不需要评价部门对此进行二次的衡量或评判。

第三,生态环境部门实施评价的行为依据、定性及诉讼类型等方面的问题。调研省份的生态环境保护部门参会人员大多表示企业环保信用评价工作给他们增加了额外的工作负担,部门职责三定方案中没有明确生态环境部门的环保信用评价工作职能,在此情况下,存在由生态环境部门实施的环保信用评价行为如何定性,属于何种类型的行政行为,如果参评对象对评价行为有异议,是否可以提出诉讼,提出的诉讼属于行政诉讼还是民事诉讼等问题。上述这些问题为后续深入研究评价主体的适格性提供了启发,因为评价主体不同,评价法律关系也会随之不同,继而法律后果及法律责任承担、损害救济路径等也会有所差异,尤其是涉及行政机关的行政行为,其行为的合法性问题也有待明确。

第四,现有激励惩戒措施是否具有合法性、合理性和关联性的问题。参会的部分法学专家认为,环保信用评价的某些奖惩措施没有明确法律授权,不符合依法行政要求。评价部门的主管领导和工作人员也普遍认为目前环保信用评价工作还大多停留在前端的评价阶段,评价之后的结果引用陷入无法顺利开展的困境。主要原因是大多数的联动激励惩戒制度,尤其是约束措施,都没有上位法依据,尽管原环境保护部等部门印发的《关于对环境保护领域失信生产经营单位及其有关人员开展联合惩戒的合作备忘录》(以下简称《备忘录》)规定了很多强有力的惩戒措施,但是这些措施一旦使用可能就触及参评企业的人身权益或财产权益,按照《中华人民共和国立法法》(以下简称《立法法》)规定,只有法律才能规定类似的限制人身或财产权行使的具体措施,这些部门的官方文件还没有此种立法权限,这就导致很多文件中规定的惩戒措施闲置不用。在实践中,即便是开展企业环保信用评价工作比较早的江苏省,目前也只是在有限的领域内实现了惩戒,这些领域要么有立法依据,比如水费加价,要么是市场主体的自主合同行为,比如银行贷款限制等。在座谈会上,我们也收集了部分省份的企业环保信用评价结果及典型案例资料,在此一并梳理入表2-4。

表2-4 调研省份企业环保信用评价结果及典型案例

省份	典型案例基本情况	引用措施情况
山东	2017年济南市发布首批环保失信单位名单,共三家,其中济南泊思汽车服务有限公司违反建设项目环评规定,未批先建;济南万润肉类加工有限公司通过暗管排放污水并超标排放大气污染物;济南华光电镀有限公司超标排放水污染物	济南市原环保局将该三家企业信息通报至签署联合惩戒行动计划的19个部门,建议各部门依据行动计划实施联合惩戒措施
浙江	位于浙江省湖州市的天能控股集团遵守法律法规,积极响应国家减排要求,被评定为2019年度企业环境行为信用等级绿色企业	湖州市生态环境局决定优先支持集团党委书记、董事长申报"全国劳动模范和先进工作者"
浙江	位于丽水市青田县的起步股份有限公司,连续五年内无环境违法行为发生,企业环保信用评价结果为守信企业	2020年疫情防控期间,企业计划新增一条民用口罩生产线,当地生态环境部门开通行政许可绿色通道,豁免其环评手续
浙江	温州长城高新材料有限公司在2019年被温州市生态环境局永嘉分局评定为环保信用不良的红色企业	当年该企业向银行申请新增贷款没有获批
江苏	江苏辉丰股份有限公司是一家生产农药为主的上市公司,因非法处置危险废物等违法行为,2017年被评为环保信用评价黑色企业	环保部将失信违法信息推送给证监会等相关部门。证监会联合惩戒,公司股票一度跌停。物价部门实行差别化水电价格,每年多付水电费700多万元
江苏	宿迁远大海藻工业有限公司在2015年企业环保信用评价为黑色企业	宿迁市原环保局对其实施了暂停其下一年度申报各类环保专项资金资格、金融机构不予提供贷款支持等惩戒措施
河南	国电荥阳煤电一体化有限公司、巩义市成豪建筑材料厂、巩义市金峰建筑材料厂三家企业2019年被郑州市生态环境局列入环保信用黑名单	郑州市发改委取消其2019年度电力直接交易资格、标杆引领机组评选资格及绿色环保引领企业评选资格
河南	所有郑州市2020年度企业环保信用评价为诚信单位的企业(名单不再列举)	重污染天气应急减排期间不停产、不限产

此外,由于企业环保信用评价制度产生时间并不长,加上地方政府

宣传力度有限,一些企业表现出来的担忧表明它们对制度本身的定位和功能还存在误区。比如,有的企业认为环保信用与其他行政监管手段一样,是政府行政部门实施的特殊处罚或强制手段,会增加企业额外的经营成本和负担;有的还没有被列入评价范围的企业对评价工作存在观望或敬而远之心理,担心一旦申请自愿评价,就会被政府纳入重点监管对象,可能会走向处处受限的境地,不敢轻易参与评价。这些认识误区的存在同时也再次强化了社会对高位阶统一企业环保信用评价立法的需求。

(三) 私人访谈调研

我们利用调研以及参与河南省生态环境厅项目的机会多次就企业环保信用评价相关问题,对生态环境部门及企业的人员进行针对性的私人访谈。本书将部分代表性的主要访谈内容(专栏1、专栏2和专栏3)进行了整理(考虑到当事人身份隐私等问题,本书对访谈中涉及的省份、企业名称及访谈对象等均用大写字母进行了替代)。

专栏1

访谈时间:2018年12月13日

访谈地点:S省生态环境厅法规处办公室

访谈对象:法规处主管环境信用评价[①]工作的M副处长

问:M处长,请您谈谈我们省开展企业环境信用评价工作的整体情况。

答:我省2016年印发了《企业环境信用评价办法》,当年年底我们就开展了全省范围的评价工作。我省的评价办法与国家法规和浙江、河南等这些省份的评价办法都不一样,我省的评价办法类似交通违章记分,只要你有环境违法行为,被行政处罚过,你的环境信用就有污点了。相反如果你没有违法行为,就不存在被扣分的问题,企业环境信用就默认为最优等级。目前我们是省级和地市级生态环境环保部门负责实施这项工作,以地方实施为主,省厅主要负责总体指导、政策制定及平台建设等。

---

① S省评价文件称谓为"企业环境信用评价",因此本部分的访谈内容统一依此称谓,不再称作环保信用评价。

问：M 处长，处里要统筹全省的评价工作，人手够吗？我们是否考虑过将评价工作委托给一些专门做信用评价的机构来做？

答：党的十八大以来，我们国家在生态文明体制改革方面的任务越来越重，对创新性的要求越来越高，我们的工作压力也越来越大，我们处满打满算就 7 个人，人手肯定不够用。人手不够我们就从一些单位借调一些同志，地方压力可能更大一些。我们也考虑过委托，不过费用不好处理，另外部里的文件要求由行政部门来评价，我们就遵照执行了。其实我也看到国外的信用都是由非政府的信用机构人员评价，他们专业搞这一块，应该比我们做得更好。

问：M 处长，我们省的评价办法在国内具有创新性，之前环保部的环境信用评价工作培训会上，您还专门做了经验介绍，请问我们是如何想到参考机动车违章记分的方法来确定企业环保信用的评价指标的？

答：是的，主要原因是这个办法简单易行、便于操作，我们也考虑过用部里的办法，可是那个办法太复杂了，很多资料要人工审查。创新不创新都不重要，重要的是要完成部里的各项任务。国家将来如果有新的评价指标，我们将遵照执行。

问：M 处长，我再追问一个问题，您认为现有的指标体系能够全面权衡企业的环境信用吗？

答：我们试评过，同一家企业用我们的办法和部里的办法，评出的结果没有什么差异。至于您说的现有指标体系能不能全面权衡企业的环境信用，这个问题我们也没有仔细考虑过，不过我想环境信用应该有自己的一套理论吧，用什么指标来衡量环保信用，应该也有一套理论，否则现在全国各个地方指标都不一样也不行。我们用的主要是违法行为的处罚结果指标，可能也不够全面。

问：M 处长，目前评价工作开展过程中我们遇到的比较棘手的问题有哪些？

答：比较棘手的问题主要是评价结果怎么依法使用。我们现在基本上还主要停留在评的阶段，也把评价结果和相关信息推送给发改委、税务、银行等部门和机构，除了银行贷款受些影响，另外环保系统内监管加强外，其他部门基本上没有使用这些信息。评价不是我们的目的，评完把企业用不同的颜色标识出来也不是我们的目的,如何把评价结果利用起来,减轻我们执法部门的工作压力,让我们的生态环境好起来,助力优良天数能够达标,助力顺利完成三大攻坚战任务,才是我们评价的主要目的。

问:企业和社会对这项工作支持吗?我们都听到过哪些声音?

答:为推进我省环境信用评价工作高效开展,我省各级生态环境部门积极组织环境信用评价培训工作,做到培训时间、培训内容、培训保障"三个百分之百"培训,即环保执法人员100%培训,实施环保信用联动激励约束的有关单位分管负责人、管理人员100%培训,参评企业事业单位法定代表人、分管负责人、环保管理部门负责人和具体操作人员100%培训,切实引导各类主体关注、支持、参与、监督环保信用评价工作。由于我们对环境信用评价进行了大量的宣传,企业还是很支持的,但是企业比较担心负担重的问题,担心评价结果不理想会对它们有什么处罚。社会反响也挺好的,毕竟信用建设是社会正能量。

专栏2

访谈时间:2019年11月30日

访谈地点:H省生态环境厅执法监督局办公室

访谈对象:H省生态环境执法监督局L局长

问:L局长,首先祝贺我省生态环境执法监督局成立,祝贺您成为首任局长!请您谈谈咱们省目前整体的生态环境执法及企业守法情况。

答:谢谢,在哪个岗位都是为人民服务。应该说目前我省企业整体的守法状况与前几年相比有很大好转,当然这与省委省政府对生态环保工作的重视程度,与我省环境执法力量加强、执法装备升级改造、执法人员队伍壮大有很大的关系。生态环境保护是政治任务,国家及省里的各项指标任务必须完成。

问:L局长,我省的企业环保信用评价开展两年多了,我们执法部门对评价结果的应用主要体现在哪些方面?

答:省厅非常重视企业环保信用评价工作,把健全实施环保信用评价制度作为强力推进污染防治攻坚战的关键举措、亮点工程,成立专门由厅长为组长的环保信用制度宣传实施领导小组,量化工作任务、评价程序、推进措施、考核验收,全力推进贯彻实施。同时要求各级环保部门把开展环保信用评价工作作为阶段性中心工作,实行一把手责任制,与污染防治攻坚战同部署、同督查、同验收、同考核。具体执法上,我们坚持落实双随机、一公开制度,建立环保信用等级与环境行政执法联动机制,信用级别越低,检查频次越多、处罚力度越大。以环保信用评价结果为依据,对监管对象进行分级分类,根据信用等级高低采取差异化的监管措施,对环保信用良好的企业,充分利用"互联网+监管"系统、在线监控、无人机、大数据分析等科技手段,实施精准、智能"无打扰"监管。

问:L局长,最近几年我们的环境执法任务非常繁重,每一位执法人员都为此做出了巨大贡献和自我牺牲,也想听听您在这方面的感受。

答:是啊,非常不容易。可以说,目前我们的执法措施、执法力量都用到了极致,尤其是一线的执法人员,非常辛苦,一切都是为了蓝天、碧水、净土。但是有的时候,我也在思考,就像橡皮筋一样,如果我们一直处于这种高度紧张的弹力状态,迟早是会受不了的。我们的生态环境行政执法机制需要进行改革、调整、转型,目前的执法成本太高、执法领域太多,行政监管必须与企业和社会达成合作共识,才能推动更好的监管。你们在高校搞基础研究,可以多研究政府与企业、社会的合作机制。

问:L局长,2019年7月,国务院办公厅印发了《关于加快推进社会信用体系建设构建以信用为基础的新型监管机制的指导意见》,其中也有分解给环保的任务,即要构建以环保信用为基础的新型监管机制,想请您预判一下未来我们的生态环境执法将围绕环保信用做哪些方面的调整。

答:这就是刚才上一个问题我想继续说的,监管机制改革创新必须要有一个好的抓手,我们国家现在进行环保信用体系建设,这就是一个很好的抓手!信用是什么?信用是长期在守法、承担社会责任、履行合约等方面的综合表现,具备这种表现的企业如果形成行为惯性,保持良好的信用状态,我们的执法就会减轻很大的工作量,不但执法成本下降,执法绩效还会上升。事实上,刚才也谈到,我们已经在一定程度上实现了企业环保信用评价与生态环境执法的互动,未来还可能落实环境守法信用承诺,对环保绿色企业实施执法激励,对不良企业实施执法惩戒,比如在处罚幅度差异性等方面继续做出调整。当然了,评价结果的应用涉及被监管对象的合法权益,使用不当会造成行政违法,这个事情还有待国家立法进一步跟进。

专栏3

访谈时间:2019年8月3日

访谈地点:H省YGJQ集团有限责任公司会议室

访谈对象:Z总工程师

问:Z总您好,我省目前已经开始进行企业环保信用评价,咱们公司准备得怎么样了?

答:是的,我们已经按照省里文件的要求准备好了所有评价材料。我们公司体量比较大,内部管理也很规范,资料保存完整,准备起来相对也比较容易。其实,早在2014年、2015年我们都已经被要求参评过两次,不过不知道什么原因,后来这项工作就停了。

问:Z总,您觉得我省的评价指标还有哪些需要改进的地方?

答:这次的评价指标与原来的相比,已经简化、改进了不少。不过我觉得,企业内部管理这一块占比还是分量过轻,这么多年我们公司生态环境这一块基本没出过什么问题,原因在于我们有健全的内部管理规范,管理规范上去了,事故自然就少了。

问:Z总,评价过程中我们遇到哪些疑难问题?

答:我们公司的评价结果预期应该是成绩不错的,我们比较关心政府对环保信用好的企业的奖励措施。说实在话,公司能有今天的环保成绩,与我们每年一亿多元的环保资金投入是分不开的,公司也很吃力。

问:您如何评价目前正在开展的企业环保信用评价工作?

答:我们当然期待政府开展这样的评价工作,人无信不立,企业也是一样,要想做强、做大、做久,信用不好没有立足之地,构建企业环保信用体系有利于企业更好地可持续发展。我看我们省的评价文件规定了很多联合惩戒措施,这个是非常可怕和致命的,环保信用不好,环保信用评价将会引起新一轮的企业洗牌,以后很多不守法、不遵守国家政策的企业可能就寸步难行了。

问：您认为企业环保信用评价制度是否有助于企业实现绿色可持续发展？

答：从长远来说，一定是可以的。但是环保信用评价要想维持环保诚信等级，也并非易事，需要企业持之以恒的环保投入，良好的内部环境管理规范。国家对生态环境标准要求越来越高，有助于企业实现绿色可持续发展。

第二节　现行企业环保信用评价法律制度与其应然定位相偏离

制度检视有两个重点检视的维度：一是被检视的制度是否与现有法律制度的既有要求相协同。二是被检视的制度是否与内外部环境和要求相适应，即不仅要考虑该制度设立的目的和功能，还应当考虑与其他相同类型法律制度之间的制度协同，企业环保信用法律制度的检视也不例外。前者检视的目的在于探讨法律制度能否达成制度创设的预期目标，后者检视的目的在于探讨现有制度设计能否正向增进法律制度整体的功能。企业环保信用评价法律制度产生于生态文明建设和环境治理现代化的时代背景，生态文明建设对环境治理体系和治理能力提出了新的、更高的要求，现有的单中心政府规制亟待转型。与此大背景相适应，生态文明时代企业绿色发展转型的需求迫切，我们需要考虑在此背景下产生的企业环保信用评价制度是否回应了其应然定位，即是否与经济激励性和自我规制型环境法律制度保持协调。企业环保信用评价法律制度在原环境保护部等四部门联合发布《企业环境信用评价办法（试行）》后于全国层面确立推行，与其他环境法律制度相比，企业环保信用评价制度产生较晚，作为新加入环境法律体系的新型法律制度，企业环保信用评价法律制度能否与环境法律制度体系内相同类型法律制度兼容协同，也是以制度定位为切入点的规范检视重点。

一、现行企业环保信用评价法律制度与经济激励型环境法律制度相偏离

从应然法律制度定位角度来看,企业环保信用评价法律制度属于经济激励型环境法律制度,经济激励型环境法律制度是政府利用税收、价格、信贷、声誉等市场调节工具,借助具有经济人本性的市场主体趋利避害的行为动机,调动其参与环境保护的动力和积极性,继而实现提升环境保护绩效的制度类型①。企业环保信用评价法律制度与经济激励型环境法律制度的疏离检视,也同样基于企业环保信用评价法律制度的核心制度构成,即评价主体制度、评价指标制度和评价引用制度,分别援引国家及地方既有规范检视疏离的具体表现,为消除企业环保信用评价法律制度与经济激励型环境法律制度之间的隔阂提供理论依据。

第一,企业环保信用评价主体制度与经济激励型环境法律制度相偏离。经济激励型环境法律制度强调政府环境规制的间接性,即由政府制定一套科学、公平、合理而又符合社会公共利益需求的环境法律制度规范,充分发挥市场主体在环境法律制度运行中的中坚作用,市场主体基于趋利避害的利益驱动主动选择遵守或违反制度规则②,政府行政管控在经济激励失灵情况下恢复其强制功能。反观现行企业环保信用评价法律制度,由于原环境保护部等四部委印发的《企业环境信用评价办法(试行)》规定由生态环境部门开展企业环保信用评价工作,各个地方的评价规范大都遵循此规定,将评价主体确定为生态环境部门,并分别规定了各级生态环境部门的企业环保信用评价管辖权限③。尽管也有个别的省(市)规定企业可以委托第三方机构评估,但仅仅限于接受生态环境部门委托授权承办具体的评价事务,并不是由第三方机构实施独立的评价行为并承担评价责任④。从美国及欧盟等长期的信用评价实践来看,信用评价是一种社会中间组织的市场行为,政府充当信用评价行为的监管角色而非直

---

① 王莉.企业环保信用评价制度的完善进路[J].法学杂志,2018(1):101-104.
② 这里的市场主体包括独立的第三方社会机构、企业事业单位、公众等广泛意义上的社会主体。
③ 参见《河南省企业事业单位环保信用评价管理办法》第三条。
④ 参见《重庆市企业环境信用评价办法》第五条。

接的实施角色。第三方机构参与企业环保信用评价的实质是培育环境保护的多元市场主体,共同参与环境管理。由生态环境部门实施评价工作挤压了第三方评价机构发展的空间,不仅不利于第三方机构服务的专业性、权威性、自律性、社会性培育,而且也不利于维护市场经济制度下各类市场主体公平竞争秩序。同时,由生态环境部门实施评价工作,评价权源、评价行为定性、评价成本考量等均面临挑战,也与国家其他部门出台的相关政策文件精神不相契合。强化第三方机构组织参与环境保护是近十多年来国家致力推动的政策方向。如党的十八届三中全会通过《中共中央关于全面深化改革若干重大问题的决定》(2013年)提出要发挥市场的调节作用,通过第三方治理实现环境管理与多元治理融合,降低治理成本。中华人民共和国民政部(以下简称"民政部")高度重视第三方评估机构的经济社会价值,发布《关于探索建立社会组织第三方评估机制的指导意见》(2014年),提出应当若干大力推进第三方评估机构建设的政策措施。国家发改委印发《关于引入第三方信用服务机构协同参与多领域及特定领域行业信用建设和信用监管工作的函》(2019年),要求充分发挥专业化信用服务机构在信用建设和监管中的积极作用,推动行业信用评价市场化等行业信用建设和信用监管工作。因此,企业环保信用评价工作的市场化亟待通过评价主体的市场化加以推动。

第二,企业环保信用评价指标制度与经济激励型环境法律制度相偏离。经济激励型环境法律制度强化经济工具对企业经营行为的良性引导,通过经济工具类型的选定和经济工具内容的设定实现指引功能的实现。从理论上来说,企业环保信用评价制度中的环保信用工具借用声誉机制,引导企业绿色低碳循环可持续发展,在增进企业自我环保信用提升的同时促进环境行政管理机关治理能力的提升和治理体系现代化的实现。与税费工具、交易工具、基金工具等经济激励类工具一样,环保信用工具可以实现对各类社会资源的整体优化。在经济工具类型既定的情况下,经济工具的市场引导性功能发挥高度依赖其内容的设定。环保信用工具的内容可以通过各种环保信用评价指标来体现。环保信用工具的本质仍然为信用,环保信用工具是信用在环境保护领域的具体体现,然而现有国家及地方评价指标体系的设置并不能充分体现环保信用的全部内容。以国家指标为例,几乎所有的评价指标是违反法定义务的环境违法类指标,继而可以认为目前国家层面的规范趋同于企业环保信用等同于守法:遵守环保法律法规,则企业环保信用良好,不遵守环保法律法规,则企业环保信用缺失。我们不禁要问,企业环保信用评价制度建构的目的是否仅仅是促进企业守法?在守法之外,是否还存在其他价值趋向?如果有,这些价值趋向投射的企业环境行为是否应当作为评价指标①。通过对国家指标的简单分析②,现有环保信用评价指标集合呈现的环保信用评价工具,对于企业遵守法律法规具有较好的引导作用,在提升企业履行环境法定义务方面具有优势,但是企业整体环保信用水平提升仍有待通过指标制度优化实现。

第三,企业环保信用评价结果引用制度与经济激励型环境法律制度相偏离,与排污权交易、水权交易等既有的经济激励型环境法律制度运行机理相似,相较于行政管制制度,经济激励法律制度对当事人的行为调节不是依赖行政命令与制裁,而主要是通过对其收益的影响引导其进入法律调整预期的行为模式。评价引用制度是评价结果的利用过程,按照经济激励法律制度的一般原理,评价结果引用是各类市场主体结合自身管理需要和发展需求,主动将评价结果融入管理行为或者经营过程,现行企业环保信用评价结果引用制度部分条款行政管控色彩依然过浓,且引用措施中惩戒与激励措施比例及强度失衡现象比较明显,客观上造成其与经济激励型环境法律制度的疏离。首先,以行政措施代替激励引导。以2013年原环境保护部等四部委印发的《企业环境信用评价办法(试行)》为例,该办法在信息共享和联动激励约束部分多次使用"责令""应当"等措辞,如第三十一条规定:"组织实施企业环境信用评价的环保部门,应当将企业环境信用评价结果通报给以下部门或者机构。"第三十四条规定:"对环保警示企业,可以采取以下约束性措施:(一)责令企业按季度向组织实施环境信用评价工作和直接对该企业实施日常环境监管的环保部门,书

---

① 王莉.我国企业环保信用评价指标体系的三维建构[J].江西社会科学,2019(6):198.
② 地方企业环保信用评价指标与国家有很多类似之处,也多以违法行为作为指标主要内容,关于评价指标的详细分析参见第五章"基于规制治理理论的企业环保信用评价指标制度研究"部分的内容。

面报告信用评价中发现问题的整改情况"等。部分省份的评价结果引用措施直接与行政处罚措施相连接,陷入实施二次行政处罚的风险。如《山东省企业环境信用评价办法》规定,对评价等级为红标的企业,如果符合适用限制生产,停产整治或停业、关闭条件的,依法责令其限制生产、停产整治或责令其停业、关闭。其次,现有的企业环保信用评价结果引用制度中的激励制度和惩戒制度失衡,表现为激励措施种类少、强度弱;惩罚措施种类多、强度大等现实问题。调研中很多企业对企业环保信用评价制度存在认识误区,属于自愿参评范围内的企业参评意愿不高,与该评价结果引用规范经济激励性不足存在很大问题有关。2016年7月,多个部门共同签署《关于对环境保护领域失信生产经营单位及其有关人员开展联合惩戒的合作备忘录》,包含的惩戒措施涉及市场准入、行政许可、优惠政策等三大领域共25项具体措施,这些措施几乎都是具有惩戒功能的负面影响类制度,对于这些打包适用的联合惩戒措施是否一定能激励企业实现绿色可持续发展等方面创新的问题已经有学者就此开展研究并得出了否定结论①。不可否认,在评价结果引用制度中运用惩戒措施是必要的手段,但是现有的规范大多将其设置为国家行政机关的强制性惩戒措施,从而造成企业环保信用评价制度与其经济激励性的法律制度定位相偏离,后续制度规范需要围绕强化经济措施适用、激励和惩戒并举的思路进行完善。

二、现行企业环保信用评价法律制度与自我规制型环境法律制度相偏离

从应然法律制度定位角度来说,企业环保信用评价制度在具备经济理论型环境法律制度特征的同时,也融合了自我规制型环境法律制度的典型特征。自我规制型环境法律制度属于第三代环境法自我反思型结构在法律制度层面表现②。该制度是指被行政管控的行政相对方,以企业绿色可持续发展为驱动力,通过整体运营策略优化、内部环境管理机构调

---

① 尹建华,弓丽栋,王森.陷入"惩戒牢笼":失信惩戒是否抑制了企业创新?:来自废水国控重点监测企业的证据[J].北京理工大学学报(社会科学版),2018,20(6):9-17.
② 谭冰霖.论第三代环境规制[J].现代法学,2018(1):118.

整、环境管理规章制度完善等自我调节方式,自发达到环境行政管理标准和要求的环境法律制度。企业环保信用评价法律制度与自我规制型环境法律制度的偏离检视,同样也需要基于企业环保信用评价法律制度的核心制度——评价主体制度、评价指标制度和评价引用制度的构成展开,分别援引国家及地方既有规范检视疏离的具体表现,为探寻消除企业环保信用评价制度与自我规制型制度之间隔阂的基础理论提供铺垫。

第一,企业环保信用评价主体制度与自我规制型环境法律制度偏离。自我规制型环境法律制度运行中自我规制内生动力的产生,源于自我规制主体环境合作行政的意愿,即作为被监管对象的企业愿意与政府在环境保护问题上达成一致,一方面基于对环境保护公共利益的共识;另一方面基于对自我规制内生动力引导者的信任,尤其是基于信任产生的合作意愿会使法律制度的实施更为顺畅。前文已表述,由于原环境保护部等四部委印发的《企业环境信用评价办法(试行)》规定了由生态环境部门开展企业环保信用评价工作,各个地方的评价规范大都遵循此规定,将评价主体确定为生态环境部门,并分别规定了各级生态环境部门的企业环保信用评价管辖权限。尽管也有个别的省(市)规定了由第三方机构负责评估,但机构仅限于接受生态环境部门委托授权承办具体的评价事务,并不是实施独立的评价行为并承担评价责任。由于政府与被监管对象长期以来形成的对抗关系,评价主体对政府实施评价的评价行为及形成的评价结果具有天生的排斥心理,这些对抗与排斥不利于合作意愿的达成。

第二,企业环保信用评价指标制度与自我规制型环境法律制度相偏离。自我规制型法律制度的原动力在于企业具备自我规制能力,自我规制能力来自企业内部,确切地说主要来自内部的环境管理水平,高质量、高标准、严格的内部环境管理水平是企业守法和履行责任的基础和前提。企业环保信用评价指标中内部管理类指标的设置有助于引导企业对标提升内部管理水平,促使其保有自我规制能力。然而,现有的企业环保信用评价指标制度不能引导企业实施整体运营策略优化、内部环境管理机构调整、环境管理规章制度完善等自我调节方式,不能达到环境行政管理标准和要求,以及履行法定义务和社会责任目,原因在于指标体系中体现内部管理的指标占比过少。以国家指标为例,企业内部管理情况指标的权重只有5%。地方的指标体系有四种模式:一是执行国家指标体系。二是与国家指标体系形式上不同或少于国家指标,但可以被国家指标涵盖。三是原则上参照国家标准,但对部分指标进行了调整。四是以环境行政处罚等为依托的简化型评价指标体系①。其中"参照国家标准,但对部分指标进行了调整"的省份只有很少指标涉及内部管理,比如湖南省的评价指标包括考核企业环境风险防控能力建设与执行情况,包括环保机构建设情况,环保管理和技术人员配备情况,其中企业内部环境管理规范是环保诚信企业的基本要求。重庆市的评价指标包括:按照ISO14040~ISO14049系列标准要求开展生命周期评价;取得ISO14001环境管理体系认证;发布年度企业环境责任报告。河南省的评价指标进一步细化了企业内部环境管理制度及落实情况,包括环保责任制、环保管理机构设置、环境风险隐患排查整改、环保教育培训、污染防治监测设施管理等。因此,企业环保信用评价指标制度的完善应当重点围绕增强企业自我规制能力的内部管理类指标展开。

第三,企业环保信用评价结果引用制度与自我规制型环境法律制度相偏离。自我规制型环境法律制度通过激发企业自我规制的内生动力,引导企业对经营行为进行选择,以便满足法律法规设定的法定义务及社会责任负担条件,减少行政处罚、行政强制等不利后果。从理论上来说,企业环保信用评价引用制度通过设定守信激励和失信惩戒道德联动机制,激发企业环保守信的内生动力,但是由于环保信用评价制度在我国产生较晚,很多产生在前的法律制度尚未与评价制度实现充分对接和融合,很多引用制度需要在行政许可、行政处罚、绿色信贷、绿色保险等制度框架下实现,从而造成政策文本中的大量惩戒措施无法落实的后果。以《关于对环境保护领域失信生产经营单位及其有关人员开展联合惩戒的合作备忘录》中的惩戒措施为例,这些惩戒措施直接影响生产经营单位及其有关人员的人身或财产权益,但大多又没有法律依据。以环境保护领域失

---

① 其中安徽省、内蒙古自治区、青海省、海南省执行国家指标体系;广东省、四川省、西藏自治区、辽宁省、江西省、山西省等属于可以被国家指标体系涵盖的省(自治区、直辖市);福建省、湖南省、宁夏回族自治区、陕西省、重庆市、河南省、贵州省、甘肃省、浙江省等属于对国家指标体系调整、细化的省(自治区、直辖市);湖北省、山东省、河北省、吉林省、黑龙江省、江苏省等属于以环境行政处罚、处理为指标体系的省(自治区、直辖市)。

信生产经营单位"禁止作为供应商参加政府采购活动"这一惩戒措施为例,依照文件附录中的法律及政策依据,本项惩戒措施的法律依据是《中华人民共和国政府采购法》(以下简称《政府采购法》)第二十二条的"参加政府采购活动前三年内,在经营活动中没有重大违法记录",按照《政府采购法实施条例》的解释,这里重大违法记录是指"供应商因违法经营受到刑事处罚或者责令停产停业、吊销许可证或者执照、较大数额罚款等行政处罚"。如果可以按照《政府采购法》及其实施条例的规定,规范意义的禁止参加政府采购活动的供应商应当是三年内具有重大违法记录的供应商,而非"失信的供应商",因为根据法律规范的文义解释,"失信"和"三年内具有重大违法记录"的内涵和外延显然不同,"失信"的范围更加宽泛,而目前失信并不是个规范意义的法律概念①。依据《企业环境信用评价办法(试行)》,企业的环保信用有四种类型,分别是环保诚信企业、环保良好企业、环保警示企业、环保不良企业,依据该文件附件的评价指标及评分方法,只有环保诚信企业的全部评价指标项得分为满分,其他三类企业均有高低不同程度的扣分项,扣分项与《政府采购法实施条例》中规定的"刑事处罚或者责令停产停业、吊销许可证或者执照、较大数额罚款等行政处罚"没有直接关联。在企业环保信用评价没有高层级法律规范,其他现行法律行政法规没有结合信用评价规范集体修改的情况下,涉及参评企业的评价引用措施很难真正落实,严重影响了企业自我规制内生动力提升路径的落实,企业环保信用评价对企业自我规制的引导作用自然大打折扣。

第三节 现行企业环保信用评价法律制度与其应然功能相偏离

企业环保信用评价法律制度具有阻却企业环境可控风险生成的预防功能、实化环保信用多元治理的规范功能、形塑企业绿色发展内生机制的

---

① 《关于对环境保护领域失信生产经营单位及其有关人员开展联合惩戒的合作备忘录》中并未对何为"失信"进行解释,《企业环境信用评价办法》中并没有失信的概念,但是却有不同的评价等级,评价等级与失信如何关联需要后续立法统一规范。

引导功能等应然功能,企业环保信用评价法律制度的规范设计应当围绕评价制度的应然功能展开。本书在实然层面,基于对现行企业环保信用评价法律制度的规范分析,探查评价制度实然功能与应然功能之间的偏离表现,为进一步完善评价规范提供理论和实践支持。

一、现行企业环保信用评价法律制度与企业环境可控风险预防功能相偏离

基于不同的标准,环境法律制度可以划分为不同的类型。按照环境法律制度所规范环境行为的过程,环境法律制度可以分为事前预防、事中管制和事后救济三大类。风险预防原则是环境保护法的基本原则之一[①],事前预防类环境法律制度是对环境保护风险预防原则的贯彻落实,是对环境行为发生之前的有效引导和规范,防止环境行为产生环境不利后果的制度类型。行为管制类环境法律制度和事后救济类环境法律制度则分别对环境行为进行事中和事后规范,前者较常表现为环境行政法律制度,后者则通常以环境民事法律制度的形式出现。三种类型的法律制度相互补充、相互衔接,但边界相对分明,共同构成了一体化、全过程的环境污染和生态破坏预防、监管、救济制度体系。

作为预防类典范的行政管控类法律制度,如环境影响评价制度、排污许可制度等,并没有发挥立法预期的预防效果,这不排除针对企业违法行为运用单一管理工具威慑力有限的原因,因此,需要配置能够综合评定企业各类环境行为、具有综合性预防功能的法律制度。企业环保信用评价法律制度通过将企业与信用关联的环境行为设置为综合性指标体系,并据此评价结果开展对企业的分类管理,对评价级别低的企业采取限制或禁止准入某种环境行为的措施,从而有效预防了可能损害环境风险的发生。企业环保信用评价法律制度与环境影响评价法律制度等传统典型预防类法律制度的运行机理并不相同。环境影响评价法律制度通过对规划和建设项目实施后可能造成的不良影响环境风险进行评估,以及对预防或者减轻不良环境影响的对策和措施不到位的规划或建设项目不予审

[①] 徐以祥.风险预防原则和环境行政许可[J].西南民族大学学报(人文社科版),2009(4):105.

批,从而达到直接阻却规划或建设项目实施后不良损害发生的目的①。与环境影响评价法律制度的直接阻却性预防不同,企业环保信用评价法律制度则表现为间接阻却性预防,即通过对企业以往环境违法、违约等相关行为的综合评估,采取行政、经济等手段和方式,激发企业履行法律义务、社会责任及合同责任,继而减少可能的环境损害发生②。具有间接阻却预防性企业环保信用评价法律制度,与环境影响评价等已有直接性预防的法律制度共同构成了更为全面的预防性环境法律制度体系,更有利于实现预防功能从法律原则到法律制度的贯彻实施。从应然意义上来说,企业环保信用评价法律制度具有事前性预防功能,弥补了我国当前环境法律制度体系中预防类法律制度种类有限、功能发挥有限的不足。

因此,环境保护的风险预防原则秉承应当采取措施从源头优先避免环境损害发生的基本理念,需要在对环境损害不同阶段的经济、社会、生态成本综合考量并进行价值判断后的基础上设置法律规范③。现行企业环保信用评价法律制度距离风险预防原则的贯彻要求还有差距。一是从现行企业环保信用评价的整体制度设计来看,依然秉承行政立法的基本思路,具有浓厚行政色彩的评价制度难免陷入行政法律制度监管失灵的困境。二是评价指标采用以事后性的行政违法行为或违法行为处罚结果为主的建构模式,尽管因违法处罚的威慑力会对参评企业的环境行为产生影响,从而使评价制度具有一定的预防功能,但是并没有在根源上建立长效机制,即引导参评企业建立科学规范的内部管理体制,阻却违法行为发生、发展的通道。三是评价结果引用制度目前存在合法性、合理性和关联性等问题,导致很多评价制度没有很好地落实或无法落实,客观上也造成了企业环保信用评价法律制度对违法行为的威慑力或引导力降低,不利于该制度预防功能的充分发挥。此外,参评企业的范围、参评企业的权益保障等规范的进一步完善也会间接影响评价预防效果的显现。四是企

---

① 李淑文.完善环境影响评价制度的立法思考[J].求索,2007(1):109.
② 王莉.健全我国企业环保信用评价法律制度的正当性面向[J].商业经济与管理,2019(9):89.
③ 季卫东,程金华.风险法学的探索 聚焦问责的互动关系[M].上海:上海三联书店,2018:32.

业环保信用评价法律制度的协同机制没有完全建立,独立的第三方评估机构、参评企业、公众的作用没有充分调动,尚未实现风险预防原则要求的"由单一维度的管理控制模式,向多元主体共同参与的互动模式①"的转变需求。

二、现行企业环保信用评价法律制度与实化环保信用多元治理规范功能相偏离

应因生态文明时代高标准的环境保护要求,传统以行政管控为中心的环境监管体制面临行政成本高昂、治理绩效不彰、治理碎片化等诟病,环境行政监管体制亟待转型,即从单一的政府管理转型到政府、市场和社会的多元化合作行政、协同管理,以便匹配当下环境治理新需求。

现代法治和现代民主是相辅相成的,现代法治需要以现代民主为基础,而现代民主更强调公众(包括企业、社会组织及自然人等广义上的民众群体)的参与,包括参与国家的立法、执法、司法以及法律监督等诸多领域,最终达到现代法治的目的,即以公民权利抗衡政府权力②。环境问题本身具有的广泛性和解决艰难性,决定了仅仅依靠政府单一行政命令手段是无法完成生态文明建设目标的,现代法治必须完成从单兵应对到联合作战的转变,即必须依靠政府治理和广大民众(包括污染企业和普通民众)的互助。基于这种考虑,在政府治理之外引入非权力行政方式,建立政府、企业和民众三者的协调疏导机制,可以实现环境治理主体的多元化,以降低执法成本并增强执法效果,加强社会监督,从而提高环保效益,正如国家原环境保护部副部长潘岳所讲,公众参与是解决中国环境问题的重要途径。公众参与环境保护的程度,直接体现了一个国家可持续发展的水平③。

现行的环保信用评价规范的制度架构体系基本因循传统模式,即单向化政府管理模式:以生态环境部门为主导的制度体系设计。企业环保

---

① 于文轩.生态文明语境下风险预防原则的变迁与适用[J].吉林大学社会科学学报,2019(5):104.
② 常继文,杨朝霞.环境法的新发展[M].北京:中国社会科学出版社,2008:410.
③ 王莉.农村资源开发区域法制保障的制度理性[J].郑州大学学报(哲学社会科学版),2013(6):60-63.

信用评价的主体是生态环境部门,评价行为的定性是政府的环境管理手段,评价结果的适用是行政手段强制推动的结果等,此种模式使得企业环保信用评价体系中政府权力过于膨胀,没有太顾及信用评价制度本身的市场制度属性及其发挥作用的市场机制的建立;没有充分关注并协调生态利益在全部人类主体中的共性,继而发挥社会公众参与的强大作用,市场和民众几乎没有发挥作用的空间和领域。环境行政监管转型是当前生态文明建设必然要求,是实现并改善环境质量这一核心目标的重要路径和基本保障。现有立法通过立法理念和具体规则的调整,正在逐步引导建立多元治理的环境规制转型新模式。2014年修订的《环境保护法》关注现有立法不足,推动建立多元共治的现代环境治理体系。2015年中共中央、国务院印发的《生态文明体制改革总体方案》要求建立健全现代环境治理体系。2017年党的十九大报告提出构建政府为主导、企业为主体、社会组织和公众共同参与的环境治理体系。环境规制转型要注重处理好政府和市场的关系,要注意发挥市场在资源配置中的决定性作用,要推动企业切实承担环境保护的主体责任,需充分发挥市场手段的作用,缩减政府行政手段干预和控制的领域和空间,保持行政行为的适度谦抑。

现有的环保信用评价制度尚未充分调动公众参与环保信用评价的积极性和主动性,也没有为公众参与评价提供相对充分的途径及激励措施,公众参与度不足直接影响评价制度的绩效,也造成现行制度与法治化环保信用多元治理规范功能的偏离。具体来说,通过环保信用等级这一直观的方式,政府可以向公众披露企业环境行为的实际表现,方便公众参与环境监督;还可以帮助银行等市场主体了解企业的环境信用和环境风险,作为其审查信贷等商业决策的重要参考;同时,相关部门、工会和协会可以在行政许可、公共采购、评先创优、金融支持、资质等级评定、安排和拨付有关财政补贴专项资金中,充分应用环保信用评价结果。《企业环境信用评价办法(试行)》包括以下四个方面的主要内容:一是环保信用评价工作的职责分工。二是应当纳入环境信用评价的企业范围。三是环保信用评价的等级、方法、指标和程序。四是环境保护"守信激励、失信惩戒"具体措施。现有内容尽管形成了较为系统的评价规范,但鲜见在消除普通公众知识、信息、依赖弱性的基础上,引导其广泛参与环保信用评价的规范内容。

此外,由于目前环保信用的评价主体是生态环境主管部门,公众参与环境信用的渠道主要是向生态环境部门投诉,生态环境部门再将公众对企业环境行为的投诉作为评价指标内容。因此在环保信用评价的全过程中,公众及社会组织直接参与的程度不足。同时,虽然社会公众环保意识已经有了很大的提高,但是并没有形成以"节能、环保为荣"的社会风尚,特别是第三方评价机构发展尚不成熟,环保组织对于企业的监督作用以及作为宣传节能环保思想"主力军"的地位也没有得到充分发挥。实质上,在现有企业环保信用评价法律关系中,生态环境部门是企业相关环境信息的审查部门,是对企业的环境行为是否失信以及失信程度的评判部门;企业作为落实环境信用体系建设的基本单元,是执行环境保护与信息公开、履行守信义务和承担信用管理结果的直接主体;而公众作为环境信用管理的协助者,也是参与环境信用监督管理和分享信用管理成效的直接受益者。只有合理配置各方主体相互协助的规范,才能实现多元合作的法治化,才能纠正现有制度与实化环保信用多元治理规范功能的偏离。

三、现行企业环保信用评价法律制度与形塑绿色发展内生机制引导功能相偏离

中国环境法治建设实施40多年来,整体上企业守法状况逐渐变好,绝大多数企业的环境保护意识日趋增强,如何使得企业从环境法的消极对抗者变成积极的支持者并自信地走向绿色可持续发展之路,仍然有待理论及规则的进一步成熟[①]。企业环保信用评价制度旨在以可量化的环境信息重塑环境规范过程,实现政府环境管理绩效和企业自我规制能力的提升,引导企业在守法过程中实现绿色转型发展,提供了可供选择的制度破解路径。从应然层面来讲,作为社会诚信体系建设的重要组成部分,

---

① 郑少华,王慧.中国环境法治四十年:法律文本、法律实施与未来走向[J].法学,2018(11):24.

企业环境信用评价制度是一项激励并约束排污企业的综合性环境政策措施,是创新环境管理工作机制的有益尝试,不仅有利于提高企业环境自律意识和环保社会责任意识,促进企业从漠视污染、消极治理、被动应付向重视环保、清洁生产、主动减排转变,形成环境自觉[1];还有利于完善公众参与、社会监督机制,促使全社会对绿色发展理念达成共识[2],督促企业持续加强和改进环境管理,实现环境保护工作的终极目标。但是,当前我国企业环保信用评价制度中评价范围规范、评价指标规范及评价结果适用规范等尚未达到引导企业绿色转型发展的应然目的,此种功能性的偏离需要通过关联规范的调整予以纠正。

一是企业环保信用评价文件覆盖的参评企业范围数量有限,导致企业环保信用评价制度促进企业绿色转型功能发挥的空间有限。国家层面的企业环保信用评价范围囊括污染物排放总量大、环境风险高、生态环境影响大的企业。其他省份的评价文件大多也仅要求特定范围内的企业参评[3]。当然,也有一些省份,由于评价指标的设置采取了技术性措施,评价范围可以涵盖所有的排污型企业,如吉林省、山东省、江苏省(2019年之后),但是这些省份总体在全国占比较低,而且其评价标准的科学性存在很大的争议。

二是现有的评价指标设置不利于指引企业实现绿色转型升级。当前,国家层面的评价指标基本由企业违法行为指标组成,根据《企业环境信用评价办法(试行)》的附件《企业环境信用评价指标及评分方法(试行)》,企业环境信用评价指标包括污染防治(权重29%)、生态保护(权重5%)、环境管理(权重54%)和社会监督(权重12%)。其中污染防治指标由大气及水污染物达标排放、一般固体废物处理处置、危险废物规范化管理、噪声污染防治四类组成;生态保护指标由选址布局中的生态保护、资源利用中的生态保护、开发建设中的生态保护三类组成;环境管理指标由排污许可证、排污申报、排污费缴纳、污染治理设施运行、排污口规范化整

---

[1] 孙国峰.社会信用的制度分析[J].社会科学研究,2002(5):15-16.
[2] 廖小平,邹巅,袁宝龙.推动我国绿色发展的模式及路径研究[J].湖南师范大学社会科学学报,2020(1):601-608.
[3] 参见《企业环境信用评价办法(试行)》《河南省企业事业单位环保信用评价管理办法》等文件的规定。

治企业自行监测、内部环境管理情况、环境风险管理、强制性清洁生产审核、行政处罚与行政命令等九类指标组成;社会监督指标由群众投诉、媒体监督、信息公开和自行监测信息公开四类指标组成。从总体上看,上述指标体系中除了"内部环境管理情况"指标,其他子指标均是企业违反法定义务形成的环境信息(实践中,"群众投诉""媒体监督"的行为也往往是违反法律法规的行为),"内部环境管理情况"指标涉及的企业内部管理情况尽管不是企业必须承担的法定义务,权重只有5%,由此可以推导国家层面企业环保信用评价的指标体系,事实上是对现行法律框架内企业应当履行环境保护法定义务的总结。大多数省份的评价指标与国家层面的指标构成大致相似。有的省份,比如山东省、吉林省等,则采用环境违法违规行为处罚处理结果为指标。尽管通过强化违法处罚对企业进行绿色转型具有引导作用,但是此种引导作用并不能凸显企业环保信用评价制度的特有功能,因为"违法而后处罚"属于事后救济,对生态环境损害预防的作用有限。

此外,现有企业环保信用评价结果适用措施大多没有法律依据,实践中企业环保信用评价结果"重评轻用,评后不能用",此种行为显然也不利于引导企业绿色转型发展。2016年7月20日,原环境保护部等31个部门联合印发了《关于对环境保护领域失信生产经营单位及其有关人员开展联合惩戒的合作备忘录》(以下简称《备忘录》),该文件规定了对在环境保护领域存在严重失信行为的生产经营单位及其法定代表人等有关人员开展联合惩戒的具体措施,但其中很多措施并没有法律依据。根据《企业信息公示暂行条例》第十八条的规定,在政府采购、工程招投标、国有土地出让等工作中,对被列入经营异常名录或者严重违法企业名单的企业依法予以限制或者禁入。《企业信息公示暂行条例》中"被列入经营异常名录或者严重违法企业名单的企业"是否等同于《备忘录》中的"严重失信行为的生产经营单位",而且《企业信息公示暂行条例》中的限制措施适用对象并不包括《备忘录》中的"生产经营单位及其法定代表人、主要负责人和负有直接责任的有关人员"。同时,根据《立法法》第八条第(五)项规定,即"对公民政治权利的剥夺、限制人身自由的强制措施和处罚必须制定法律"。由此,我们不难知道《备忘录》中大量措施无法落实的原因了。

第四节 现行企业环保信用评价法律制度定位及功能偏离原因

我国实行了多年的计划经济,改革开放后又实行了多年的市场经济,长期以来处于从计划经济向市场经济的转轨时期。市场经济是以市场为资源配置的基础性方式和主要手段的经济体制,从某种程度上来说,市场经济是信用经济,信用制度是市场经济正常运转的基石,整顿和规范市场经济是社会信用体系建设的目标之一。作为环保领域社会信用建设核心的企业环保信用评价法律制度经历了从政策到法制化逐渐发展的过程[①]。前文对地方企业环保信用评价规范文件进行了梳理,笔者发现很多地方规范调整的频率较快,比如山东省,2016年制定的评价文件在2018年就进行了调整,而且2020年又再次进行了调整;有的地方规范调整前后变化很大,比如江苏省2019年的评价文件,跟之前的评价文件相比,评价指标几乎做了全部调整。目前,国家层面有关企业环保信用评价的法律法规尚在立法过程中,地方企业环保信用评价制度规范尚在摸索,需要在把握企业环保信用评价法律制度实然定位与应然定位、实然功能与应然功能之间存在偏离现状的基础上,清晰把握造成此种偏差的深层次法理根源,为探寻据以指导企业环保信用评价法律制度建构的基础理论提供方向性指引。

一、我国现行环境法律制度体系存在结构性不足

法律发展史通常就是一部社会发展史,法律的产生有其深刻的社会根源,社会环境的变化会导致法律的变迁,环境法也不例外。环境法解决环境法律问题的特质决定了它必须具备较强的社会适应性,必须根据政治环境、经济环境、社会环境、文化环境等的变动及时调适。环境法律制

---

① 璩爱玉,等."十三五"环境经济政策建设规划中期评估研究[J].中国行政管理,2019(5):21.

度体系是一个动态调整的开放体系,在环境问题从局部问题、区域性流域性环境问题,到全球性环境问题的发展演变过程中,需要制度结构及制度内容的适时调整。从1979年我国颁布实施《中华人民共和国环境保护法(试行)》开始,中国环境法治建设已经走过了40多年的历史。在步履蹒跚、砥砺前行中,中国环境法治建设取得了举世瞩目的成就。2011年3月10日,当时任全国人民代表大会常务委员会委员长吴邦国同志向世界庄严宣告中国特色社会主义法律体系已经形成的时候,意味着作为其中重要组成部分的中国特色社会主义环境法律体系也如期形成。到目前为止,仅环境资源方面的法律就有30多部,约占我国全部法律总量八分之一。此外,还有有关行政规章60多部、部门规章600多部、环保标准上千项。

  涉及法律规则效用的描述性分析和涉及法律规则社会最优性的规范性分析是与法律规则有关的基本问题①。在环境治理实践中,不断检验制度实施的经济、社会、环境绩效,是推动环境法治进步的积极动力和有效手段。有关我国环境法律规则时效性、有效性与持续性的质疑、反思和诘问始终伴随着中国环境法治建设的进程。与蔚为壮观的立法总量相比,多年来,我国生态环境治理呈现"局部环境好转、总体环境恶化、生态前景令人担忧、环保压力逐年加大"态势②。根据环境保护管理主体和手段,环境保护法律制度可以划分为三种类型,分别是环境管制型法律制度、经济激励型法律制度和自我规制型法律制度。其中环境管制型法律制度是指以政府为主体,使用行政强制手段进行环境保护的法律制度体系;环境经济型法律制度是指以市场为主体,主要采用市场手段进行环境保护的法律制度体系;自我规制型法律制度是指涵盖所有的被监管主体、非直接被监管的社会组织和公众等,主要采取自我约束、主动参与手段进行环境保护的法律制度体系。在大多数情形下,相较于单一规制工具和单一规制主体,多重政策工具与多元规制主体之间的互补组合能实现更好的规制

---

  ① 斯蒂文·沙维尔.法律经济分析的基础理论[M].赵海怡,史册,宁静波,译.北京:中国人民大学出版社,2013:1.
  ② 汪劲.中国环境法治失灵的因素分析:析执政因素对我国环境法治的影响[J].上海交通大学学报(哲学社会科学版),2012(1):23.

效果①。从理论上说,环境保护应当是一个政府管制和市场机制双重作用和规制的领域②,同时离不开社会公众的广泛、有效参与。映射在法律制度结构上,环境保护法律制度应当是政府管制型、经济激励型和自我规制型三元共存的架构模式。我国环境法律制度采用后发、移植、多元采纳型生成模式,尽管也在兼顾本土实际和治理需求中做出了诸多探索和努力,并力求在此基础上选择、引入并嫁接多元化的制度类型,但发端于计划经济、市场体制先天不足、市民社会"土壤"浅薄的中国环境法治建设,一方面不能回避环境法所具有的"政府管控型公法"属性,另一方面无能力同时配置并运行类型齐备的法律制度,长期以来,行政管制型法律制度是我国环境法律制度体系的主要组成部分。

我国环境法律制度存在结构性失衡,环境私主体参与环境治理严重不足,社会保守思潮盛行的现状,应当推进贯彻善治理念优化官民关系,革新环境行政程序,创新社会管理,使环境市民社会得到快速成长③,强化经济激励和自我规制与等市场化、民主性特色明显的环境法律制度是填补结构失衡的主要方向。此种现象已经引起了学者们的广泛关注,其中王明远、马骧聪早在1998年就曾提出,可持续发展的政策与法律体系关键在于构建环境经济法律制度④。蔡守秋教授早在2000年就提出要扩大污染控制的方法领域,重视从源头利用政府、市场等多种途径控制环境介质污染,尤其要重视公众参与法律制度建设⑤。李艳芳教授在2004年也提出非政府组织(NGO)应当积极用尽法律资源参与环境保护,国家需要给NGO提供宽松的法律环境⑥。陈慈阳教授在2006年提出"合作原则"

---

① 科林·斯科特新.规则、治理与法律:前沿问题研究[M].安永康,译.北京:清华大学出版社,2018:149.

② BOSSELMANN K, RICHARDSON B J. Environmental justice and market mechanisms: key challenges for environmental law and policy[M]. London, The Hague and New York: Kluwer Law International Ltd., 1999:125.

③ 秦鹏,唐道鸿.环境协商治理的理论逻辑与制度反思:以《环境保护公众参与办法》为例[J].深圳大学学报(人文社会科学版),2016(1):107.

④ 王明远,马骧聪.论我国可持续发展的环境经济法律制度[J].中国人口·资源与环境,1998(4):61-64.

⑤ 蔡守秋.论欧盟环境政策和法律中的污染综合控制[J].欧洲,2000(1):81-88.

⑥ 李艳芳.公众参与环境保护的法律制度建设:以非政府组织(NGO)为中心[J].浙江社会科学,2004(2):85-90.

应当作为环境法的基本原则,并以其中一类重要的合作主体,即作为被监管对象的企业为例,建构了私主体合作环境治理内部管理制度①。

近年在环境法学领域,以私主体自我规制为特征的私人规制、私人治理研究盛兴。杜辉提出了环境私主体治理的法治道路,认为公私协力应当成为当前环境治理转型的基础和主导范式,环境私主体治理是与行政公权治理相对称的另一种环境治理模式②。胡斌系统分析了私人规制的行政法治逻辑,认为私人规制是弥补传统政府规制缺陷的规制体系,规制方式与权力来源具有多元化和综合性③。张宝也认为,当前我国在环境保护方面出现"环境状况恶化——强化规制立法和规制权力——环境状况继续恶化——继续强化规制立法和规制权力"的恶性循环,依靠强化规制权力来解决或遏制环境恶化的传统环境规制应当转型:在规制主体上,超越自上而下的命令控制模式,强调公私主体的合作以及社会的自我规制,从规制走向规制治理④。谭冰霖借鉴了国外环境法代际更迭的研究成果,认为第三代环境法规制的核心意旨是在法律自我限制的基础上,系统化培育企业自觉提升环境表现的反思性结构⑤。刘超进行了环境私人治理机制核心要素与机制再造的探索研究后提出:在当前环境治理主要遵循政府单方命令控制模式的语境下,我国提出构建现代环境治理体系的关键在于构建环境私人治理机制。此后,有关环境法律制度的多元化建构研究一直持续到现在,研究成果也愈来愈深入和专业化。与国内相似,政府管控型环境法律制度实施造成的管理碎片化、管理成本高昂等问题,在国外也引起了传统管理理论划时代的重大变革,即从管理类法律制度到治理类法律制度的转型。治理转型的兴起源于全球性的国家和社会管理危机,这种危机在发达国家表现为政府权能型福利主义的失败,在发展中国家则表现为社会解体、国家政府行政职能的崩溃。其更深层次的根源为政府和市场的双重困境,国家、市场、社会运行的新情况要求各

---

① 陈慈阳.环境法各论:合作原则之具体化:环境受托组织法制化之研究[M].台北:元照出版有限公司,2006:88-92.
② 杜辉.论环境私主体治理的法治进路与建构[J].华东政法大学学报,2016(2):119.
③ 胡斌.私人规制的行政法治逻辑:理念及路径[J].法制与社会发展,2017(1):157.
④ 张宝.环境规制的法律构造[M].北京:北京大学出版社,2018:205-219.
⑤ 谭冰霖.论第三代环境规制[J].现代法学,2018(1):118.

个社会组织或单位内部和外部的互动加强,简单地依靠国家计划或资本市场的运行远远不够。这种客观经济社会结构的变化,导致制定政策所应遵循的基本层面也发生变化。从而,国家社会治理的总体结构和功能必然产生新的动向,反映在法律制度上,便是制度结构的调整、重组和优化。

上述研究为我国环境法律制度健全提供了宏观方向,但是在经济激励型和自我规制型环境法律制度如何实现与整个法律体系的融会贯通,从而实现制度添加的自洽性方面尚有不足。我国长期以来市民社会并不发达,市场经济发展也尚在不断探索完善中,加上公法本位的环境法以行政管理法律制度为基本遵循的立法惯性,造成国内外环境法律制度结构从环境管理一元机构向政府、市场、社会三元结构转型的研究成果并未及时、充分地传导到国内立法。上述原因造成环境法律制度完善的立法进度滞后于法律制度完善的研究。环境保护中的公众参与决策对于环境法律的执行效率具有重要的贡献,私人行为在环境法律规则的创立、发展、维护中起着至关重要的作用,现在许多私人通道(private pathways)已经被开拓,并与传统的政府立法和执法策略并存①。2014年《环境保护法》被修改,新增加了一章"信息公开与公众参与",这在一定程度上解决了我国环境法律制度体系结构性不足的问题,使环境法律制度体系原本的失衡的状态有所缓和。在环境保护法强化市场化、民主化立法的同时,环境行政法律制度进行了种类和强度双重层面的优化,不仅添加了诸如联防联控、按日连续处罚、查封扣押等新型的行政管控类法律制度,而且还对行政拘留、现场检查、环境影响评价等既有行政管控制度进行了执法强度层面的全面优化,多种方式强化环境监管与执法的权威性和有效性②。在此意义上,我们很难从定性上准确判断新添加的"信息公开与公众参与"一章是否能够有效缓解环境法律制度结构失衡的状态。

我国现有环境法律制度结构失衡的状态也影响到了单一环境法律制

---

① ETTY T, HEYVAERT V, et al. Transnational environmental law in a transformed environment[J]. Transnational Environmental Law,2020,9(2):205.

② 陈海嵩.我国环境监管转型的制度逻辑:以环境法实施为中心的考察[J].法商研究,2019(5):3.

度的规则设置,比如企业环保信用评价制度,该制度应然定位和应然功能偏离也深受结构失衡状态的影响。企业环境信用评价法律制度的产生在一定程度上回应了我国环境法律制度三元结构不合理的现实[①],与政府管控型法律制度不同,兼具经济激励和自我规制型法律制度特征的企业环保信用评价法律制度尽管也是对环境保护法律关系的固化,但其特点是让市场主体在环境治理活动中起基础性作用,激发市场主体主动交易或自我约束的行为动机,实现污染减排、清洁生产等环境治理目标。企业环保信用隶属于社会信用的范畴,环保信用制度作为新兴法制的重要组成部分,存在一般社会信用制度的共性问题,诸如结构虚空与效力软约束、结构模糊与权力(利)分配不确定、结构固有的不平等和利益关系的不平等[②]、法律系统与社会生活之间的断裂[③]等。因此,与国内其他非行政管制法律制度存在的问题相似,企业环保信用评价制度更为棘手的是政府管理单向性制度表征问题,这是根源性问题。

具体来说,现行企业环保信用评价体系的构建基础是政府,定位为政府诸多管理手段中的一种创新型管理手段,信息收集、企业信用评价及评价后的联动激励约束等子制度均是政府规制下的行为表现,市场主体被动参与表征明显,比如评价的主体是生态环境行政机关,这与国外信用评价由独立第三方社会机构评价的惯常做法并不相符。评价信息并非直接来自市场供给,而是生态环境部门诸多环境管理信息的汇总,一些非管理类信息或者从管理部门无法获取的信息并没有在评价指标体系中呈现。激励惩戒措施主要是行政机关强制实施的行政措施,而非通过柔性、弹力的自我规制措施达成,比如参评企业通过调整经营运行策略,自觉提高信用级别,把信用作为一种生产要素资本自觉选择维护和提升[④]。而且,联动主体也并未根据市场需求自动采取相应措施,比如对于信用过低的参评企业,生态环境部门会建议银行业金融机构对其审慎授信,不予新增贷

---

① 王莉.健全我国企业环保信用评价法律制度的正当性面向[J].商业经济与管理,2019(9):88-96.
② 李晓安.我国社会信用法律体系结构缺陷及演进路径[J].法学,2012(3):143.
③ 唐清利.社会信用体系建设中的自律异化与合作治理[J].中国法学,2012(5):38.
④ 于新循,付贤禹.从自律走向他律:我国政府信用的法制化探径[J].社会科学研究,2011(2):76-78.

款或者逐步压缩贷款,甚至收回贷款;对于信用过低的参评企业,在购买环境责任保险时,生态环境部门也会建议保险机构提高保险费率。银行及保险等金融机构是完全市场化的运营主体,本应根据市场需求和企业的经营目标,自由选择授信企业或自由决定保险费用的调整与否及调整幅度,但因为我国企业环境信用评价制度整体地呈现单中心行政管理表征,这些领域尚未充分利用市场规律进行资源有效配置,尚未实现企业自我规制行为的内生激励①。

现有企业环保信用评价制度被国家规范定位为环境管理手段,整体制度设计充满着浓厚的管理色彩,制度的应然定位和功能偏离原因与我国环境法律制度整体结构性缺陷因由一脉相承。一方面,国家环境管理的实践需要引发对行政管控型之外环境法律制度的强烈需求,我国现有的环境法律制度体系亟待填补经济激励型、自我规制型等多类型的环境法律制度,国内立法及学界也对此进行了规范调整并以基础理论研究进行了回应。另一方面,具体到单一环境法律制度,比如企业环保信用评价制度,立法对法律制度结构调整的思路缺乏足够的回应措施,规范内容充分贴合制度应然的定位和功能才是可行的应对之策。

二、新兴环境法律制度对环境法代际更迭回应不足

梳理国外,尤其是美国环境法的研究历史,其具有较为明显代际更迭的学术史脉络,即从第一代到第四代的变迁,基本的演化轨迹可以总结为从命令管控型模式、经济激励型模式、自我反思规制型模式到多元一体化模式,即第一代环境法以命令控制模式为主要特征,第二代环境法以经济激励手段运用为主要特征,第三代环境法以被规制对象的自我规制回应为主要特征,第四代环境法则综合运用多种手段,汇集多元主体为主要特征。需要说明的是,环境法的代际更迭不是替代和取代,而是后一代在前一代基础上的发展变化,后一代与前一代有机融合基础上呈现的新特征。

第一代环境法始于 20 世纪 70 年代美国和欧盟等针对环境公害而进

---

① 毕军,等.以信用管理引领企业落实环境保护主体责任:《关于加强企业环境信用体系建设的指导意见》解读[J].环境保护,2016(5):13-15.

第二章　现行企业环保信用评价法律制度定位和功能偏离及原因分析

行的大规模立法活动,总体上呈现为"命令—控制"型法律范式,并具体通过技术和绩效两种规制标准来加以实施。学者们在承认科层管控和碎片化为治理特征的第一代环境法时代价值的同时,也提出了发展"命令—控制"的环境法范式新模式,即以市场机制和经济激励为核心机制的第二代环境规制,主要研究成果发端于20世纪80年代末期至20世纪90年代初期。比如,阿克曼和斯图尔特(Bruce A. Ackeman 和 Richard B. Stewart)的《改革环境法》①和斯图尔特(Richard Stewart)的《新一代环境法规》②等论著都表明,随着环境规制对成本收益的关注,该种规制体系逐渐显露缺陷,学者主张第一代环境法已接近其自身的极限,不能再以社会可容忍的成本继续推进环境保护进程,作为典型经济激励机制的泡泡制度(排放权交易制度)被斯图尔特列为四种最有可能成为命令控制型环境规制的替代措施之一。但是,也有很多学者反对以经济激励为特征的第二代环境法变革,如德里森(David Driesen)的《排放交易是一个经济激励计划吗?取代命令与控制/经济激励二分法》③和拉丁(Howard Latin)的《理想监管效率与实际监管效率:实施统一标准和"微调"监管改革》④等论著表明,命令—控制型模式下的统一标准能提供更加一致和预测的结果,公众监督并参与这一规制过程的可能性更大,政府接受司法审查的可能性也更大,斯图尔特等乌托邦式的批评者们所追求的理想的规制效率在次优的现实世界中无法实现。

然而,随着环境问题的持续难以应对,政府管控和经济激励等外部强化模式并不足以应对风险社会的环境问题,由此,旨在以一种自组织的方式培育企业提升环境表现的反思性结构,在法律自我限制的基础上,以避免直接干预社会系统的自我运作逻辑为理论基础的第三代环境法成为许

---

①　ACKEMAN B A, STEWART R B. Reforming environmental law[J]. Stanford Law Review, 1985, 37(5):1333-1365.

②　STEWART R B. A new generation of environmental regulation? [J]. Capital University Law Review, 2001, 29(21):21-28.

③　DRIESEN D M. Is emissions trading an economic incentive program? replacing the command and control/economic incentive dichotomy[J]. Washington and Lee Law Review, 1998, 55(2):291-302.

④　LATIN H. Ideal versus real regulatory efficiency: implementation of uniform standards and "Fine-Tuning" regulatory reforms[J]. Stanford Law Review, 1985, 37(5):1267-1273.

多学者研究的新选择。比如,奥托斯(Eric W. Orts)提出了"反身环境法"的概念,他认为规制者试图避免直接干预企业的环境行为,转而透过信息、程序、授权、商谈等相对间接和柔性的方式促进企业形成提升环境表现的内部反思结构①;托依布纳(Gunther Teubner)等认为企业的内部组织程序会使得企业对生态需求更为敏感,法律责任会影响公司内部的自律,并使企业更积极地进行自我规制,政府应当强化企业的生态责任约束②;德舒特(O. De Schutter)等重新系统地梳理多元世界的社会公共利益后,提出应当在改进公共利益理论的基础上,寻求基于反思和提升自我学习的新型治理方法,并将反思性治理作为一种全新的理论框架,重新考量欧盟及其他区域包括环境保护在内的社会领域如何构建新型治理模式③。

2011年,克雷格·阿诺德·安东尼(Craig Arnold Anthony)教授又在比较前三代环境法基础上,提出了以多元化为特征的第四代环境法的概念,他认为,在环境治理中适用的多元治理模式或方法是指至少有三种不同治理方式的组合模式或方法,多元化治理模式会涉及使用多种类型的政策工具,例如命令与控制监管、侵权责任、公共教育和经济激励等,在美国,多元化治理模式也可以描述为使用多个特定的机构或机制来治理环境,问题的关键是如何在最佳时机通过协调或协作的方式使多元化治理工具达到一种最好的治理效果。蔡守秋教授对美国第四代环境法做了客观的考察,认为与前三代环境法相比较,美国第四代环境法提倡"一体化多元模式",该模式是一种跨部门、跨区域、多元主体共同参与的治理体系④,即第四代环境法意在整合前三代环境法的不同治理模式,建立以综

---

① ORTS E W. Reflexive environment law[J]. Northwestern University Law Review. 1995, 89(4):1227-1234.
② TEUBNER G. The invisible cupola: form causal to collective attribution in ecological liability [M]//TEUBNER G, FARMER L. MURPHY D. Environmental Law and Ecological Responsibility: The Concept and Practice of Ecological Organization. Chichester, New York, Brisbane, Toronto, Singapore: John Wiley& Sons, 1994:17-32.
③ DE SCHUTTER O, LENOBL J. Reflexive governance: redefining the public interest in a pluralistic world [J]. Journal of Common Market Studies, 2012,50(5):859-860.
④ 蔡守秋,王萌. 论美国第四代环境法中"一体化多模式"的治理方式[J]. 中国人口·资源与环境, 2019(11):82-89.

合生态系统整体为治理对象的多元治理模式①。无独有偶,安德鲁·朗(Andrew Long)教授也提出,由于生态系统和社会系统以及其他子系统的复杂性和多维性,几乎不可能仅仅使用一种治理方式就能解决所有的环境问题,应当创新一种新理论,以产生一种新型的、更有效的综合性环境治理模式,一体化多模式就是其中的一种创新治理模式,这里的一体化模式是指以整体性的、综合性的或者协调的方式,将多模式治理连接或者连接一个系统多个方面的过程②。杰克·麦卡西(Jack McCarthy)教授等将多中心治理理论应用于对农业环境治理的讨论,提出联盟等边缘化群体在多层次治理结构中发挥着导航和协商的重要作用,"积极农民"和"休眠农民"问题需要设置法律层面的环境义务,建立政府间合作,有针对性的资源利用和公众参与,自上而下的社区能源支持是推动社区能源发展的必要动力③。当然,这种合作在国际性的尺度上同样需要添加政府与政府之间的多维度合作共治,多层次治理不仅需要多边机构还需要地方政府④。

国内学术研究也对国外的环境法更迭理论作出了深度回应,针对我国政府规制效果不彰、规制失灵的社会现实,学者们将规制转型的观念嫁接于环境领域,提出环境规制从政府规制转向自我规制、协商型规制、多元共治等规制理论的新思路。比如张锋认为我国应当构建协商型环境规制新格局,原因在于环境规制具有专业性、不确定性、技术性等特征,命令型环境规制无法破解环境规制的僵化难题,协商型环境规制"以风险预防、多元参与、协商沟通、公开透明、合作共治为基本特征",具有"遵从度高、风险预防以及灵活性强"等功能,是未来环境规制的发展方向⑤。孟春阳、王世进认为我国应当以治理主体间权力关系为法律之经,以治理规则

---

① ARNOLD C A. Fourth-generation environmental law: integrationist and multimodal[J]. William and Mary Environmental Law and Policy Review. 2011, 35(2):771-875.

② LONG A. Global integrationist multimodality: global environmental governance and fourth generation environmental law[J]. Journal of Environmental and Sustainability Law, 2015, 21(1):170.

③ MCCARTHY J, BONNIN C, MEREDITH D. Disciplining the state: the role of alliances in contesting multi-level agri-environmental governance[J]. Land Use Policy, 2018, 76 (4):317-328.

④ KORZE L J. Global environmental governance: law and regulation for the 21st century [M]. Cheltenham Northampton: Edward Elgar, 2013:267-293.

⑤ 张锋. 我国协商型环境规制构造研究[J]. 政治与法律, 2019(11):100.

和治理制度为法律之纬,适时构建多维分权、共治、柔性开放的多元环境共治的规则体系①。秦天宝认为,多元共治因具有平衡多主体间利益、提升行政管理效率等特点而开始成为我国建设现代化环境治理体系的新理念,随着我国提出"形成政府、企业、公众共治的环境治理体系",传统的行政主体与社会主体在环境治理体系中的关系也将由"命令管制"向"沟通协作"发展,并重点确立法治视野下环境多元共治的功能定位②。

国内外关于环境法的代际更迭讨论彰显或预示了法律制度未来的发展演化方向,代际更迭的新思维和研究成果应当适时成为我国环境法律制度规范调整的推动依据,一方面要指导环境法律制度整体的宏观结构调整,另一方面要推动新型环境法律制度的规范生成。然而,上述新的法律发展理念尽管对我国环境法律制度有所影响,但是显然这种影响的深度及强度依然不足,尤其是新型法律制度,比如企业环保信用评价制度,无论是制度定位或功能都应当体现第四代环境法对于多元性、合作性和自我规制性的需求,但现有规范仅仅对此需求有个别点状的些许回应,此种回应力度显然是不够的,当然整体性、系统性落实有待制度进一步规范完善方可实现。

环境法在过去和现在都是实验新型规制方法的绝佳领域,从整体上解决环保问题需要采用多种多样的规制方法③。区别于法理学对法学一般原理和规律的总结,作为部门法的环境法也已出现了传统法理学不能涵盖或统领的基本理论,比如贯穿《中华人民共和国长江保护法》制度建构的流域整体性理论等④。环境生态价值这一具有公共利益属性的法益,作为环境法代际更迭核心意旨的多元合作为其实现提供了基本理论支持。因此,对环境法代际更迭的制度回应依然需要学者在规范层面进行深度研究,将代际更迭的理念妥当、深入地落实为符合制度定性,且能实现制度功能的具体法律规范,而这一点恰恰是现有制度规范的短板,企业环保信用评价法律制度也不例外。

---

① 孟春阳,王世进.生态多元共治模式的法治依赖及其法律表达[J].重庆大学学报(社会科学版),2019(6):118.

② 秦天宝.法治视野下环境多元共治的功能定位[J].环境与可持续发展,2019(1):13.

③ 乌特·萨科瑟夫琪,喻文光.通过环境媒介保护的健康保护:空气和水污染防治[J].行政法学研究,2015(4):50.

④ 吕忠梅.关于制定《长江保护法》的法理思考[J].东方法学,2020(2):79-90.

第三章　理论转向：规制治理理论引入企业环保信用评价法律制度

"规制(regulation)"一词如今频繁地出现在各种法学的和非法学的文献中，它不是一个专业用语，相反，它是一个含义广泛的词汇①。规制概念从早期的狭义行政规制逐渐发展扩张到法律规制、经济规制、社会规制、自我规制等更为广泛的领域和适用空间。本书使用的"规制治理(regulatory governance)"概念，也被称为规制缓和(deregulation)、规制再造(re-regulation)、新治理(new governance)等，是自我规制(self-regulation)、反身规制理论(reflexive regulation)、元规制(meta-regulation)、回应性规制理论(responsive regulation)等概念的综合体，意在表达规制改革后，其内涵、外延扩张变化的过程以及变迁后的样态。规制治理理论的变迁与我国环境治理从单中心行政管理到多元共治的协同治理具有理论和实践的共通性，作为环境行政监管转型、环境治理体系和治理能力现代化、环境治理效能提升等背景下产生的新型环境法律制度，企业环保信用评价法律制度具有适用规制治理理论进行规则完善的正当性。国外的环境法律制度发展脉络与我国基本相同，发端于环境治理不彰的困境，受政府、市场、公众多元共治理念影响，规制治理理论的强大解释力为国外的环境信息策略、国内的企业环保信用评价制度提供了衍生的空间和可能。但是，由于国外的信用制度产生时间早于信息公开制度，环境信息策略借助环境信息公开制度自然顺延发展，然而，根深蒂固的信用等同于信贷的观念，使得信息制度和信用制度不太可能实现制度的融合。但我国企业环保信

---

① 安东尼·奥格斯.规制：法律形式与经济学理论[M].骆梅英，译.北京：中国人民大学出版社，2008：1.

用之所以要单独评价,在于其还承担着重塑企业环保信用的功能和重任,需要借助信用的内核、评价的媒介,借助市场和民众的力量实现更好的规制。这就需要围绕多维分权共治和柔性开放的规则体系①构建思路,系统思考如何将规制治理理论的理论要义转化为企业环保信用评价法律制度具体的规范表达。

第一节 由行政规制向规制治理的理论变迁

英国的安东尼·奥格斯教授在《规制:法律形式与经济学理论》一书的最后一章预测了规制改革的方向,他认为在过去几十年,规制性法律的风格和制度发生了巨大的变化,未来的规制改革应当以放松规制的"善"规制为方向,限制不必要的过度规制②。在规制治理理论下,国家和社会成员应合作分担生活共同体所衍生、待解决的公共问题,因而,国家治理不再是只诉诸传统单一的政府管制模式来实施,转而寄希望于国家和私人之间分工合作以寻求共同利益,无论现在还是将来,市场力量都是经济的引擎。没有人企图用中央计划经济来代替市场力量。在这个新的规制时代,政府应当更积极地确保市场功能的发挥③。在此过程中,规制限制市场作用的发挥,也不代替市场机制,而是在政府和市场机制之间处于不断调整的动态变迁过程④。系统梳理行政规制到规制治理的理论变迁,确切地说是行政规制没落及规制治理兴起的理论脉络,对于夯实我国企业环保信用评价法律制度的基础理论具有重要价值。

---

① 孟春阳,王世进.生态多元共治模式的法治依赖及其法律表达[J].重庆大学学报(社会科学版),2019(5):118.
② 安东尼·奥格斯.规制:法律形式与经济学理论[M].骆梅英,译.北京:中国人民大学出版社,2008:345-347.
③ ORBACH B Y. The new regulatory era: an introduction [J]. Arizona Law Review, 2009, 51(5):573.
④ 周雪荣.政府规制论[M].武汉:湖北人民出版社,2010.

一、行政规制理论的核心意旨及其衰落

就词源而言,"规制"一词来自对英文"regulation"的翻译,国内有学者将其翻译为"管制"或"政府管制"。按照《韦氏英文大辞典》的解释,规制是指由权威机构制定,尤其指管制某种行为的法律、规则或命令。《牛津英文词典》将规制解释为"规制的行为或事实",将去规制(deregulation)解释为去支配、去控制或去导引[1]。按照《布莱克法律大辞典》的解释,规制是指某种规则或限制其所支配的控制性行为或者过程,或由行政机构或地方政府颁布的具有法律效力的规则或命令[2]。《元照英美法词典》对规制的解释包含三重含义:一是管理办法、规则、规章、条例。广义上指任何规范性行为的法律规定,狭义上通常指政府各部门根据法定权限发布的各种从属性法律。二是指管理、管制、规制、监督管控。三是指内部章程和内部规章,公司和社团等用以进行内部管理的规则或管理规定[3]。因此,规制既可表达为支配或控制的行为或过程,也可解释为支配或控制行为的依据。在学理研究上,国内外的法学学者[4][5][6][7][8][9]、经济学学者[10][11][12][13]均对"规制"有不同的解释、分类和认识,但从总体上看尚未形成统一界定的概念,原因在于其内涵和范围的争议一直存在,很难对其有一

---

[1] 参见 The Oxford English Dictionary,524(1989).
[2] GARNER BA. Black's law dictionary(9th)[M]. Eagan:Thomson West,2009:1311.
[3] 薛波.元照英美法词典[M].北京:北京大学出版社,2017:1171.
[4] 史蒂芬·布雷耶.规制及其改革[M].李洪雷,等译.北京:北京大学出版社,2008:10.
[5] 科林·斯科特.规制、治理与法律:前沿问题研究[M].安永康,译.北京:清华大学出版社,2018:3.
[6] 凯斯·R.桑斯坦.权力革命之后:重塑规制国[M].钟瑞华,译.北京:中国人民大学出版社,2008:258.
[7] 安东尼·奥格斯.规制:法律形式与经济学理论[M].骆梅英,译.北京:中国人民大学出版社,2008:1.
[8] 史普博.管制与市场[M].余晖,等译.上海:上海三联书店,1999:34.
[9] 茅铭晨.政府管制法学原论[M].上海:上海财经大学出版社,2005.
[10] SELZNICK P. Focusing organizational research on regulation[M]//NOLL. R. Regulation policy and social science, berkeley, los angeles, Lodon: University of California Press,1985:363.
[11] 植草益.微观规制经济学[M].朱绍文,译.北京:中国发展出版社,1992.
[12] 樊纲.市场机制与经济效率[M].上海:上海三联书店,1995:173.
[13] 王红玲.当代西方政府经济理论的演变与借鉴[M].北京:中央编译出版社,2003:147-148.

个明确而清晰的界定①。总体来讲,国外学者对规制的研究比国内要多,学界的研究成果主要来自法学界和经济学界,其中经济学领域的研究成果则更加丰富,这与规制作为法律手段,早期来自经济领域,近年来仍有学者将规制分为经济性规制和社会性规制有关②③。

鉴于规制概念界定的困难性和复杂性,国外大多数学者回避对概念进行直接解释,选择从不同的角度对规制特征或框架进行归纳总结。美国菲利普·塞尔兹尼克(Philip Selznick)认为,规制是指公共机构针对共同体认为的重要活动施加持续和集中的控制④。英国著名的公法专家科林·斯科特认为,规制作为一种工具,其核心含义在于指导和调整行为活动,以实现既定的公共政策为目标,并且他认为美国社会学家菲利普·塞尔兹尼克有关规制的解释最为经典,即规制是"由公共机构对那些共同体所重视的活动施加的持久而集中的控制"⑤。这一定义关注规制机构在设定规则以及监督过程中的作用,该定义与早期规制研究相一致,而这些早期研究被福利经济和产业经济领域主导,主要关注政府在通过规制纠正市场失灵过程中的作用。安东尼·奥格斯没有直接对规制进行解释,而是基于两类经济组织体系的分类,认为规制是用来支撑社群体系而非市场体系的法律⑥⑦,目标是纠正市场失灵以满足集体或公共的利益,并由此从规制主体、规制工具和规制实施等三个方面归纳提炼规制的三大特征:

---

① MORGAN B, YEUNG K. An introduction to law and regulation text and materials [M]. Cambridge: Cambridge University Press, 2007:3-5.

② 其中经济性规制关注政府对企业定价、市场准入及退出等具有市场垄断、信息不对称等特征行为的干预。社会性规制是指政府为保障国民生命安全、防止灾害、防止公害和保护环境目的规制。

③ 安东尼·奥格斯. 规制:法律形式与经济学理论[M]. 骆梅英,译. 北京:中国人民大学出版社,2008:2.

④ SELZNICK P. Focusing organizational research on regulation [M] // NOLL R. Regulatory policy and the social sciences. Berkeley, Los Angeles, Lodon: University of California Press, 1985:363.

⑤ 科林·斯科特. 规制、治理与法律:前沿问题研究[M]. 安永康,译. 北京:清华大学出版社,2018:3.

⑥ 安东尼·奥格斯将经济组织形式区分为市场体系和社群体系,支撑两类体系的法律分别是私法和规制。其中社群体系是指没有国家干预就不会发生的经济活动;市场体系是指私人、私经济组织可以自由地追求各自的经济目标,只受到一些基本的限制的经济活动。

⑦ 安东尼·奥格斯. 规制:法律形式与经济学理论[M]. 骆梅英,译. 北京:中国人民大学出版社,2008:5-23.

一是规制包含了一个更高主体,即国家控制的理念,私人受制于国家,按照特定的方式行为,接受惩罚等违法后果的方式。二是国家及其代理机构运用的工具主要是公法,而非私主体之间的合同。三是该更高主体国家在法律的形成及实施中扮演了最基本的角色,义务的履行通常不是自愿的[①]。凯斯·R.桑斯坦从风险控制的观念视角,对规制加以解释,认为应当全面抛弃建立在个人权利之上的观念,并以控制和减少风险的观念取代之,即规制的主要功能在于控制可能的风险,而不是实现个人权利[②]。美国史蒂芬·布雷耶没有对规制进行直接的解释,原因在于要在政府的规制行为和政府活动的整个范围内其进行明确的区分,困难重重,聚讼纷争。但是对各式各样规制方案,归纳了不同规制方案相似的规制框架,他认为规制框架主要表现为以下方面的限制:一是规制者与受规制企业之间的关系是对抗性的。二是规制机构本身是一个制度化的官僚组织。三是行政官员实施的规制策略具有高度相似性。四是规制决定的产生要符合行政法的要求[③]。

国内学者则通常把"规制""行政规制""政府规制""政府管制"等概念等同看待,尽管实质上这些概念并不相同,以至于有学者认为规制概念既随意又武断的使用,引起了语义混乱并对法学理论和实践造成了负面影响[④]。有学者认为,"社会规制""道德规制""自我规制"等均不是规制,而是"自治",规制是"国家依法律的授权或规定对经济社会进行的调控监管",监督调控的核心是政府与市场的关系[⑤]。有的学者认为,规制与"管制""监管"基本属于同义概念,都是以维持市场经济秩序为目的,基于规则对经济活动施加的干预和控制[⑥]。有的学者惯常在政府规制的语境下使用规制这一概念,认为尽管规制缺乏一个比较精确的定位和界定,但既有的概念都表明了规制的起源是作为规制者的政府机关强制性干预市场

---

① 安东尼·奥格斯.规制:法律形式与经济学理论[M].骆梅英,译.北京:中国人民大学出版社,2008:2.
② 凯斯·R.桑斯坦.权力革命之后:重塑规制国[M].钟瑞华,译.北京:中国人民大学出版社,2008:258.
③ 史蒂芬·布雷耶.规制及其改革[M].钟瑞华,译.北京:北京大学出版社,2008:8-9.
④ 史际春,冯辉."规制"辨析[J].经济法学评论,2017(1):3.
⑤ 史际春,冯辉."规制"辨析[J].经济法学评论,2017(1):6.
⑥ 马英娟.政府监管机构研究[M].北京:北京大学出版社,2007:22.

主体的决策①②③④，规制实质上是政府的规制。也有学者用政府管制表达了与规制相似的内涵，如认为政府管制是管制性行政主体根据法律法规的授权，为追求经济利益和社会效益的帕累托最优以及维护社会公平和正义，对经济及其外部领域和一些特定的非经济领域采取的调节、监管和干预等行政行为⑤。有的学者认为，政府管制是指根据法律法规授权，由政府机构采用的特殊行政手段或准立法手段，对企业、消费者等行政相对人的行为实施直接控制的行为⑥。

相较于规制，"管制""监管"等词汇过于强硬，规制则比较中性，规制日益成为有效管理的代名词。无论是国外法学界，如安东尼·奥格斯、菲利普·塞尔兹尼克、科林·斯科特、史蒂芬·布雷耶等学者对规制概念的直接或者间接解释，抑或是国内法学界，如江必新、史际春、宋华琳、茅铭晨、冯辉、张宝、安永康、孙娟娟等学者的已有研究成果，尽管规制的概念依然没有统一称谓和界定意见，但是我们从中却可以梳理出作为规制本源或来源的概念，即行政规制⑦，这里的行政规制不是一个泛化的概念，不是指行政机关承担的方方面面的行政任务，而是特指行政机关对经济社会活动的干预互动，具有强制性、单向性等特征。行政规制行为作为一种综合性的行政活动，可以归入传统的广义行政行为体系⑧。行政规制包括双重含义，即静态意义上的行政规则本身以及动态意义上的行政规则之治（行为）。基于此，从既有的研究成果中梳理出的行政规制理论要旨，可称其为核心的理论要素。

第一，行政规制的目的基于公共利益。尽管公共机构存在被强大利

---

① 本书作者借用安东尼·奥格斯：《规制：法律形式与经济学理论》一书中，对规制（regulation）这一词汇在英美法系中产生的偶然性，即当法国通过经济公法、德国通过经济行政法规范政府干预经济中的工具选择和适用时，英美法律文化中并没这一类似的词汇，为此就用"规制（regulation）"这一公认但并不准确的词汇填补英美法系的空缺。

② 孙娟娟.政府规制的兴起、改革与规制性治理[J].汕头大学学报（人文社会科学版），2018(4):71.

③ 宋华琳.论政府规制中的合作治理[J].政治与法律，2016(8):14.

④ 安永康.基于风险而规制：我国食品安全政府规制的校准[J].行政法研究，2020(4):133.

⑤ 茅铭晨.政府管制法学原理[M].上海：上海财经大学出版社，2005:11.

⑥ 余晖.论政府管制与行政改革[J].中国工业经济，1997(5):3.

⑦ 按照行政规制适用的领域又可以把规制分为经济性规制（经济性行政规制）和社会性规制（社会性行政规制）。

⑧ 江必新.论行政规制基本理论问题[J].法学，2012(12):17.

益集团俘获而出现个体"私益"获取的可能性,但是行政规制的正当化理由来自其实现公共利益的目标,即规制理论及规制实践的共识性结论,也就是所谓的规制公益理论或规制中的公共利益理论。行政规制是在处理政府和市场关系的过程中出现的,其正当性在于发现市场运作中的缺陷并予以纠正,无论是调控垄断行为产业的经济性规制,抑或是调整安全与健康、环境保护、消费者保护等社会事务的社会性规制,都会存在市场失灵、竞争无序等损害公众利益的行为,行政规制机构利用规制工具干预此种失灵或无序状态,使其校准到正常状态,从而保护社会大众的公共利益。时至今日,在公共利益的判断上也没有形成统一确定的标准,大致的原因如下,一是直接界定公共利益不能达到穷尽其内涵或外延的满意状态。二是在任何国家及阶段,流行的公共利益观念可能随着不同阶层对国家行为合法性性质与程度理解的变化而变化,或者前者可能是因为后者的变化而相应发生变化。但是在公法上,基于行政决定过程所创造的一套精细的制度安排,尤其是司法审查和公众参与,如果其所施行的政策和实践能够促进"全体公民的福利[①]",则该制度的规制目标就是合理的,且实现了公共的利益需求。

第二,行政规制机构是规则化的科层组织。科层组织是指一套建立在理性行为基础上的权力结构,在该科层组织中工作的人员是行政官员和公职人员,这些人员工作的依据是一套既定的规则,他们的行动要符合自身的内部规则以及相对容易理解和执行的程序[②]。该规则是科层组织工作的格式化工具,有利于科层组织活动的固定化或惯例化,它既规定了部门之间,以及部门与决策机构之间的关系和关联,也定义了科层组织的身份定位以及行为边界,并且还有利于科层组织与组织之外其他组织的联系稳定[③]。一般来说,科层组织具有以下特征:科层组织按照地域或职责划分为不同的横向和纵向条块;科层组织的工作人员分工明确、各司其职、各负其责;工作人员准入行政角色需要经过严格的考试、竞争等程序

---

① BROWN C, SCOTT C. Regulation, public law and better regulation[J]. European Public Law, 2011, 17(3):467-484.
② 史蒂芬·布雷耶. 规制及其改革[M]. 钟瑞华,译. 北京:北京大学出版社,2008:8.
③ 詹姆斯·马奇,马丁·舒尔茨,周雪光. 规则的动态演变:成文组织规则的变化[M]. 童根兴,译. 上海:上海人民出版社,2005:8.

选拔；工作人员的工作要遵循法定的工作程序；行政工作有时需要借助技术人员，比如鉴定评估人员等。行政规制机构使规则化科层组织的特征有利于应对市场失灵和竞争无序等损害社会公共利益的行为，但机构同时也面临着来自执行效率和政府失灵方面的风险。

第三，行政规制的规制者与被规制对象之间的关系具有对抗性。行政规制行为具有"单向性"和"刚性"（命令和控制）特征[①]，具体方式表现为征收、审批、确认、监督、处罚、强制等诸多形态。产生规制者和被规制对象之间对抗的原因是多方面的。行政规制下的经济活动或社会活动必然与没有规制下的状态不同，因为规制的目的在于对公共利益造成不利影响的组织或个人进行干预、监管或限制，规制的结果会造成被规制对象各类行为的不自由，由此造成两者之间的对抗。此外，不同主体的不同利益需求和价值取向会影响其立场，比如企业家会基于获取经济利益的立场从事经营行为，消费者会基于物美价廉的立场从事消费行为，其他利害关系人也可能存在各式各样、需求各异的立场，行政管制会在上述立场出现重大偏差时及时出现，以便协调不同立场，利益需要让步的被规制对象自然因利益丧失而产生对抗。

第四，政府作出的行政规制决定应符合行政法的要求。行政规制主体连接国家主权和公民，对公民而言行政规制主体属于"官方"，但在法律面前，行政规制主体又和公民处于同样的地位，都是法律的"臣民"。作为国家意志的体现，行政规制行为的合法性最终来源于公民集体的授权同意，因为合法通过的法律是公民集体意志表现的产物，行政规制行为依循行政实体法并严格遵守行政程序法，对行政实体法和程序法的遵从也就是对人民意志的服从，在此意义上，行政规制合法性就具有了政治意义合法性和法律意义合法性的双重属性，实体意义合法性和程序意义合法性的双重属性，以及合法性与合理性兼顾的双重属性。依据行政法基本理论，依法行政必须符合三个条件，即行政规制职权的来源合法，行政规制职权的行使合法，行政职权的授予、委托及其运用合法等。行政规制必须依法行政，是行政法的基本原则，也是行政规制行为取得民众信任，减少

---

① 茅铭晨.政府管制法学原论[M].上海：上海财经大学出版社，2005：11.

诉讼以便实现更有效规制的需要。同时,规制合法性会受到立法监督、行政监督和司法监督。

第五,行政规制含有依干预程度不同的干预工具谱系。行政规制的规制强度具有高、中、低三个等级,不同等级的规制强度对应并包含着不同类型的规制工具,形成了相对完整的干预工具谱系。在该谱系中,规制强度最高的一端是依行政许可或授权才得以实施的行为,该类型行为对于一般主体来说是禁止性的,这些规制工具主要有行政审批、行政许可等;规制强度最弱的一端是行政主体仅对相对方某一行为中的部分环节实施干预,比如信息规制,行政规制主体仅要求规制对象披露商品或服务的关联信息,以便保障公众的知情权,并对不全面、不真实、不及时披露信息的行为实施制裁,至于规制对象采用什么方式披露、亲自披露或者是委托披露,规制主体则在所不问。在干预工具谱系的中间,往往是那些具有命令和控制内容的行政标准[①],行政标准尤其是强制性标准,需要被规制对象(产品或服务提供者)在产品或服务中自觉履行标准要求。行政规制主体根据管理需求,可以从上述依据国家干预程度不同而进行区分的一系列规制工具中选择适用,在不同类型发展阶段,主体选择规制工具的方向会有差异。

二、规制治理理论的兴起及其核心意旨

规制的内涵以及规制主体、客体和内容等构成要素并不是一成不变的,其变化规律实质上反映了国家干预主义和自由主义的此消彼长[②]。起源于公共机构应对竞争无序等市场失灵问题的行政规制,实质上强化了规制机构(政府部门)在规则的制定、监督和执行过程中的作用,以便对抗市场主体自由和无序的市场行为,如垄断,实现国家干预和市场自由的良性互动。然而,以"克服市场失灵"为重任的行政规制,在公共部门大量介入私人领域、提高人民福利水平的同时,也产生了新的由行政规制引发的问题。一是行政规制的低效问题。日益强化的科层制行政规制模式一方

---

① 史蒂芬·布雷耶.规制及其改革[M].钟瑞华,译.北京:北京大学出版社,2008:5.
② 张宝.环境规制的法律构造[M].北京:北京大学出版社,2018:11.

面造成财政支出激增,财政赤字扩大,另一方面导致社会中环境污染、食品安全等违法事件数量日益增多、程度日趋严重,行政规制效果低下、绩效不彰,尤其在20世纪70年代的石油危机引发很多国家财政危机的背景下更为凸显。二是行政规制的碎片化问题。科层制的行政规制采取条块分割的区域和级别管辖模式,不同区域级别的行政机关管辖的事务和法律程序均需根据法律规范设置,不仅行为弹性不足,且容易造成行政规制事项的遗漏。三是行政规制被俘获问题。行政规制的产生基于公共利益理论,为了保障公众在经济领域和社会领域享有充分的福利,随着行政规制的日益普遍和深化,一些熟悉行政管理模式的利益集团常常借助行政力量达到实现利益集团私益的目的,也由此催生所谓的"规制私益理论①",公益性的行政规制被私益"俘获"。四是行政规制能力问题。行政规制机构中的公职人员,其专业背景、工作经历、专业能力、专业研究深度等会制约行政规制效果,并影响其规制能力,与作为规制者的政府能力有限相对比,其他非政府主体的存在价值和活动潜力使其在某种程度上也具备规制能力,甚至在部分领域存在更强的规制能力,而这些主体的规制地位长期没有得到重视和承认。

由于行政规制存在诸多问题,人们在认识和实践层面对国家政府主导的行政规制产生怀疑,怀疑其干预程度、干预范围以及实现公共目标的模式②。行政规制中国家政府角色的认知转变分别引起了立法实践及学术研究的回应,美国及欧洲相继在20世纪70年代之后启动了规制领域的改革及实践③④。美国1993年制定了《放松规制和合同外包法案》并发表了放松规制措施的名录。很多经济合作组织成员国逐渐把一些公共物品供应的职权转移给政府执行机构、共有企业、私人公司以及一些非政府组织;同时将科层体制下行政机关的自由裁量权转变为更为独立的、以规

---

① 史蒂芬·布雷耶.规制及其改革[M].钟瑞华,译.北京:北京大学出版社,2008:4.
② FEIGENGAUM H, HENIG J, HAMNETT C. Shrinking the state: the political underpinnings of privatization[M]. Cambridge: Cambridge University Press, 1998:823.
③ 在19世纪八九十年代,美国出现私人公司介入火灾防控的实践。
④ LYTTON T D. Competitive third-party regulation: how private certification can overcome constraints that frustrate government regulation[J]. Theoretical Inquiries in Law, 2014, 15(2):540-572.

则为基础的监管模式,呈现半独立性的规制机构。英国"良好规制工作组"在其 2000 年颁布的一份指南中明确,决策者在面临公共政策问题时,应当首先考虑不做任何事情,然后考虑某种类型的自我规制,只有当这些成本较低的替代措施不可行时,才能考虑采用更具有科层性的干预措施。爱尔兰政府在规制影响分析战略下,对规制替代措施的敏感度、替代性规则与过程予以制度化。

上述人们对政府部门有限权力的认识,以及对规制空间内各类主体之间相互依存关系的认识,催生了从规制时代到后规制时代的理论转向,学界形成了去中心化规制[1](de-centred regulation)、反身规制理论[2][3](reflexive regulation)、元规制[4][5](meta-regulation)、回应性规制理论[6][7](responsive regulation)、新治理[8][9](new governance)、自我规制[10](self-regulation)等不同的理论。尽管这些理论观点不尽相同,但都不同程度地强调在政府规制机构之外,应当更多地利用企业和非政府机构的能力进行自我规制和规制他人;规制不再是一个主体简单向另一个主体施加某种要求的过程,需要用相互依存模式替代控制模式;应当采用多元方式替

---

[1] 去中心化规制不仅关注私人规制和其他非政府规制,也在探索私人主体与公共主体之间的关系,这些主体共同构成"混合规则体系",在一定程度上存在相互观察甚至合作。
[2] 反身规制使得治理呈程序导向化特征,其核心在于确立规制目标的参与式程序以及促进和鼓励组织之间协商与相互学习的机制,被规制者反促规制者规制能力提升的治理方式。
[3] GUNNINGHAM N. Regulation reform and reflexive regulation: beyond command and control[M] //BROUSSEAU E, DEDEURWAERDERE T, SIEBENHUNER B. Reflexive governance for global public goods. Cambridge: The MIT Press, 2012:85-104.
[4] 元规制是指外部规制者有意促使规制对象本身针对公共问题,做出内部式的、自我规制性质的回应,要求所有受影响主体参与到规制过程中。
[5] 卡里·科格里安内斯,埃文·门得尔松.元规制与自我规制[M]//罗伯特·鲍德温,马丁·凯夫,马丁·洛奇.牛津规制手册.宋华琳,等译.上海:上海三联书店,2017:163-187.
[6] 回应性规制试图维持必要的、最低水平的规制干预,以确保实现预期目标,同时保留进行更大干预的能力,即更严格执法或引进更具干预性的制度。
[7] BALDWIN R, BLACK J. Really responsive regulation[J]. The Modern Law Review, 2008, 71(1):59-94.
[8] 新治理强调不同类型的利益相关方参与规制过程,具体的方式可以是公私合作,也可以是权力下放或权利授予,以新治理执行法律政策的方式更加灵活、柔性,并重视反馈机制建立,新治理通过该机制可以及时对私主体参与政策实施的问题调整和修正,从而实现从命令—控制性规制向规制治理的转型。
[9] FORD C. New governance in the teeth of human frailty: lesson from financial regulation[J]. Wisconsin Law Review, 2009, 57(3):102-115.
[10] Parker C. The open corporation: effective self-regulation and democracy[M]. Cambridge: Cambridge University Press, 2002:246.

代国家法律或科层控制的措施等;行政规制的单一性应当转为规制机构的多样性、规制规范多样性、被规制者的多样性。鉴于此,集中化、单中心的行政规制应转为具有分散性、多中心的"新治理"。如何表述从行政规制到规制缓和、规制再造、放松规制等诸如此类词汇表明的规制改革后的规制样态,综合考虑规制和治理观念,鉴于行为主体与工具的多元化,使用规制治理(regulatory governance)一词或许更为恰当①②。而且法律制度根植于法律文化和传统土壤中,规制体系不能也没有必要推倒传统法律制度重新建立,尤其是在中国语境下,未来国家政府在经济社会中都将发挥重要的作用,将规制的强制性与治理的柔韧性进行合理结合,采用规制治理这一词汇来表达规制转型后的样态,可能更为妥当。基于此,从既有的研究成果中梳理出的规制治理理论要旨,也可称其为核心的理论要素。从行政规制向规制治理的理论变迁见图 3-1。

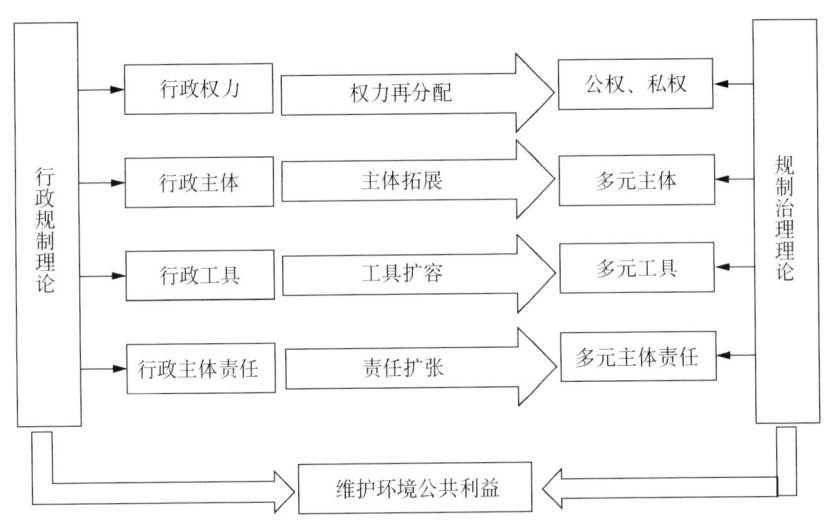

图 3-1 从行政规制向规制治理的理论变迁

其一,规制治理的主体多元化。规制治理的主体已经不仅限于国家

---

① 科林·斯科特.规制、治理与法律:前沿问题研究[M].安永康,译.北京:清华大学出版社,2018:5.此外,奥利·洛贝尔教授也使用了规制治理的概念,并认为其是一种新治理。
② 奥利·洛贝尔.作为规制治理的新治理.宋华琳,徐小琪,译[M]//冯中越.社会性规制评论:第 2 辑.北京:中国财政经济出版社,2014:127.

及其行政机关,而且涉及政府主体之外的各种非政府主体。一般意义上,这些非政府主体的范围广泛,控制者具有多样性,政府部门、企业、协会、认证机构等都能在控制体系中发挥作用①,包括社会组织、企事业单位、媒体、普通公众等,这些主体构成了规制治理的利益相关方②。所谓利益相关方,是指基于不同的利益需求参与规制治理过程,以便实现其不同的权利或利益目标的治理主体。以社会规制中的环境规制为例,政府参与环境规制的目的仍然是增进社会整体的环境公共利益和环境福祉,企业参与环境规制的目标是实现其绿色可持续发展,社会组织参与环境规制的目标则在于增进其自身竞争优势、获得社会更高评价和地位,一般公众参与环境规制的目标则是获得更适宜生存发展的良好环境,抑或是对物美价廉商品的追求。政府、市场、社会通过合作,不仅满足了单一主体的利益,而且实现了利益相关的整体利益,即环境公共利益。当然,利益协同的过程,可能是各主体利益方利益共进共赢的过程,也可能是部分利益方利益受损的过程,但总体来讲,基于规制实现公共利益的基本理论,社会的整体利益得以增进。基于权利或利益形成的利益相关方主体不同于松散的集体,更容易在关键问题上达成兼顾各方利益目标实现的协议或采取一致行动。规制治理主体的多元化能够聚合政府、市场和社会三方主体的合力,通过政府主体宏观引导激发市场主体的自我规制动力和积极性,调动社会主体参与规制的愿望,在一定程度上解决单一主体行政规制引发的怀疑,比如规制效率低下、碎片化、不公正等问题。治理网络更强调多元主体的合作和参与,以更多的合作、更强的互动性方式,聚合分散资源,协调多元工具,实现行政任务。

其二,规制治理的实施措施多元化。规制治理融合行政主体、市场主体和社会主体等多元化的利益相关方主体共同参与规制过程,不同类型的主体适用的规制措施并不相同,应当关注规范的多样性,规

---

① 科林·斯科特.规制、治理与法律:前沿问题研究[M].安永康,译.北京:清华大学出版社,2018:29.
② 奥利·洛贝尔.作为规制治理的新治理.宋华琳,徐小琪,译[M]//冯中越.社会性规制评论:第2辑.北京:中国财政经济出版社,2014:129.

范不仅包括国家法律,还包括指导、通告、合同、私人标准、自我规制等;强调调控机制的多样性,包括法律、社会规范、市场机制、代码控制等的作用①。有的时候行政主体通过利用不明确的法律、标准等,获得比实际更大的规制权和惩戒权,赢得被规制方的遵从和同意②,规制治理措施仍然是传统的行政措施,其中有干预程度最高的行政审批、行政许可等措施,也有干预程度较弱的信息公开和披露措施、行政指导性合同等,也有中等干预强度的行政标准制度等。法律通过设计一定数量的外部或间接约束性制度,同时为经营者的内部管理保留灵活性和自主性,经营者通过调整内部经营策略达到经营行为符合法律设定规范的目标③。参与规制治理的措施视主体的不同而有差异,社会组织可以通过第三方服务、法律授权诉讼等方式参与;金融、证券、保险等市场主体可以通过执行差异化的金融政策参与;作为被规制对象的企业等市场主体则可以通过制定严格的内部管理标准、环境教育等实现自我规制。社会主体可以通过检举、控告、诉讼等社会监督方式参与规制治理。不同的规制措施之间并非松散无序,而是基于公共利益目标的相互关联。

其三,规制治理的外部机制与内生机制相耦合。规制治理之所以被称为行政规制改革后的产物,原因之一在于行政规制与规制治理的作用机制不同,行政规制着力于通过命令、控制等强制性行政手段,产生直接纠正或消灭违法行为的结果。以行政规制中的典型手段行政处罚为例,行政处罚是对违法者违法行为在法律责任层面的评价,原有违法行为因承担行政处罚责任而被消灭。规制治理关注到规制过程中各主体、各因素对规制的影响,例如内部环境管理体系与文化以及以不同形态展开的市民社会等,均会对规制效果产生影响。因此,在规制治理模式下,行政机关并不率先启动对象性的命令控制措施,而是通过法律法规或行政性指导的外来力量,促进市场主体和社会主体遵守法律法规或履行社会责任的内化动力,并通过内部规范及机构改革促进内化动力转化为外在的

---

① SCOTT C. Analysing regulation space: fragmented resources and institutional design [J]. Public Law, 2001(1):329-350.
② 罗伯特·鲍德温,马丁·凯夫,马丁·洛奇. 牛津规制手册[M]. 宋华琳,等译. 上海:上海三联书店, 2018:110.
③ 史蒂芬·布雷耶. 规制及其改革[M]. 李洪雷,等译. 北京:北京大学出版社, 2008:5.

守法行为[①]，即规制治理更关注规制活动的动态演进和自我纠错[②]，当然，如果内部的自我调整并未达到法律规范设定的行政管制目标，则行政管制措施仍然适用，而且可能伴随着强度的提升。基于规制治理理论建立的外部与内生耦合机制，有利于引导规则对象承担起规制自身的任务，实现公共目标的成本更低，技术专业性更高，企业接受度也更高，一定程度上解决了单一行政规制在执行成本、执行效率和执行能力等方面的困扰。

其四，规制治理具有权责一致的多元规制责任承担机制。一般情况下，行政规制的规制者是国家行政机关，采用国家法律已经较为成熟的有关国家行政机关的监督或问责机制。规制改革过程中产生的新型规制治理模式，使得很多领域的行政规制权力下放或转授给具有独立地位的机构或组织，与之前的行政规制相比，这一方面意味着被规制对象所受直接行政监管强度的放松，另一方面也意味着规制者和被规制者之间需要建立更多的信任。因此，在关注规制活动和规制组织"去中心化"属性的同时，必须关注不同主体的规制责任[③]，建立多元化规制责任承担机制，以便平衡从规制到规制治理转向中可能引发的市场及社会秩序失衡问题。规制治理理论强调通过法律规范设定问责主体、问责方式、问责标准、问责范围、问责程序和责任后果[④]，形成评价法律关系中多元主体的问责机制。具体而言，多元规制责任的承担机制需要保有三个不同维度的可问责性（Accountability），即向上的可问责性、水平的可问责性以及向下的可问责性。其中向上的可问责性是指对法院、立法机构和行政部门具有可问责性；水平的可问责性是指对其他平行机构，比如监督机构、审计部门及相竞争规制者具有可问责性；向下的可问责性是指对被规制者和规制体

---

① 卡里·科格里安内斯，埃文·门得尔松. 元规制与自我规制[M]//罗伯特·鲍德温，马丁·凯夫，马丁·洛奇. 牛津规制手册. 宋华琳，等译. 上海：上海三联书店，2017：163-187.
② VIBERT F. The new regulatory space: reframing democratic governance [M]. Massachusetts: Edward Elgar, 2014: 9-17.
③ VIBERT F. The new regulatory space: reframing democratic governance [M]. Massachusetts: Edward Elgar, 2014: 68-105.
④ 科林·斯科特. 规制、治理与法律：前沿问题研究[M]. 安永康，译. 北京：清华大学出版社，2018：17-20.

系中的受益人具有可问责性①。规制治理机构需要遵循国家法律、法规、政策,履行相应的规制责任,尽可能减少可问责情形的发生,当然规制治理的治理绩效在很多时候也是减轻责任承担的重要考量因素,同时在规制治理下,立法机关需要及时跟进约束非政府类主体规制行为的规范建设。

第二节 规制治理理论对我国环境法律制度的影响

只有利害关系人共同承担责任并共同参与,个人自由与社会需求之间才能有平衡关系②。规制治理理论下的多元主体通过合同、法律或政府机构授权、委托以及自身实名获得相应权力(利)③④,运用多元措施并配置完善的问责机制,能够充分调动市场和社会不同类型利益相关方的合作治理资源,走出行政规制下绩效不彰的困境,有效提升政府规制能力,具有与行政规制相同的治理效果⑤⑥。尽管规制治理使得行政规制的张力范围进一步扩大,但是规制治理仍然是行政规制的有益补充和继受迭代,而非摒弃和替代,规制治理需要通过部门法及法律制度及时跟进,以便建立健全政府、市场、社会内外部关系协同合作机制。与国外的规制改革相适应,国内私人规制治理实践正日益勃兴。例如,2016年国家发布《关于培育和发展团体标准的指导意见》,要求进一步发挥市场在标准化资源配置中的决定性作用,激发社会团体制定标准、运用标准的活力。环境法不断

---

① SCOTT C. Accountability in the regulatory state[J]. Journal of Law and Society, 2000, 27(1):38-60.
② 施密特·阿斯曼. 行政法总论作为秩序理念:行政法体系建构的基础与任务[M]. 林明锵,等译. 台北:元照出版公司,2009:164.
③ 私人规制是治理网络中的一极,私人规制需要与行政规制建立相互依据、相互协同关系。因此,国内学者常提及的私人规制、自我规制,仍然应当放在规制治理理论中理解。
④ 胡斌. 私人规制的行政法治逻辑:理念与路径[J]. 法制与社会发展,2017(1):158.
⑤ 比如日本存在"私人行政"的概念,说明私人规制具有规制的本质并可取得行政规制的效果。
⑥ 米丸恒治. 私人行政:法的统制的比较研究[M]. 洪英,王丹红,凌维慈,译. 北京:中国人民大学出版社,2010:9.

变化,以便寻求根本性满足各方利益需求的有效融合①。2019年国家发改委发布《关于引入第三方信用服务机构协同参与多领域及特定领域行业信用建设和信用监管工作的函》,要求充分发挥专业化信用服务机构在信用建设和监管中的积极作用,推动行业信用评价市场化。在实践中,中国社会科学院法学研究所受委托发布政府信息公开第三方评估报告、中国法治蓝皮书等。规制治理理论的产生及其实践在国内外具有重大的理论及现实意义。在理论意义方面,规制治理理论打破了实现公共利益依赖行政单中心管理模式的固化思维,创新形成了政府、市场和社会多元共治的良法善治理念。在实践意义上,进一步降低了行政治理成本,提升了社会治理绩效。规制治理的理论和实践与前述代际更迭背景下的第四代环境法何其相似,是环境行政规制转型背景下私人和政府协同理论在环境法部门的生动呈现。环境法由若干综合或单行环境法律组成,而环境法律制度则是综合或单行环境法律文本的基本组成元素,规制治理理论对我国环境法律制度宏观架构走向,以及微观制度规范生成将产生深刻影响。

一、影响环境法律制度体系的宏观结构调整

从行政规制到规制治理的理论嬗变,是对民主法治理论的贯彻②,这表明多中心"新治理"时代的到来,意味着规制主体从单一的政府主体向政府、私人等多元主体变迁,规制方式从命令—控制型模式变为命令—控制型、经济激励型和自我规制型三元模式共存;规制措施从行政措施逐步变为行政措施、交易措施、信息措施、奖惩措施、教育培训措施等;规制关系从规制者与被规制者的对抗关系变为合作互动关系;规制责任从政府责任变为政府责任、私主体责任的共存样态。规制理论的产生与发展过程对环境法产生了深刻的影响,国内外学者业已对环境法从第一代到第

---

① LAZARU R J. Environmental law at the crossroads: back 25 looking forward 25[J]. Michigan Journal of Environmental & Administrative Law, 2013, 2(2):267-284.
② 叶俊荣.环境政策与法律[M].台北:元照出版有限公司,2010:204-205.

四代迭代的特征进行了深入观察[1][2][3][4][5],其中以整体性、多元协同治理为标志性特征的第四代环境法规范确立的是一种更为综合的环境法治模式,即至少有三种不同治理方式组合的模式或方法,使用多种类型的政策工具,例如命令与控制监管、公共教育和市场激励等,使用多个特定的机构或机制来治理环境,在最佳时机通过协调或协作的方式使多元化治理工具达到一种最好的治理效果[6]。

由一国全部现行法律规范总体组成的法律体系是部门法的第一序位组成元素。总体来说,环境法由国内环境法律和国外环境法律(表现为公约、条约)构成,其中国内环境法律由污染防治法律、自然资源法律、生态保护法律三部分构成。《环境保护法》《中华人民共和国大气污染防治法》《中华人民共和国土壤污染防治法》《中华人民共和国森林法》《中华人民共和国草原法》等多部法律组成了我国环境法律体系,当然在法律之下的行政法规、地方性法规等也是法律体系的重要组成部分。法律制度是部门法的第二序位组成元素,属于综合或单行环境法律中与法律原则并行的另一重要组成部分,尽管从某种意义上来说,法律原则存在的价值是补缺法律制度规范的不足。每一部组成部门法的综合或单行法律都由一系列力求体现立法价值、实现立法目标的法律制度构成。以《环境保护法》为例,作为我国环境保护领域的综合性法律,该法规定了一系列重要的环境保护法律制度,主要有环境标准制度、环境监测制度、环境资源承载能力监测预警制度、环境影响评价制度、联合防治协调制度、查封扣押制度、环境保护目标责任制和考核评价制度、生态保护红线制度、生态保护补偿制度、环境保护税制度、清洁生产和资源循环利用制度、"三同时"制度、重点污染物排放总量控制制度、突发环境事件应急制度、化学

---

[1] ARNOLD C A. Fourth-generation environmental law: integrationist and multimodal[J]. William and Mary Environmental Law and Policy Review, 2011, 35(2):771-875.
[2] 王树义,皮里阳. 论第二代环境法及其基本特征[J]. 湖北社会科学, 2013(11):165-168.
[3] 郭武. 论中国第二代环境法的形成和发展趋势[J]. 法商研究, 2017(1):85-95.
[4] 谭冰霖. 论第三代环境规制[J]. 现代法学, 2018(1):118-131.
[5] 蔡守秋,王萌. 论美国第四代环境法中"一体化多模式"的治理方式[J]. 中国人口·资源与环境, 2019(11):82-89.
[6] 蔡守秋,王萌. 论美国第四代环境法中"一体化多模式"的治理方式[J]. 中国人口·资源与环境, 2019(11):82-89.

物品和含有放射性物质管理制度、严重污染环境的工艺设备和产品淘汰制度、生活废弃物分类制度、排污许可管理制度、环境污染责任保险制度、信息公开与公众参与制度、环境责任制度等。从表面上看,这些法律制度似乎关联性不强,实质上运用类型化思维抽取这些法律制度共同特征,它们可以分为三类:第一类是以行政主体、行政管理为中心形成的环境法律制度,比如排污许可管理制度、严重污染环境的工艺、设备和产品淘汰制度、环境标准制度、环境影响评价制度、联合防治协调机制、查封扣押制度、环境保护目标责任制和考核评价制度等;第二类是运用经济激励进行环境管理的制度,如生态保护补偿制度、环境保护税制度、环境污染责任保险制度、绿色证券制度等;第三类是通过被监管对象或公众自我约束、自我规制进行有效环境管理的制度,如信息公开制度、公众参与制度等。

类型化后环境法律制度体系能更加清晰地呈现其整体的内部构造面貌,即以行政管理型法律制度为中心,兼顾经济激励型法律制度和自我规制型法律制度的三维制度体系结构,其中行政管理类法律制度的占比远远高于经济激励型和自我规制型法律制度。因此,可以认为在我国的环境法体系中,法律制度创建的核心是政府生态环境权力的配置和运行,即使通过公众参与和信息公开等制度扩大了行政之外私权主体参与的程度、方式和有效性,但"参与"也是为了使行政权更有效、合理地运行①。尽管规制治理理论经过国外理论研究和实践后被学者引入国内,业已在学界引起了广泛的讨论,国内立法也在努力回应规制治理时代引发的环境立法新变化,但是立法对理论的反映常常表现得相对滞后,我国环境法律制度整体结构与规制治理要求的多元主体、多元措施下的协同共治机制仍然还有差距,未来综合性环境法律抑或是单行性环境法律应当在环境法公法属性基本前提下,充分照顾环境公权主体与环境私权主体之间的互动关系。法律对于环保事业主体良性互动关系的保障程度,是衡量一个国家的环保事业和环境法制发展水平的重要指标②。我们应适时调整

---

① 杜辉.论环境私主体治理的法治进路与制度建构[J].华东政法大学学报,2016(2):120.
② 王曦.环保主体互动法制保障论[J].上海交通大学学报(哲学社会科学版),2012(1):5.

环境法律制度体系整体结构,以便环境法保护环境公共利益的目标能够高质量地实现,为环境治理体系和治理能力现代化夯实法治基础。而环境法律制度整体的结构调整可以遵循规制治理理论去行政化的思路,一方面降低部分环境行政类法律制度的管制强度,包括将其中部分管制程度高的事前许可审批制度,如环境影响评价制度,调整为管制程度较低的事后监管类制度。另一方面增加经济激励类,尤其是自我规制类环境法律制度种类,并完善既有的法律制度规范,比如作为本书研究对象的企业环保信用评价制度属于典型的经济激励型法律制度,同时也具备自我规制型法律制度的核心要素。

正如陈慈阳教授所言,环境保护领域的范围激增且复杂,国家不能独立支撑环境保护的所有工作,应当将环境保护视为社会责任,合作原则应当是环境法律的基本原则之一。基于该原则,国家应当采取混合型环境保护措施,混合型环境保护措施涵盖直接及间接措施,直接措施表现为强制命令或要求,间接措施表现为以被管制企业自由意志为基础的诱导性措施,如企业内部环境管理制度等,实现企业决策的绿化[①]。环境法及其法律制度体系是不断动态变化的体系,合作原则贯彻落实的诸多制度不仅促进了行政管制效益和企业组织体效益等整体规范效益的提升,也增进了环境保护预防阶段的效益[②]。环境法律制度体系结构的整体优化是环境法未来的发展方向。

二、影响单一环境法律制度的微观规范生成

在规制治理模式下,行政机关并不率先启动对象性的命令—控制性措施,而是通过法律法规或行政性指导的外来力量,促进市场主体和社会主体形成遵守法律法规或履行社会责任的内化动力,并通过内部规范及机构改革促进内化动力转化为外在的守法行为,即法律通过介入经营者的微观管理,为经营者的自律性规制设定外来制度约束,同时保留内部相当程度的灵活性,即外部规制者有意促使规制对象本身针对公共问题,做

---

① 陈慈阳.环境法总论[M].台北:元照出版有限公司,2011:517,522.
② 陈慈阳.环境法各论:合作原则之具体化:环境受托组织法制化之研究[M].台北:元照出版有限公司,2006:88-92.

出内部式的、自我规制性质的回应①。正如某位学者所言,规制治理更关注规制活动的动态演进和自我纠错②。对此,哈贝马斯分析认为,必须首先重视规范标准的制定,人们予以承认和尊重的规范标准应该是大家自愿接受和遵循的,能代表全体社会成员意志的规范标准。为了使规范标准代表最大多数人的意志,满足最大多数人的利益需求,政府需要在制定规范标准时创设代表最大多数人集体利益的合理表达的规则。每个主体都拥有在对话中表达自身意志和自己利益要求的权利,每个人的观点在自由表达的基础上汇集成共识,便使法治建设获得了行动的意志基础③。

环境法律体系、环境法律制度体系之下的第三序位概念为具体的环境法律制度,每一项具体的法律制度均由若干法律规范组成,这些法律规范形成了完整表达的法律制度整体外观,与环境法律制度整体结构的宏观性不同,这些具体的法律规范具有可执行性,能够直接表达法律制度中所涵盖的法律概念、权力(利)义务、法律关系、法律责任等内容。观察某一项具体环境法律制度的若干规范,并结合其上位法律制度类型进行分析后就会发现,在具体的规范意义中,环境法律制度类型的概念似乎被有意或无意地弱化了,也就是说在法律制度类型之下的具体规范内容可能会出现政府管制类规范、经济激励类规范和自我规制类规范混合的情形,而且此种现象是大多数环境法律制度微观规范的呈现样态。以环境影响评价法律制度为例,我国现行的《环境保护法》《中华人民共和国环境影响评价法》(以下简称《环境影响评价法》)等法律直接规定了该制度的上述内容,该制度属于典型的行政管控类制度,因为规划和建设项目的环境影响评价文件(建设项目环评备案表除外)需要经过具有审批权限的部门严格审批程序才能生效。2002年制定的《环境影响评价法》经历了2016年和2018年两次修订后,其中关于环评违法的惩罚力度日渐增强,但是原有法律规范中具有强制性监管色彩的条文有所减少,体现监管过程中民

---

① 卡里·科格里安内斯,埃文·门得尔松.元规制与自我规制[M]//罗伯特·鲍德温,马丁·凯夫,马丁·洛奇.牛津规制手册.宋华琳,等译.上海:上海三联书店,2017:163-187.

② VIBERT F. The new regulatory space: reframing democratic governance [M]. Massachusetts: Edward Elgar, 2014:9-17.

③ 哈贝马斯.在事实和规范之间:关于法律和民主法治国的商谈理论[M].童世骏,译.北京:生活·读书·新知三联书店,2003:137.

主性的条文有所增加,公权主体监管和私权主体参与的互动性有所增强,且增加了不少激励市场提升参与能力的条款。比如,取消了负责编制建设项目评价文件技术单位的资质要求,但是却增加了编制单位编制能力事后监督、质量考核、信用监管的内容①,同时还匹配了更多提升公众参与强度的规范——对环评文件中公众参与的规范要求,以及公众参与内容缺失的法律后果规范等。

因此,不仅在宏观结构上,环境法律制度有不同的类型,而且具体到某一类型下具体法律制度的微观规范构成也具有不同的类型,在某种意义上,不同类型的微观构成规范可以视为环境法律制度的子制度。通过对环境影响评价法律制度微观规范构成的分析,这些不同类型的规范也大致因循行政管理类规范、经济激励类规范和自我规制类规范的类别界分,这与环境法律制度的宏观结构类型相照应。尤其是沿着某一部具体法律修订条款的轨迹能够发现,即便是典型的行政管控类法律制度,其中以行政公权为基础的管控类规范的数量及管控事项也有逐渐减少的趋势,与此形成对照的,却是具有典型私权介入特征的经济激励和自我规制规范数量及类型逐步增加。合理的法律制度最重要的功能之一是降低社会成本②,回顾行政规制到规制治理的规制改革动因,规制绩效始终是推动改革的原生动力,随着行政权行使疆域的日益扩张,行政管理权力需要在多元主体之间再分配,而政府、企业和公众,犹如"三匹骏马",共同有力地拉动环境保护这驾"马车"前进③。政府、市场、社会三方良性互动的理论支持及规则形成正是规制治理理论的精髓和规制改革目标之所在。规制治理理论对环境法律制度微观规范构成的影响将会持续深化,受其影响的环境法律制度不仅包括典型的行政管控类制度,也包括经济激励类法律制度和自我规制类法律制度,作为我们研究对象的企业环保信用评价法律制度具备适用规制治理理论进行制度完善的正当性。

---

① 详见《环境影响评价法》第二十条关于监督管理、质量考核以及信用管理规定,以及三十二条第二款关于接受委托编制建设项目环境影响报告书、环境影响报告表的技术单位行政法律责任的规定。
② 张维迎.信息、信任与法律[M].北京:生活・读书・新知三联书店,2006:54.
③ 王曦.环保主体互动法制保障论[J].上海交通大学学报(哲学社会科学版),2012(1):9.

第三节 规制治理理论引入企业环保信用评价制度的正当性

作为引起行政规制改革的规制治理理论,更强调多元主体的合作和参与,以便采用合作、互动性更强的方式,聚合分散资源,协调多元工具,实现行政任务[1]。规制治理理论对属于社会性规制范围内的环境保护事项具有直接适用性,这种适用性不仅对环境法部门整体变革产生影响,而且对组成部门法的法律体系和法律制度体系也将产生不能忽视的影响,我国综合及单行环境法律修订轨迹已经证明此种影响力日渐深入。本节基于企业环保信用评价法律制度产生背景与规制理论嬗变因由的契合性分析、评价制度与规制治理理论要义的契合性分析、规制治理理论针对性消解评价制度功能偏离的能力分析三个维度,进一步阐释规制治理理论引入企业环保信用评价法律制度的正当性,为评价制度完善总体思路生成和具体规范完善提供铺垫。

一、规制治理理论的嬗变与评价制度产生的背景相契合

从行政规制到规制治理理论的嬗变源于对科层制行政规制的规制绩效、规制张力、规制信任以及规制能力的怀疑,在全球范围内大致起始于20世纪七八十年代[2]。如前文所述,传统既有的以科层为特征的行政规制模式存在诸多问题。一是科层规制效果低下、绩效不彰。原因之一是日益增多的行政事务,使得科层行政财政压力激增,政府财政赤字日益扩大。原因之二在于与科层行政机构日益庞大形成对比的是,环境污染、食品安全等与普通百姓经济社会生活密切关联的违法事件却与日俱增。20世纪70年代欧洲的石油危机引发很多国家财政危机,在此情况下这一

---

[1] LEVI-FAUR D. From "Big Government" to "Big Governmentce"[M]// LEVI-FAUR D. Oxford handbook of regulation. Oxford: Oxford University Press, 2002:7-50.
[2] 安东尼·奥格斯.规制:法律形式与经济学理论[M].骆梅英,译.北京:中国人民大学出版社,2008:11.

质疑则更为凸显。二是科层制度存在的规制遗漏及失灵等张力不足问题。科层制下行政机关采取条块分割的区域管辖及级别管辖复合模式，不同区域、不同级别的行政机关管辖的行政事务，以及法律程序均需根据法律规范严格设置，法无明文授权不可为之，行政行为弹性不足，容易造成规制事项的遗漏①②。三是科层机关因"规制俘获"导致社会信任度不足。科层机关维护公共利益的目的是行政规制得以存在的合法性根源，但是随着行政规制运行模式的日益普遍，一些熟悉其中运行机理的利益集团存在借助行政力量达到私益目的的可能，实践中开始出现私益目标达成的实例，由此催生了作为悖论的规制私益理论③。四是科层制下行政机关的专业能力不足。行政规制机构中的公职人员，其专业背景、工作经历、专业能力等会制约行政规制效果，并影响其规制能力，与作为规制者的政府能力有限相比，其他一些具有公共事务管理能力的非政府机构，比如社会中间体，在某种程度上甚至具备更强的规制能力，但他们需要一定的生存和成长空间，而这些主体的规制地位长期没有得到立法重视和承认。

上述问题引发立法实践及学术研究者对行政规制中国家政府角色的认知转变，美国及欧洲相继在 20 世纪 70 年代之后启动了规制领域的改革，学界形成了去中心化规制、反身规制理论、元规制、回应性规制理论、新治理、规制治理等冠以不同称谓的理论成果。这些理论的观点尽管不尽相同，但都不同程度地强调在政府规制机构之外，应当更多地利用企业和非政府机构的能力进行自我规制和规制他人。此外，这些理论观点还包括：规制不再是从一个主体简单向另一个主体施加某种限制的过程，需要用相互依存模式替代控制模式；应当采用多元方式替代国家法律或科层控制措施等；单一的行政规制应当转向为多样的规制机构、多样的规制规范性、多样的被规制者。规制权力从行政部门逐渐适度让渡于具有规制能力的私主体，在部分经济及社会治理领域实现公权谦抑或后退，并跟进私权实施范围拓展及主体地位前移，享有规制权利的私主体通过其行

---

① 规制理论嬗变的动因具有共通性，是很多国家环境治理中存在的共性问题。
② 王树良. 日本环境行政规制的变迁与启示：以丰岛事件为例[J]. 日本法研究，2017(3)：16-17.
③ 史蒂芬·布雷耶. 规制及其改革[M]. 钟瑞华，译. 北京：北京大学出版社，2008：4.

为或活动,在满足私主体经营、发展、获利抑或是生存等私益目的同时,一并达到与行政规制相同或接近的经济及社会管理的公共利益目的,其行为或活动公益目的的实现一方面缓解了行政规制的压力和规制能力不足,另一方面也实现了私主体自身的存续及发展。

企业环保信用评价制度在我国的产生最早可以追溯到 2000 年,初始目的是满足环境信息公开制度有效性建设的需要①,即作为信息公开制度的配套制度出现。由于 1995 年世界银行在印度尼西亚的 PROPER 计划运行效果良好,2000 年 7 月,世界银行又资助原国家环保总局在江苏省镇江市开展《工业污染管理与信息公开实施技术指南》和《企业环境行为评价指标分级评判标准》制度落地的项目研究,同年开始在镇江市开展试点评价。作为辅助政府环境行政管理的手段,该制度的落地取得了良好的社会效果。2005 年 11 月,原国家环保总局印发了《关于加快推进企业环境行为评价工作的意见》(〔2005〕125 号)及其附件《企业环境行为评价技术指南》,该文件首次对"企业环境行为评价"做出了较为细致的指导和要求,要求 2010 年前,各省、自治区、直辖市要全面推行企业环境行为评价。与企业环保信用评价相类似的以经济激励为特征的传统经济法律制度,譬如排污收费制度、环境资源税等制度,更早一些在中国进行实践,大致在 1990 年后逐渐开始启动试点,为法律制度入法铺垫了政策及实践基础。比如 1990 年国家相关部门发布的《关于调整超标污水和统一超标噪声排污费征收标准的通知》,1993 年国家相关部门发布的《关于征收污水排污费的通知》,1994 年国家相关部门发布的《关于废旧物资准予抵扣进项税额问题的通知》,侧重强化利用税费手段加强对污染物排放者的管理。1993 年国家相关部门发布的《关于在我国开展环境标志工作的通知》,1994 年国家相关部门发布的《环境标志产品认证管理办法(试行)》,重视利用环境标志制度提升企业绿色生产动力。1994 年国家相关部门发布的《关于废旧物资准予抵扣进项税额问题的通知》《关于企业所得税若干优惠政策的通知》等文件则推动财政补贴政策发挥市场激励作用。产生时间较晚的社会信用制度和排污权制度,尽管尚在探索阶段,但最近十

---

① 王瑞雪.公法视野下的环境信用评价制度研究[J].中国行政管理,2020(4):126.

多年得以长足发展。2002年11月,党的十六大首次提出健全现代市场经济的社会信用体系,2003年国务院发布的《关于完善社会主义市场经济体制若干问题的决定》再次重申建立健全社会信用体系,以利用包括环保信用在内的社会信用手段推动环境保护。至此,企业环保信用评价制度在我国逐渐萌芽并发展。

法律是化解社会矛盾重要的、精巧的、不可少的手段[①]。新型法律制度的产生一定有其深刻的社会背景和强烈的社会需求。企业环保信用评价法律制度在我国的产生背景是环境行政规制转型的法治需求,这与规制治理理论的形成因由相契合。1979年我国制定了第一部《中华人民共和国环境保护法(试行)》,该部法律试行了十年,1989年正式成为环境保护领域的综合性法律,《环境保护法》是一部典型的由命令—控制型规范组成的法律。《环境保护法》当时的立法理念及制度安排与国外环境管理早期实践采取的模式是相同的,为应对生态危机,世界各国均围绕企业编织了庞大而细密的环境规制网络[②],政府希望通过强有力的行政权力配置形成被监管对象守法的高压态势。早期这种政府单中心的监管方式配置还是妥当的,也与当时的环境管理大背景相适宜,原因在于当时生产性企业总量并不多,加上市场经济秩序还未完全建立,生态环境恶化状况/问题还未到触动公众参与环境治理的程度。

但是,随着我国经济规模的日益扩大,环境问题也日益严重,中国政府从1990年开始每年发布年度环境状况公报,公报数据直观地表现了当时国内生态环境恶化的严重状况。根据国家环保总局发布的《1995年中国环境状况公报》,总体上讲,我国资源浪费、环境污染和生态破坏问题相当严重,与上年相比,以城市为中心的环境污染向农村蔓延;生态破坏的范围仍在扩大[③]。《1996年中国环境状况公报》中也出现相似的描述:以城市为中心的环境污染仍在发展,生态破坏范围仍在扩大,污染程度在加重[④]。在此情况下,我国在立法方面需要及时调整规则策略,将行政主体、

---

① 孙国华.法律:化解社会矛盾的重要的、精巧的、不可少的手段[J].天津法学,2010(1):13.
② 谭冰霖.环境规制的反身法路向[J].中外法学,2016(6):1512.
③ 国家环保总局.1995年中国环境状况公报[J].环境保护,1996(7):2.
④ 国家环保总局.1996年中国环境状况公报[J].环境保护,1997(6):3.

行政措施之外的其他主体和措施及时纳入环境治理规范视野,保障其参与环境治理行为的合法性和规范性,凝聚环境治理合力。但是,由于国内长期的传统行政规制模式对"命令—控制"路径的依赖,缺乏对其他社会子系统独特运行逻辑①的充分重视,这一思路尚未及时、充分转化为法律规范。

因此,与国外规制转型的因由相似,我国依据《环境保护法》等确立的公法行政规制法律制度同样面临规制低效、规制能力有限的质疑。在此情况下,我国必须在单中心环境行政规章制度之外,建立健全更广泛主体参与的经济激励型、自我规制型环境法律制度,借助广泛的社会主体和市场主体考量企业的环境表现,将环境因素嵌入整个治理网络,在降低社会环境整体风险的同时,提升环境治理效果②。

二、规制治理理论的核心意旨因应评价制度应然定位

企业环保信用评价法律制度的应然定位包括:一是属于经济激励型环境法律制度。二是属于自我规制型环境法律制度。其中的经济激励类环境法律制度属于"间接调控型"法律制度,即以市场为主体,主要采用税收、交易、信息等经济工具进行环境保护的法律制度类型③;即不是将特定的增加环境负荷行为认定为违法并果断加以禁止,而只不过是通过金钱诱导人们从事减轻环境负荷的行为④。因此,经济激励型环境法律制度具备如下特点:一是经济激励的工具是税收或交易等经济工具。二是税收、交易、信息等经济工具足以影响企业环境行为选择。企业环保信用评价法律制度将环保信用评价结果与企业的经济利益相关联,进行正向经济激励和逆向经济惩戒,调动市场主体参与环境保护的积极性⑤,通过对其收益的影响引导其进入法律调整预期的行为模式,当事

---

① 谭冰霖.环境规制的反身法路向[J].中外法学,2016(6):1512.
② 吴元元.信息基础、声誉机制与执法优化:食品安全治理的新视野[J].中国社会科学,2012(6):115-116.
③ 王明远,马骧聪.论我国可持续发展的环境经济法律制度[J].中国人口·资源与环境,1998(4):61-64.
④ 交告尚史,等.日本环境法概论[M].田林,丁倩文,译.北京:中国法制出版社,2014:196.
⑤ 陈吉宁.力解决突出环境问题[N].人民日报,2018-01-11(007).

人通常因对其自身利益的关注自觉接受法律的调整,整个法律机制的运行不是对抗的过程,而是基于资源而作出的合作选择①。其中的自我规制类法律制度是环境行政机关从行政管理、经济激励转向借用一定的自我规制工具,引发被管理对象自觉守法和履行社会责任的内生动力,并通过内部管理行为的调整达到履行法定或约定义务的目标。与行政管控型环境法律制度和经济激励型环境法律制度相比,自我规制类环境法律制度运行成本最为低廉,因守法及履约惯性形成的环境治理效果更加长效和稳定,将同步促进良法善治治理文化的蓬勃发展。

企业环保信用应该表现为企业通过遵守法律法规及约定,规范其在生产经营过程中的环境行为,并取得消费者、地方政府等所有利益主体的信任。企业的信用评价结果产生"信用"应有的结果,即失去社会群体的信任,并对企业的经济行为造成一定的压力②,此种压力引发企业通过组织机构调整、产业政策调整、管理规范调整等内部自律行为,达到履行法定义务或约定义务的目的,进而达到与直接行政规制相同的环境管理目标,且管理绩效大幅提升。企业环保信用评价法律制度运行机理与自我规制环境法律制度运行机理相吻合,该制度体现的由内而外、自下而上建立的合作行政新模式,正是未来环境治理良法善治追求的方向和目标。

规制治理理论更多地利用企业和非政府机构的能力进行自我规制和规制他人,以公私主体相互依存模式替代控制模式,采用多元方式替代国家法律或科层控制的措施;由单一的行政规制转为多样的规制机构、多样的规制规范、多样的被规制者。前文已梳理归纳,规制治理理论的核心要义有四:一是规制治理主体是多元主体,治理主体已经从传统的国家及其行政机关单一主体过渡到涵盖政府主体之外的非政府主体③,包括独立的第三方机构、社会组织、企业事业单位、新闻媒体、普通公众等,从一般意义上来说,这些非政府主体范围较为广泛,控制者具有多

---

① 鄢斌.社会变迁中的环境法[M].武汉:华中科技大学出版社,2008:231.
② 阿奇·B.卡罗尔,安·K.巴克霍尔茨.企业与社会:伦理与利益相关者管理:第5版[M].黄煜平,等译.北京:机械工业出版社,2004:108.
③ 应松年.加快法治建设促进国家治理体系和治理能力现代化[J].中国法学,2014(6):46.

样性,政府部门、企业、协会、认证机构等都能在控制体系中发挥作用[1],这些主体构成了规制治理的利益相关方[2],而所谓的利益相关方是公共利益层面的利益共同体。二是规制治理措施是多元的,规制治理融合行政主体、市场主体和社会主体等多元化的利益相关方主体共同参与规制过程,不同类型的主体采用的规制措施并相同,不仅包括国家法律,还包括指导、通告、合同、私人标准、内部自我规制等多元规范,调控机制包括法律、社会规范、市场机制、代码控制等行政性、市场性和社会性措施。三是规制治理更关注规制活动的动态演进和自我纠错[3],规制治理关注内部环境管理体系与文化以及以不同形态展开的市民社会等对规制效果产生的影响,通常行政机关并不率先对被规制对象启动命令强制型控制措施,而是通过法律法规或行政性指导的外来力量,引导市场主体和社会主体将遵守法律法规或履行社会责任内化为主动遵从的动力,并通过内部规范调整、内容管理机构改革促进内化动力转化为外在的守法行为,即法律通过介入经营者的微观管理,为经营者的自律性规制设定外来制度约束,同时保留内部相当程度的灵活性,即外部规制者有意促使规制对象本身针对公共问题,做出内部式的、自我规制性质的回应[4]。四是规制治理理论强调权责一致的规制主体权利行使及责任承担机制,即通过法律规范设定问责主体、问责方式、问责标准、问责范围、问责程序和责任后果,形成评价法律关系中多元主体严格的多维度问责制度,包括对法院、立法机关等的向上问责,对监督机构、竞争者等的水平问责,以及被规制和受益人的向下问责。规制治理理论的上述要义契合企业环保信用评价的经济激励性和自我规制性法律制度的应然定位,不仅仅对环境法律制度宏观结构调整方向具有解释力,而且对企业环保信用评价法律制度的微观规范完善具有指导力。

---

[1] 科林·斯科特.规制、治理与法律:前沿问题研究[M].安永康,译.北京:清华大学出版社,2018:29.
[2] 奥利·洛贝尔.作为规制治理的新治理.宋华琳,徐小琪,译[M]//冯中越.社会性规制评论:第2辑.北京:中国财政经济出版社,2014:127-145.
[3] VIBERT F. The new regulatory space: reframing democratic governance [M]. Massachusetts: Edward Elgar, 2014:9-17.
[4] 卡里·格雷格里安内斯,埃文·门得尔松.元规制与自我规制[M]//罗伯特·鲍德温,马丁·凯夫,马丁·洛奇.牛津规制手册.宋华琳,等译.上海:上海三联书店,2017:163-187.

三、规制治理理论能够针对性地矫正评价制度功能偏离

从应然意义上来说,企业环保信用评价制度具备阻却企业环境可控风险生成的预防功能、实化环保信用多元治理的规范功能、塑型企业绿色发展内生机制的引导功能等应然功能,但从制度规范及实践状况来看,现有评价制度尚且不足以实现其实然功能,需要规制治理理论引入企业环保信用评价制度,并基于该理论强大的解释力对制度实然与应然功能之间的偏离进行校准。

规制治理理论能矫正与阻却企业环境可控风险预防功能偏离的不适应性。预防原则主要说明环境政策与环境法非仅是对具体环境破坏的反应,即不仅限于抗拒对环境具有威胁性的危害及排除已产生的具体损害,而是更进一步积极地,在一定危险性产生之前就预防对环境及人类生物的危害的产生①,而后者是预防原则确立的主要目的。从现行企业环保信用评价的整体制度设计来看,依然秉承行政公权行使的基本立法思路,具有浓厚行政色彩的评价制度难免再次陷入行政规制失灵的困境;评价指标采用以事后性的行政违法行为或违法行为的处罚结果为主建构模式,尽管违法处罚的威慑力会对参评企业的环境行为产生影响,从而使评价制度具有一定的预防功能,但是并没有从根源上建立长效机制,即引导参评企业建立科学规范的内部管理体制,阻却违法行为发生、发展的通道。评价结果引用制度目前存在合法性、合理性和关联性等问题,导致很多评价制度没有很好地落实或无法落实,评价结果只评不用或评后不能用的客观现状造成了企业环保信用评价法律制度对违法行为的威慑力或引导力降低,不利于该制度预防功能的充分发挥。此外,参评企业的范围、参评企业的权益保障等规范的进一步完善也会间接影响评价预防效果的显现。而且,企业环保信用评价法律制度的协同机制尚没有完全建立,独立的第三方评估机构、参评企业、公众的积极性没有被充分调动,尚未实现风险预防原则要求的由单一维度的管理控制模式向多元主体共同参与的

---

① 陈慈阳.环境法总论[M].台北:元照出版有限公司,2011:309-310.

互动模式①转变。规制治理理论认为规制不再是一个主体简单向另一个主体施加某种要求的过程,相互依存模式应替代国家法律科层控制的模式,对经济力量的占有使非政府主体具备了治理或强制执行的能力,私人主体和公共主体共同构成"混合规制模式",两者存在一定程度的相互观察甚至合作。规制治理理论建立了规制主体、规制措施、规制责任承担等一系列保障行政公权和个体私权互动、协同的合作新机制。该理论强调行政规制的事后监督或后序位性,通过强度不同的限制措施,引导规制过程各利益相关方主动参与规制过程。规制治理理论对于上述企业环保信用评价法律制度的整体立法思路、主体制度、指标制度以及责任承担等内容均具有直接的适用价值,需要将规制理论进行具体评价规范的转化,以便评价法律制度的预防性功能充分贯彻落实。

规制治理理论能矫正与实化环保信用多元治理规范功能偏离的不适应性。环境多元共治要求政府主体、市场主体和社会主体共同参与环境治理过程,形成治理合力以便保障环境治理效果及治理能力提升。现有企业环保信用评价法律制度依然因循单中心的政府管理模式,首先没有激发市场主体参与环境规制的动力。以评价指标为例,违法行为或违法行为处罚结果构成的指标体系规范不足于引导企业可持续发展的权利能力提升,有文献基于废水国控重点监测企业失信惩戒进行实证分析,结果显示,多头主体的高强度复合惩戒机制对企业研发创新产出已经产生了直接的负面影响②。其次,没有激发社会主体参与环境治理的潜力。具体来说,现有企业环保信用评价制度尚未充分调动公众参与环保信用评价的积极性和主动性,目前环保信用的评价主体是生态环境部门,公众参与环境信用评价的渠道主要是向环保部门投诉,环保部门没有为公众参与评价提供妥当、便捷的途径及激励措施。规制治理理论要求政府运用手中的权力,有效选择协调各类主体及措施,形成不同利益主体在治理模式上的"共振",防止治理模式之间互相重叠或碾轧,通过保持必要的多样性

---

① 于文轩.生态文明语境下风险预防原则的变迁与适用[J].吉林大学社会科学学报,2019(5):104.

② 尹建华,弓丽栋,王森.陷入"惩戒牢笼":失信惩戒是否抑制了企业创新?:来自废水国控重点监测企业的证据[J].北京理工大学学报(社会科学版),2018,20(6):9-17.

增加治理弹性,以应对环境治理这个复杂的治理系统[①],这一过程不仅发挥了政府的作用,也利用了企业和第三方主体的力量。规制治理理论要求国家激发并反映被规制企业具有的规制能力,试图维持必要的、最低水平的规制干预,以确保实现预期目标,同时保留进行更大程度干预的能力,即进行更严格的执法或引进更具干预性的制度。因此,规制治理理论强调针对不同主体采取不同引导措施,在减少行政主体直接干预的前提下,提升可替代主体的规制能力,建立多元共治的长效机制。各类治理主体间的"权威分配"是影响环境治理安排有效性的重要因素[②],公平合理的权力(利)分配制度是治理有效性的保障。

规制治理理论能矫正企业绿色发展内生机制引导功能偏离的不适应性。企业环保信用评价制度覆盖的参评企业范围数量有限,导致企业环保信用评价制度促进企业绿色转型功能发挥的空间有限。国家层面的企业环保信用评价指标体系,事实上是对现行法律框架内企业应当履行环境保护法定义务的总结。大多数省份的评价指标与国家层面的指标构成大致相似。有的省份,比如山东省、吉林省等,则以环境违法违规行为处罚处理结果为指标。尽管通过强化违法处罚对企业进行绿色转型具有引导作用,但是此种引导作用并不能凸显企业环保信用评价制度的特有功能,因为违法后处罚属于事后救济,不利于引导企业内部绿色管理及文化形成。此外,现有的企业环保信用评价结果适用措施大多没有法律依据,导致实践中企业环保信用评价结果"重评轻用"或"评而不用",这在一定程度上抑制了绿色发展内生机制产生。规制治理理论关注为数众多的被规制对象,通过各种复杂且微妙的方式,影响着被规制者的行为,而且非正式的社会控制机制往往比正式的机制还重要。该理论以更开阔的视野来关注规制空间内各主体、各因素对规制的影响,例如被规制对象的内部环境管理体制、管理文化,都会对规制产生影响。基于规制治理理论以评价指标落实和评价引用措施为中心的规则的完善,有助于消解企业环保信用评价制度中形塑企业绿色发展内生机制引导功能的不足。

---

① 唐任伍,李澄.元治理视阈下中国环境治理的策略选择[J].中国人口·资源与环境,2014(2):18.
② 杨晨曦.全球环境治理的结构与过程研究[D].长春:吉林大学,2013:112-116.

第四节　规制治理理论视野下企业环保
信用评价制度的完善思路

前文已分析,企业环保信用评价制度是兼容法律元素和技术元素的法律制度,现有制度规范中也包括评价技术问题,比如评价指标权重问题、评价信息平台建设问题、评价材料规范性问题、评价模式问题等,但此类问题不在法律层面问题范围之内。相反,评价主体的适格性还包括主体的权源及责任承担;评价指标是评价法律关系客体信用的规范构成,直接影响参评对象的权利及义务承担;评价引用涉及引用的合法性、合理性和关联性以及当事人权利侵害及救济等。这些均属于企业环保信用评价制度涵盖的法律层面的问题。此外,企业环保信用评价制度涵盖的规范不仅包括作为核心的评价规范,还包括相关联规范,典型的当属评价之后的结果适用规范。因此,企业环保信用评价的主体制度、指标制度以及结果引用制度构成了具有法律意义、涵盖动态评价全过程的核心问题。

一、评价主体制度完善的基本思路

企业环保信用评价主体不同,将会影响评价法律关系的类型、法律责任承担的类型及可适用的司法程序类型,从行政规制到规制治理的理论变迁,使得现代环境规制法律制度也深受去规制、放松规制、元规制、反身规制等不同规制治理理论脉流的影响,而后传导到具体环境法律制度的规范构造,我们首先需要考虑该制度关联的法律关系主体问题,即何种法律关系主体的配置才能更大限度地发挥法律制度的制度效能。当然,环境规制主体不同,规制责任者的法律责任配置规则自然不同,因此规制主体责任承担制度应当同步跟进。

企业环保信用评价主体制度完善首先需要调整评价制度的定位。尽管企业环保信用评价法律制度是在环境规制转型背景下产生的新型规制工具,具有经济激励和自我规制型环境法律制度的混合特征,但是现行的评价制度规范将其定性为政府的行政管理手段,从评价主体、评价指标到评价结果引用都是行政权行使的规范设置,这样的规范设置现状造成评价法律制度应然制度定位偏离,因此,评价主体制度的完善,应首先通过评价主体的转移实现评价法律制度的应然定位和功能的理性回归。

企业环保信用评价主体制度的完善应当考虑到行政机关作为评价主体的理论妥当性。现行的企业环保信用评价主体是生态环境部门,其作为评价主体是否妥当,应当围绕评价行为与生态环境部门的职能冲突问题、评价行为在行政法上定性困难问题、执法成本与执法绩效的平衡问题、规制空间各主体的功能发挥问题等方面进行判断。妥当性分析为行政机关作为评价主体的不适宜性提供理论依据,同时也为分析评价主体从行政机关转换为第三方评价主体提供理论对照。

企业环保信用评价主体制度的完善应当给第三方评价主体留有参与环境规制的空间。对比环境影响评价法律制度行政审批制度存在的问题,在行政规制转型背景下,独立的第三方主体有能力也有责任承担更多的公共管理职能,企业环保信用评价主体制度分别从第三方主体存在正当的评价权源、能够实现政府评价相同的制度目标、符合信用评价的国际惯例等方面进行理论分析,以便确保第三方机构实施评价行为存在正当性。

企业环保信用评价主体制度的完善应当建构评价主体下的跟进保障制度。对当前仍处在发展期的第三方评价主体,探索其承担环保信用评价工作的同时,政府应当同时建立健全相应的保障制度,这些制度主要有提升评价机构的准入规则、配置评价机构的权利义务、健全评价机构的多元监督机制、补强评价机构的责任制度。设置保障制度是为了引导第三方机构的合法开展评价工作,同时通过制度引导第三方机构以较快速度成长。

二、评价指标制度完善的基本思路

企业环保信用评价指标是评价法律关系客体环保信用的规范表达,评价指标可以形塑评价法律关系客体信用的规范样态,影响参评对象权利能力保有及环境法律行为的绿色化发展趋向。规范性、引导性等是法律规范的基本价值,评价指标构成评价规范的有机组成部分,评价指标的规范性特征使得它与其他评价规范具有相同的性质,即影响参评对象的权利享有及义务承担,间接引导参评单位及其他市场主体的经营策略选择。

企业环保信用评价指标制度的完善应当秉承多元或多维指标建构原则。环保信用指标是衡量企业环保信用的指数和标准,是企业综合性环境行为信息的整体表现。环保信用作为一种新型的环境治理工具,运行机理是将信用作为经济激励和自我规制工具,将环保信用等级高低的评价结果作为政府、市场和社会开展联合奖励惩戒的依据,进而对参评企业的人格权益、财产权益等产生实质性影响,引导市场主体自觉调整其环境行为以便提升评价等级。因此,评价指标应当全面涵盖对企业环保信用具有法律意义的行为表现,而不仅仅是涵盖现有规范中以违法行为为单一维度的指标体系[1]。

企业环保信用评价指标制度的完善应当着力引导企业环境管理内生动力提升。评价指标具有规范性和指引性,科学合理的环保信用评价指标设置对企业环境行为具有正向引导价值。现有由违法行为或其处罚结果组成的指标体系不能从根本上解决企业如何守法的问题,而健全企业内部环境管理体制则具备从源头控制企业不违法、少违法的预防功能,同时也符合规制治理理论下的自我规制、元规制、反身规制等要求,市场主体参与规制过程并在参与过程中逐步提升规制能力。

企业环保信用评价指标制度的完善,应当基于规制治理理论建构的规范性指标体系。当前,生态环境部正在积极推动《企业环保信用评价条例》行政法规的制定工作,健全的环保信用指标体系构成了评价条例立法的关键内容。当前,以环境违法信息为中心构建的评价指标体系产生了评价指标与环保信用内涵本质偏离、评价指标与评价制度价值引导偏离、评价指标与评价制度规范性要求偏离等问题,不能有效度量、客观表征企业环保信用的全貌。信用管理学的信用三维度理论因应企业规制转型的理论实质,与规制治理理论的主体多元及行为内化相契合,为完善我国企业环保信用评价指标体系提供了可供借鉴的理论框架,但其中以道德文化理念等主观意识为内容的诚信度指标存在无法度量的困境。现有企业环保评价指标体系的改造,应当以现行环境保护法律规范为样本,围绕诚

---

[1] 王莉.我国企业环保信用评价指标体系的三维建构[J].江西社会科学,2019(6):197.

信度、合规度和践约度三维展开,形成完善的企业环保信用评价的诚信度指标体系、合规度指标体系、践约度指标体系。

三、评价结果引用制度完善的基本思路

企业环保信用评价结果引用制度直接关系参评对象守信失信状况下权利及义务的享有和承担,即守信激励、失信惩戒。现有的评价结果引用制度实际可以实施的主体和范围窄狭,且多通过强制的行政行为方式实现,其合法性、合理性和关联性遭受质疑。在规制治理理论下,行政主体、市场主体和社会主体等多元化的利益相关方共同参与规制过程,不同类型的主体采用的规制措施并不相同。

企业环保信用评价主体制度、指标制度和评价结果引用制度的完善思路见图3-2。

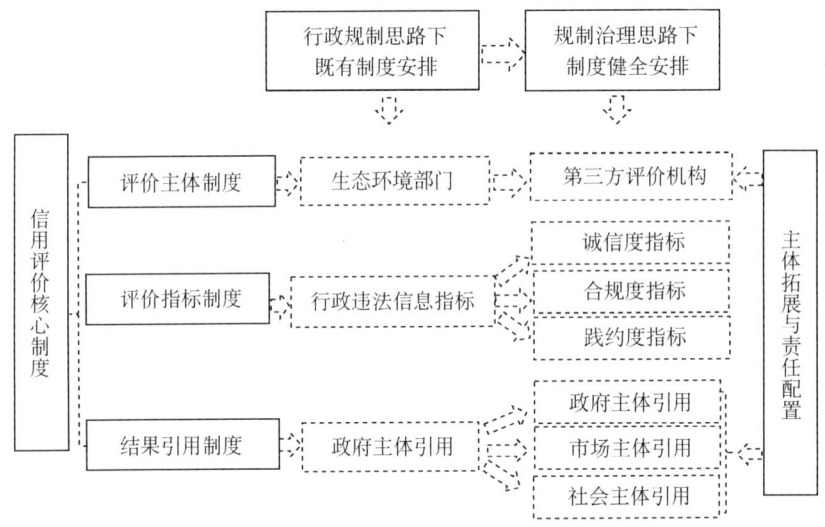

图3-2 企业环保信用评价法律制度的完善思路

首先,应当明晰企业环保信用评价引用规范完善应当秉承的基本原则。针对当前国家和地方规范及实践中存在的评价结果引用不合法、不合理及无关联性等问题,企业环保信用评价引用规范完善应当首先基于解决规范及实践问题,确立引用规范秉承的基本原则,即评价结果引用的

合法性、合理性和关联性原则。其中合法性原则要求涉及参评对象人身权益、财权权益的引用行为应当有明确的法律规定(或者可以通过修法方式实现);合理性要求引用行为必须在种类和幅度上与评价等级的社会评价相匹配,目前多种类、高强度的环保信用联合奖励惩戒机制实质上不利于企业的环保内生动力的提升,也直接影响企业的创新能力[①];关联性要求引用行为必须与企业环保信用有内在关系,不能将引用措施无限制扩张,造成信用"妖魔化"、失信惩戒变成"道德档案"等不正常现象。

其次,应当分类设置政府、市场和社会三元共存的企业环保信用评价结果引用规制。规制工具微观多元化要求联动主体多元化、联动方式合法性、联动领域及幅度关联性。企业环保信用政府引用是指企业环保信用评价结果在生态环境部门内部、生态环境部门与其他行政部门之间公开共享,各行政部门根据行政管理需求,依据企业环保信用评价结果,对特定级别的参评企业采取激励约束的行政措施,前者称为政府内部联动激励约束,后者称为政府外部联动激励约束。市场联动激励约束主要包括环保信用与绿色信贷、绿色保险、绿色证券等的联动激励约束。社会联动激励约束主要包括环保部门与新闻媒体、社会组织和消费者的联动。应当通过法律规范的修订、填补或解释,分类设置不同类型的引用法律规则。

最后,应当强化企业环保信用评价结果引用的法律责任承担。现有的评价问责及纠纷解决机制供给不足,如何构建保障评价法律关系各当事方合法权益,对企业信用权益进行有效救济的机制也是评价结果引用制度的重要内容。鉴于评价结果引用的主体包括政府主体、市场主体和社会主体,责任承担的主体也在此范围内产生。商事主体信用权益是合法的民事权益,具备法律上的可救济性,应当根据企业环保信用评价法律关系类型化企业信用权益损害的纠纷类型,并分别建立行政性信用权益损害救济机制和民事性信用权益损害救济机制。

---

① 尹建华,弓丽栋,王森.陷入"惩戒牢笼":失信惩戒是否抑制了企业创新?来自废水国控重点监测企业的证据[J].北京理工大学学报(社会科学版),2018,20(6):9-17.

第四章 基于规制治理理论的企业环保信用评价主体制度的完善

如前文所述,规制治理理论更多地利用企业和非政府机构的能力进行自我规制和规制他人,借助公私主体相互依存模式替代控制模式,采用多元方式替代国家法律或科层控制的措施;由单一的行政规制转向为多样性的规制机构、多样性的规制规范、多样性的被规制者,由目前行政权管控理论向多元主体权责配置理论转向。规制治理理论反映到具体环境法律制度的规范构造上,首先需要考虑该制度关联的法律关系主体问题,何种法律关系的主体配置才能更大限度地发挥法律制度的制度效能,并有助于实现生态文明对环境治理高标准要求。企业环保信用评价主体不同,将会影响评价法律关系的类型、法律责任承担的类型及可适用的司法程序类型。目前由生态环境部门负责实施的企业环保信用评价,宏观上与规制治理理论要求的规制主体多元化相偏离,理论上产生评分与生态环境部门职能低、限制规制空间内非行政主体的权利配置、评价部门行为在行政法上定性困难等问题。本部分在借鉴域外典型国家信用评价主体制度规则及经验基础上,首先系统分析行政规制思路下生态环境部门作为评价主体的理论困境,其次提出规制治理思路下第三方机构作为评价主体的正当性因由,最后建议从提升评价机构的准入规则、配置评价机构的权利义务、健全评价机构的多元监督机制、补强评价机构的责任制度等方面健全相应的保障机制。

第一节 信用评价主体制度的域外考察及借鉴

信用评价法律制度是为适应当今陌生人社会信用风险治理形成的新

型法律制度①。发达国家信用体系建设起步较早,经历了长期的发展,已经有了比较成熟的体系,并能提供比较完整的产品供给公众服务。在成熟发达的市场经济制度推动下,建立了完善的法律法规约束下的信用制度,其中包括个人信用制度、企业信用制度、社会信用制度乃至国家信用制度,同时也建立了完全市场化运作的信用企业服务主体。与我国相似,其他发展中国家的信用制度建设相对滞后,但是也在逐步朝着特色化、本土化的方向发展,且已实现了部分环境法律制度的落地,企业环保信用评价制度正是中国生态环保法律体系的制度创新。美国、欧盟的信用评价机构并不对企业环保信用进行独立评价,各征信机构根据企业信用评价需求,将其中的全部或部分环境信息纳入综合信息库以便满足企业信用综合评价的需求。信用评价主体制度的域外考察为我国企业环保信用评价主体制度的完善研究提供了有益的比较法经验。

一、域外信用评价主体制度的考察

信用评价制度最早产生于20世纪初的美国,是随着资本主义市场经济的繁荣逐步发展起来的,迄今为止已经形成了不同特色的评价机构模式。国外的信用评价机构有三种类型:一是商业性的评价公司,比如分散在美国各种评价领域的精细化信用评价机构。二是由政府部门组建的公共评价机构,比如比利时就是采取此类模式。三是公共评价机构和商业评价机构兼有,比如德国、法国等欧盟国家采用此类模式②。域外有关信用评价主体制度主要包括评价主体准入制度及评价主体监管制度,美国与德国、法国等欧盟国家的评价制度在评价主体准入及监管方面均有一定的特色,以下采用比较方法对美国和欧盟信用评价主体制度进行概要性研究,以期对我国评价制度的完善有所裨益。

(一) 信用评价主体准入制度的考察

信用评价机构的发展模式大概分为两种,一种是"市场驱动型"发展模式,另一种是"政府驱动型"发展模式。在前一发展模式中,政府监管部

---

① 封红梅.信用评价法律制度研究[M].北京:法律出版社,2014.
② 张亦春.中国社会信用问题研究[M].北京:中国金融出版社,2004:248,255.

门并不对评价机构的设立、评价范围及评价程序等进行规定,评价机构的产生和发展主要取决于市场因素。在后一种发展模式中,政府对法律法规系统的支持和培育起主导作用①。美国评价机构属于比较典型的"市场驱动型"模式②,而德国、法国等欧盟国家的评价机构则属于比较典型的"政府驱动型"模式。不同发展模式下评价机构的产生背景、产生时间、准入条件等都有所不同。

美国有大量信誉良好,专门从事征信、信用评价等业务的信用服务中介机构,这些中介机构都是由私人部门发起设立的。因此,美国的信用评价主体来源于民间私人组织,且这一传统一直延续至今。即便是国际上公认的最为权威的三大专业性评价机构也不例外。因此,美国早期的法律规范没有对评价机构准入设定条件,评价机构遵循市场经济自由竞争的基本规律,优胜劣汰,以公平、高效、准确的高度金融风险专业预测能力获取投资人以及委托人信任,逐步发展壮大③。20世纪70年代经济危机爆发之后,很多评价公司的评价质量受到质疑④,为保障评价质量,美国证券交易委员会(United States Securities and Exchange Commission, SEC)在其制定的《1934年证券交易法》中确立了"国家认可的统计评价机构(Nationally Recognized Statistical Rating Organization, NRSRO)"制度,SEC制定NRSRO制度的目的是对评价机构划分等级,为高级别评价机构设置门槛。该制度先由评价机构提出申请,然后由证券交易委员会根据标准进行资格审查,最后对符合资格标准的评价机构发放"No-Action Letters"函件,则意味着该评价机构获得了NRSRO资格,但是立法并没有规定获取"No-Action Letters"的具体程序和条件,由于制度缺乏透明性和不规范性,NRSRO资格申请结果不可预期,部分没有获取NRSRO资格的评价机构对此表示怀疑。然而,这一问题长期没有得到解

---

① NACIRI A. Credit rating governance: global credit gatekeepers. Londen[M]. New York: Routledge Taylor & Francis Group, 2015:32-69.

② LANGOHR H M, LANGOHR P T. The rating agencies and their credit ratings: what they are, how they work and why they are relevant [M]. Hoboken: Wiley, 2012:32-56.

③ LANGOHR H M, LANGOHR P T. The rating agencies and their credit ratings: what they are, how they work and why they are relevant [M]. Hoboken: Wiley, 2012:405-421.

④ LUCA J D, RUSSO P. Credit rating agency reform[M]. New York: Nova Science Publishers, 2009:2-23.

决,尽管期间 SEC 也为立法积极征求意见,并于 1997 年制定了一份有关 NRSRO 的概念、认可指标和程序的立法建议。该建议规定 NRSRO 应当具备的条件是:发布评价结果属于根据 1940 年《投资顾问法》注册的投资咨询机构;被 SEC 认可。其中 SEC 在认可程序中,考虑以下方面的因素,即机构在全国的认可程度;是否有足够的人员;机构资产及组织机构设置情况;是否具有系统化的评价程序;与发行主体管理层的接触情况;防止非公开信息被错误使用的内部管理制度及严格执行情况等[①]。但由于种种原因这些立法建议并没有被立法者采纳,2006 年 9 月 29 日美国参议院通过了《信用评价机构改革法案》,这一问题才得以解决。《信用评价机构改革法案》首次系统规定了 NRSRO 的法定条件:一是持续从事信用评价业务满 3 年。二是所发布的评价报告已经得到金融机构、保险公司等广大发行人以及机构投资者的认可。三是完成注册程序。同时,该法也规定了评价机构注册应当提交的资料信息清单,该资料清单能够全面反映评价机构的评价能力及社会信任度。根据该法案,评价资质有五种类别,分别是保险公司评价、金融机构评价、公司债评价、政府和市政债评价、资产支持证券评价等,评价机构可以选择单行业务或组合业务申请资质。该注册并非强制性注册,申请人可以自由选择,如果评价机构仅从事发布评价结果的业务,则不需要注册,如果评价结果被应用于市场监管,则机构必须要注册。

相较于美国,欧盟的评价市场起步很晚。德国、法国等欧盟国家长期坚持以中央银行内部评价为主导的评价市场[②],20 世纪 80 年代之前,欧盟各国中央银行都建有内部企业信用评价公共征信系统,比如德国中央银行在金融体系中处于支配地位,银行评价的统一性能够满足资本市场的需求,早期并没有产生专业性的第三方评价机构;法国的法兰西银行收集数据,建立数据库,并在此基础上依据央行的公共征信机构对企业信用进

---

① LUCA J D, RUSSO P. Credit rating agency reform[M]. New York: Nova Science Publishers, 2009:95-120.
② 王敏.行政引导市场主导信用评价市场建设的策略选择[J].金融研究,2006(5):143-149.

行调查评价①。20世纪80年代之后,美国三大评价机构陆续进军欧盟市场,然而,欧盟各国一直未对评价机构的市场准入作任何限制,评价业务的开展不需要申领任何经营许可证照或政府的专门批准②,评价机构准入门槛过低亟待政府监管跟进。同时,随着欧盟对外融资需求增长,为了吸引美国投资者,有必要按照美国投资者的要求对企业开展专业化的第三方信用评价业务。2000年欧元区诞生后,欧盟本土一些评价机构也开始陆续出现,由于欧盟的本土第三方信用评价业务起步较晚,加上2007年金融危机后欧盟国家对本土评价机构迅速成长的需求强烈,欧盟的本土第三方评价市场没有经历美国的自由竞争、优胜劣汰的自我成长过程,而是由政府培育并推动其发展壮大。以法国为例,法国信用评价是金融监管部门直接推动的结果,为了吸引外资和完善资本市场监管,法国政府把信用评价作为政府发展战略的重要内容,为了在金融监管中适用信用评价结果,规定了强制信用评价的要求③,比如证券商发行债券必须对债券进行评价,否则将导致债券发行不能。欧盟各国早期的信用评价机构规模较小、影响力不大,为了保障评价结果的质量,包括德国、法国等主要的欧盟成员国开始认可一些国际大型的信用评价机构及其评价结果。由于国际大型评价机构的总部多设立于欧盟成员国之外,这一现象导致欧盟成员国对信用评价立法积极性不高,也导致信用评价机构认定法律规范缺乏,虽然部分成员国开始尝试对评价机构资格进行认定,但这种认可最初是随意、模糊且不透明的。2004年6月,《巴塞尔资本协议Ⅱ》开始实施,新协议允许银行在技术信用风险的资本要求时,可以根据非中央银行的外部评价结果以标准化方法处理信用风险。欧盟各国都是巴塞尔银行监管委员会的成员,为了实施《巴塞尔资本协议Ⅱ》的规定,欧盟2005年颁布了《资本需求指令》,该指令规定金融机构可以挑选外部信用评价机构(External Credit Assessment Institution,ECAI),此举促进了欧盟各国

---

① ROGNONI G. Credit rating agencies: a look into conflicts of interests [M]. Saarbrucken: Lap Lambert Academic Publishing, 2011:24-26.
② 封红梅.信用评价法律制度研究[M].北京:法律出版社,2014:45.
③ LANGOHR H M, LANGOHR P T. The rating agencies and their credit ratings: what they are, how they work and why they are relevant [M]. Hoboken: Wiley, 2012:434-440.

评价机构立法的发展。2006年1月,欧洲银行监管机构委员会颁布的《ECAI认证指南》规定了ECAI的认定标准和程序,根据该指南,拟申请ECAI的信用评价机构必须提供过去信用评价的历史记录,保证其评价结果不受外部政治和经济压力影响。2007年金融风暴席卷全球,评价机构被认为是金融危机的从犯,欧盟也认为三大评价机构对金融危机负有责任,因为他们在美国次贷危机发展初期没有能够及时提醒投资者注意风险,加剧了金融市场风险①。2009年12月7日,《欧洲议会和欧盟委员会关于信用评价机构第1060/2009号监管法令》开始实施,该法令规定了信用评价机构的强制注册(registered)、认证(certified)制度。其中,注册类评价制度是针对在欧盟境内设立实体的评价机构,成功注册的评价机构可通过背书方式将其及其境外评价机构的评价结果用于欧盟境内;认证类评价制度是针对未在欧盟境内设立实体的信用评价机构,该类评价机构应当在第三国注册并受到第三国法律持续有效的监管,且第三国的评价监管法律制度需要得到欧盟认可,同时该机构从事的评价活动不会对欧盟金融市场的稳定性产生系统影响②。

(二)信用评价主体监管制度的考察

在美国信用评价机构产生的早期,严格意义上的行政监管是没有的,信用评价机构的责任多依据普通法通过私人诉讼的方式实现,且私人诉讼参与监管的传统一直延续至今③。在相当长的一段时间内,投资者曾多次以违反诚信义务、商业欺诈、虚假陈述等理由起诉信用评价机构,投资者认为其应承担法律责任,但诉讼成功率极低,原因在于评价机构自称其是发布"世界上最短的评论"的财经媒体,不是财务咨询机构④,并援引美

---

① NACIRI A. Credit rating governance: global credit gatekeepers. Londen[M]. New York: Routledge Taylor & Francis Group, 2015:15-28.
② LANGOHR H M, LANGOHR P T. The rating agencies and their credit ratings: what they are, how they work and why they are relevant [M]. Hoboken: Wiley, 2012:134-156.
③ 陈亚芸.欧债危机背景下欧盟信用评价机构监管改革研究[J].德国研究,2013(1):37.
④ HEGGEN J W. Not always the world's shortest editorial: why credit-rating-agency speech is sometimes professional speech[J]. Iowa Law Review, 2011, 96(2):1745-1759.

国《宪法》第一修正案"新闻自由"进行抗辩①。关于新闻自由责任豁免的范围,联邦最高法院的布伦南大法官在 1964 年的"沙利文案②"上确立了"实际恶意"标准,即行为人"明知行为存在错误,或者根本不在意行为是否错误",则证明行为人存在实际恶意,不享有新闻自由责任豁免权。信用评价机构认为其发布的评价报告是关于广大投资者公共利益的言论,应当使用"实际恶意"标准对其进行审查。在早期,法院往往也支持采用"实际恶意"标准对评价机构进行权益保护,例如,在美国橘郡州破产一案中,法院对标准普尔责任承担判决的理由就是基于该标准③④。随着美国信用评价机构及评价行业的蓬勃发展,在全球金融领域的信用评价制度上,国际三大评价机构——美国标准普尔公司(以下简称"标准普尔")、惠誉国际信用评级公司(以下简称"惠誉")、穆迪投资者服务公司(以下简称"穆迪")均为权威的第三方评价机构,并以其常年的专业水平和评价口碑占据信用评价的主力军地位,政府部门、投资者、市场和公众对其依赖程度日益加深,信用评价机构的市场垄断地位日渐形成,而且随着信用评价付费模式从投资人转向发行人,信用评价机构的独立性地位开始动摇,一方面表现为民事豁免责任的逐步消灭⑤,另一方面表现为政府对评价机构行政监管的日益强化。2009 年 12 月 11 日,美国众议院通过了《金融监管改革方案》,其中针对评价机构采取的监管措施主要有:要求 NRSRO 健全利益冲突管理披露政策和程序;要求 NRSRO 对金融创新产品和一般债权评价区别对待以便有效预评价风险;要求监管部门尽可能减少使用 NRSRO 的信用评价结果⑥。2010 年 7 月,《多得-弗兰克华尔街改革和个人消费者保护法案》设立专章规定加强信用评价机构的监管,主要的监管

---

① 美国宪法第一修正案规定:"禁止美国国会为以下目的而制订法律:确立国教;妨碍宗教信仰自由;剥夺言论自由;侵犯新闻自由与集会自由。"参见 1791 年 12 月 15 日生效的美国宪法第一修正案。投资人认为其发布的评价报告属于新闻自由的范畴,因而应当适用责任豁免。
② 376U. S. 254280(1964).
③ 标准普尔辩称,其评价报告的制作程序合法、信息来源在当时认为是可靠的,评价人员无需再做额外的调查,因此应当使用"实际恶意"标准对其进行审查,尽管事实上其评估报告最后被证明是错误的。
④ 参见 County of Orange v. McGraw Hill Company,Inc. 245B. R. 151(1999).
⑤ 聂飞舟. 美国信用评价机构法律责任反思及启示:以司法判例为视角[J]. 东方法学,2010(6):118-123.
⑥ 参见 References to ratings of NRSRO. 73 Fed. Reg. 40. 106. 121. 124.

措施有：①强化 SEC 的检查权，SEC 每年至少例行检查一次 NRSRO 的行为准则和利益冲突政策，评价机构作出不诚信评价报告的，可以中止或永久撤销其注册评价资质①。②设置一个数据交换协调办公室（clearing house intermediary），该办公室的职责是通过抽签或轮流等方式，向评价机构分配评价任务，完成单个证券尤其是金融创新产品的初次评价，以避免自行选择评价机构引发利益冲突，以便增加 NRSRO 发布信用评价结果的准确性。③增加信息披露义务，NRSRO 应当向 SEC 提交其利益冲突政策有无重大变化的报告，同时报告其高级管理人员、参与评价人员及监察人员的职业变化。同时，该法案还取消了《证券交易法》中评价机构的责任豁免规定，降低了反欺诈的起诉标准②，这些新的规定减轻了私人诉讼中非评价机构一方的举证责任，有利于私人参与信用评价监管③。

欧盟本土的信用评价机构数量较少，长期以来欧盟缺乏对信用评价机构的监管，直接监管立法出现相对较晚。欧盟早期的信用评价机构管理体系建立在国际证监会《信用评价机构基本行为准则》"自律原则"的基础上④，之所以奉行"自律原则"的原因是立法者认为市场有能力实施自我管理，信用评价机构是凭借良好声誉生存的特殊组织，严格的行政许可程序可能会造成市场封闭，并且可能导致国家因为行政许可为评价机构公布的问题评估报告承担责任。这一情形一直持续到 2008 年美国次贷危机之后，加上欧盟又发生了主权债务危机，这就促使欧盟进入了强化信用评价机构监管的立法阶段。这一阶段管理思路与之前"自律原则"存在实质性不同，即欧盟采取了更为严格的直接监管措施来解决信用评价机构存在的问题⑤。2009 年至今，一系列立法及修正条例出台，监管内容涉及

---

① 聂飞舟.美国信用评价机构法律监管演变与发展动向：多德法案前后[J].比较法研究，2011(4)：148-151.

② 朱圆，钟心惠.美国信用评价机构的法律责任[J].安徽大学学报（哲学社会科学版），2015(2)：110-111.

③ MNNS J. Downgrading rating agency reform[J]. The George Washington Law Review. 2013, 81(3)：750-763.

④ 托马斯·马丁·约翰内斯·默勒斯.欧盟信用评价机构的市场监管研究——一条通向欧洲的信用评价之路[J].申柳华，译.苏州大学学报（法学版），2014(4)：123.

⑤ 美国与欧盟在对信用评价机构监管问题上秉承的理念并不相同，美国主要采取私人诉讼的间接监管方式。

提高评价机构市场准入条件、加大信息披露力度、强化评价机构的内部控制机制、评价机构的利益冲突解决以及责任机制等多个方面[①]。2009年4月23日,欧盟颁布了《信用评价机构监管条例》(EC1060/2009),该条例废止了"自律原则",标志着欧盟首次对信用评价机构进行系统立法监管,表明了欧盟决定实施较为严格的信用评价机构的立法干预决心。尤其是其第36条要求各欧盟成员国应当立法对评价机构违法行为采取的直接惩罚措施,即成员国应对违反条例的信用评价机构采取相应的惩罚措施;惩罚措施应当有效、合理和具有惩戒性;成员国的惩罚措施应当公开披露,除非此种披露会造成该国金融市场风险或者利益方不适当的损害[②]。该条款尽管比较笼统,在操作性上欠佳,但是却对评价机构具有直接的威慑力。2011年欧洲议会和欧盟理事会出台513/2011号文件,该文件修改了EC1060/2009号条例,制定了更具操作性的惩罚机制。当信用评价机构出现EC1060/2009号条例附件Ⅲ中规定的违法行为时,欧洲证券和市场管理局可以采取取消评价机构资质、停止发布评价报告、中止在欧盟范围内发布评价报告、公开评价机构违法行为等惩戒措施。该文件同时修改了EC1060/2009号条例第36条的规定,具体规定了惩罚形式,罚金缴纳条件、标准及定期缴纳机制,听证程序,罚金信息披露以及欧盟法院审查机制等更为具体的内容[③]。

二、域外信用评价主体制度的借鉴

通过前述对美国及欧盟信用评价主体制度中准入制度和监管制度的概括性考察,笔者发现尽管欧盟和美国的信用评价主体制度产生时间不同、背景不同、发展历程不同,具体内容也不相同,但其评价主体具有相同性,政府及其市场主体对评价结果的依赖性使得评价主体具有一定的准

---

① CINQUEGRANA P. The reform of the credit rating agencies: a comparative perspective [J]. ECMI Policy Brief,2009,12(2):8-9.

② 参见Regulation(EC) No. 1060/2009 of the European Parliament of the Council of 16 September 2009 on Credit Rating Agencies Official Journal of the European UnionL302/1.

③ 参见Regulation(EC) No. 513/2011 of the European Parliament of the Council of 11 May 2011 Amending Regulation(EC) No. 1060/2009 on Credit Rating Agencies Official Journal of the European Union L145/30.

监管主体功能,且均建立了较为严格的市场准入制度以便保障评价结果质量,同时各具特色的美国私人诉讼和欧盟国家直接监管制度如果能够有机结合,更能促进信用评价主体制度的健康发展。

第一,合理区别信用评价法律关系主体之间的行为界限。狭义的信用评价法律关系涉及评价主体、被评价主体的评价委托关系、评价成果交付关系,广义的信用评价法律关系还包括信用评价的监管管理关系、评价结果的引用关系以及利益相关方的侵权诉讼法律关系等,因此评价法律关系的主体涉及评价主体、被评价主体、监管主体、引用主体以及利益相关方主体。无论是美国还是欧盟,企业信用评价均由独立的第三方评价机构承担,不同的是美国的评价机构是从民间经由市场竞争逐步发展起来的,而欧盟比较早期在中央银行内部建立了征信中心,但是,后来外部性的评价机构却是在欧盟政府直接推动下发展起来的。信用评价由第三方评价机构实施源于评价行为的中立性或独立性要求,有利于理清狭义评价法律关系和广义评价法律关系中的监管关系,不同类型法律关系的主体不同,产生的法律后果也不同。政府管理部门主要负责对失信个人和企业的教育惩罚,以及对信用服务公司的监督管理,国家信用管理主要是为惩罚失信行为提供立法和司法保障[①],比如美国的证券交易委员会SEC以及欧盟证券及市场管理局(ESMA)。

第二,通过信用评价形成了金融市场的多元化监管机制。金融市场风云变幻,金融风险有目共睹,单一的行政监管无法解决政府失灵的困境,美国和欧盟在信用评价业壮大发展的过程中也积累了金融市场多元化监管机制的经验。其一在于作为被监管对象的评价机构同时也扮演着监管者的角色。对于全球金融领域的信用评价制度,国际三大评价机构——标准普尔、惠誉、穆迪均为权威的第三方评价机构,并以其常年的专业水平和评价口碑稳稳占据信用评价的主力军地位,政府部门也无法轻易动摇,安然事件爆发之前,包括政府部门、投资人、发行人、社会公众在内的群体都认为其评价报告能够很好地揭示风险,因而对其发布的评

---

① STALEY P. Can trade green China? Participation in the global economy and the environmental performance of Chinese firms [J]. Journal of Contemporary China, 2009, 18(61): 567-590.

价报告产生了依赖并深信不疑,政府经常引用其评价报告对企业实行差别化管理,使得第三方中间组织参与政府管理成为可能。其二在于美国私人诉讼在参与政府监管过程中发挥着不可替代的作用。从严格意义上来说,美国通过行政机关直接管理评价机构的历史只有短短的20余年,在长达百余年的信用评价历史上,私人通过民事诉讼方式对信用评价机构行为进行监管,对于信用评价市场的规范化以及能力提升具有直接推动作用。正如有学者对《多得-弗兰克华尔街改革和个人消费者保护法案》取消了既有法律中评价机构责任豁免的规定,降低了反欺诈的起诉标准等修订内容的评价:这些新的规定减轻了私人诉讼中非评价机构一方的举证责任负担,有利于私人通过诉讼参与到信用评价监管的过程中①。

第三,建立健全信用评价机构准入制度。美国和欧盟的信用评价机构准入制度都是评价机构发展到一定阶段的产物。美国早期法律规范并未对评价机构设定准入条件,评价机构遵循市场经济优胜劣汰的自由竞争基本规律,以公平、高效、精准的金融风险专业预测能力获取投资人和委托人信任,继而逐步发展壮大。20世纪70年代经济危机危机之后,很多评价公司的评价质量受到质疑,为保障评价质量,SEC在其制定的《1934年证券交易法》中使用了"国家认可的统计评价机构"这一词汇,美国的信用评价机构从此有了更高标准的准入规范。2006年9月29日美国参议院通过了《信用评价机构改革法案》,该法首次系统规定了NRSRO的法定条件,并开始对评价机构实行注册制②。在欧盟,各国早期的信用评价机构规模较小、影响力不大,为了保障评价结果的质量,欧盟成员国早期仅认可一些国际大型的信用评价机构及其评价结果。尽管也有部分成员国开始尝试对评价机构资格认定制定标准,但最初的认定标准是随意、模糊且不透明的。2006年欧洲银行监管机构委员会颁布了《ECAI认证指南》,规定了ECAI的认定标准和程序。此外,《欧盟信用评级机构监

---

① MANNS J. Downgrading rating agency reform[J]. The George Washington Law Review. 2013, 81(3):765-785.

② 尽管该注册并非强制性注册,申请人可以自由选择,但是如果评价机构仅从事发布评价结果的业务,则不需要注册,如果评价结果应用于市场监管用途,则必须要注册。

管法规》(Regulation No 1060/2009)又进一步完善了信用评价机构的强制注册、认证制度。

第四,建立健全公私兼顾的评价机构监督制度。在美国,信用评价机构产生发展的早期,严格意义上的行政监管是没有的,信用评价机构的责任多依据普通法通过私人诉讼的方式实现,且私人诉讼参与监管的传统一直延续至今,后期尽管行政监管有所强化,但主要的修法依然围绕有利于起诉人的诉讼方向展开。2010年7月,《多得-弗兰克华尔街改革和个人消费者保护法案》取消了《1934年证券交易法》中的评价机构责任豁免条款,降低了反欺诈诉讼的起诉标准,这些新的规定减轻了私人诉讼中非评价机构一方的举证责任负担,有利于私人通过诉讼监督信用评价机构独立、公平实施评价行为。同时该法案还强化了SEC的检查权,要求SEC每年至少例行检查一次NRSRO的行为准则和利益冲突政策,对作出不诚信评价报告的评价机构,SEC可以中止或永久撤销其注册评价资质。与美国不同,欧盟信用评价机构的监管主要通过行政方式进行。2009年欧盟颁布了《信用评价机构监管条例》,该条例要求各欧盟成员国应当立法对评价机构违法行为采取直接惩罚措施,即成员国应对违反条例的信用评价机构采取有针对性的责任承担措施。2011年欧洲议会和欧盟理事会修改了该条例,规定欧洲证券和市场管理局有权采取吊销评价机构资质、停止发布评价报告等对评价机构不利的责任承担措施。

第二节　行政规制思路下生态环境部门作为评价主体的理论反思

纵观国外,信用评价与监督管理部门是相互分离的,企业及个人的信用评价工作都由一些独立的企业资信调查类信用管理公司负责。这些公司是独立的第三方信用服务机构,信用服务机构的业务主要体现为信用经营,信用评价,及时完整地收集、整理企业和个人的信用记录等,政府则承担信用服务监管者的角色。目前,尽管国内的企业环保信用评价工作均由生态环境保护部门负责,但企业环保信用评价主体究竟是社会第三方机构抑或是政府有关部门更为妥当的争议一直伴随着评价工作,时至今日仍未消解。理论研究过程中,已经有不少学者基于强化公众参与、依据国际评价惯例等理由,提出应当由第三方评价机构实施企业环保信用评价更为妥当①②③。企业环保信用评价主体的确定需要结合生态环境部门的职能、评价行为定性以及信用评价规制网络中各方主体规制责任承担等方面的基本理论,阐释现有评价规范中由生态环境部门作为评价主体在理论上是否妥当,以便从法理层面解惑企业环保信用评价主体的适格性问题。

一、评价分工与生态环境部门职能相冲突

环境保护的公益性决定了国家必须在其中发挥基础性的重要作用。作为国家代表的政府及其职能部门是公共利益的维护者,公权力的拥有者和行使者,其主要任务是进行环境管理,环境管理是政府及其职能部门的一项基本职责④。环境管理分为国家环境管理和社会环境管理,法律意义上通常是指国家环境管理,具体是指国家通过各级人民政府生态环境部门以法律的形式和国家的名义,在全国范围内行使环境保护工作的执行、指挥、组织、监督等诸权力,并对全社会环境保护进行预测和干预⑤。政府实施环境管理的手段主要有行使环境保护的行政管理权和代表国家对环境资源损害行使索赔权,其中行政管理权主要包括开发利用环境决定权、开发利用环境的许可权、开发利用环境监督管理权以及法律赋予的规章制定权、行政强制权、行政处罚权等⑥。

《环境保护法》第十条规定了生态环境部门的环境管理职责分工,其中县级以上生态环境部门对本行政区域的生态环境保护工作统一监督管理,县级以上人民政府有关部门和军队环境保护部门,依照法律规定对环

---

① 莫张勤.反思与重构企业环境信用评价的中国实践:以多元主体参与为视角[J].商业经济研究,2017(2):125-127.
② 张胜.关于我国企业环境信用评价的若干思考和建议[J].环境保护,2017(20):40-43.
③ 王莉.我国企业环保信用评价制度的重构进路[J].法学杂志,2018(10):100-105.
④ 金瑞林.环境法学[M].3版.北京:北京大学出版社,2013:67.
⑤ 吕忠梅.环境法[M].北京:高等教育出版社,2017:74.
⑥ 汪劲.环境法学[M].4版.北京:北京大学出版社,2018:235.

境保护工作监督管理。因此,生态环境部门的环境管理职责是行政主体依据环境法律法规依法实施具体行政行为的权利来源。2018年国务院机构改革后,生态环境部的职责有负责建立健全生态环境基本制度、负责重大生态环境问题的统筹协调和监督管理、负责监督管理国家减排目标的落实、负责环境污染防治的监督管理、指导协调和监督生态保护修复工作、负责生态环境准入的监督管理、负责生态环境监测工作、负责应对气候变化工作、组织开展中央生态环境保护督察、统一负责生态环境监督执法、组织指导和协调生态环境宣传教育工作等①。依照依法行政的基本要求,上述生态环境部门职权范围内的管理事项必须有宪法、法律、法规、规章的明文规定,生态环境部门需要按照规定事项范围,依照法定程序对行政相对人实施监督管理②。

2013年原环境保护部等四部委联合印发的《企业环境信用评价办法(试行)》规定企业环保信用评价工作由生态环境部门负责组织实施。对于其中的"环保信用评价",也有学者将此种评价称为行政评价,即行政主体按照一定的标准和程序,对相对人在相关领域的既往表现进行评价,并以简明的符号标识并公示的行政活动③④⑤⑥。然而,按照信用评价的一般概念,通常认为信用评价是第三方专业评估机构的经营行为,而非政府的管理行为。如有学者认为,信用评价是指由专业性的信用评价机构按照规范的指标体系和评价标准,秉承独立、客观公正的原则,按照科学的评

---

① 生态环境部官网。http://www.mee.gov.cn/zjhb/zyzz/201810/t20181011_660310.shtml.

② 姜明安.行政法与行政诉讼法[M].4版.北京:北京大学出版社,2011:68-69.

③ 王瑞雪.论行政评价及其法律控制[J].法商研究,2018(3):27.

④ 尽管本书将目前现有规范性文件中由政府开展的信用评价行为称为行政评价,并援引文献将国外的餐馆分级、气候变化影响评级也归入行政评价的范围,但笔者仔细阅读了所引文献,实质上英文原文也并没有提及餐馆分级和气候变化评价的主体,餐馆分级一文论证的侧重点在于餐馆分级这种信息披露方式存在的问题,气候变化评级一文是将该行为与第三方机构核查(Third-Party Verification)紧密联系,并非为我国环保信用评价中的政府部门直接开展评价工作并发布评价结果的所谓政府评价。而且本书以"Government rating"为关键词在Westlaw数据库中搜索,并未出现搜索结果。因此本书推测行政评价这一词汇在前文中的来由,可能是论文根据我国现阶段出现的由行政机关评价的现象推演出来的概念。

⑤ HO D E. Fudging the nudge: information disclosure and restaurant grading[J]. The Yale Law Journal, 2012, 122(2):574-670.

⑥ MCALLISTER L K. Regulation by third-party verification[J]. Boston College Law Review1, 2012, 53(1):9-64.

价程序和方法,对各类主体发行的信贷承诺、债务以及类债务证券,或者对发行主体本身的信用状况进行的综合评价①。也有学者给出了相似的解读,认为信用评价是指信用评价机构根据规范的指标体系和标准,秉承客观和公正的原则,运用科学的评价方法,履行严格的评价程序,综合评估债务人将来一段时间内偿债意愿及其能力的行为或结果②。还有学者将上述第三方专业机构的评价活动称为外部评价,即标准化评价,该活动是指社会专业资信评估公司的信用评价活动。与其相对应的评价活动称之为内部评价,即银行使用自己的评级系统,对信贷客户进行信用评价及对银行风险资产进行监测的信用管理活动③。有学者从法律行为和法律关系角度,将信用评级定义为涉及信用评价机构、发债公司和投资者三方的一种民事法律行为,发行公司和信用评价公司之间是承揽合同关系,而特定投资者和信用评价机构之间是以信用等级为标的的信息产品买卖或服务合同关系④。

现有的企业环保信用评价规范将原本可以采取私人和行政机关合作规制方式实施的制度,以"大包大揽"的浓厚权力色彩方式呈现⑤,比如将企业环保信用评价制度定性为生态环境部门的环境管理活动,除了担忧目前我国第三方信用服务机构评估能力不足,不能胜任评价任务之外,还有可能源于我国金融领域由银行内部机构实施信用评价的传统。我国是以间接融资为主的国家,权衡企业融资风险的需求最初源于银行自身的资金安全评估需求,企业融资早期以银行为中介进行,我国信用评价机构萌芽并产生于银行内部设置的资信评价中心,信用评价是银行用来控制信贷风险的一种管理手段⑥。

因此,通常在市场化场景下适用由第三方机构实施的评价行为,若将其放置于行政机关依法行政职权范围内的事项,由行政机关实施评价行

---

① 施燕平,刘娥平,顾小龙.信用评价与公司财务行为选择[M].北京:北京大学出版社,2018:14.
② 刘晓剑.中国信用评价行业监管研究[M].北京:经济科学出版社,2013:14.
③ 吴晶妹.现代信用学[M].北京:中国人民大学出版社,2009:451.
④ 黄润源,刘迎霜.公司债券信用评价法律关系解析:以美国债券评价制度为模本[J].学术论坛,2008(1):122-127.
⑤ 胡斌.私人规制的行政法治逻辑:理念与路径[J].法制与社会发展,2017(1):161.
⑥ 封红梅.信用评价法律制度研究[M].北京:法律出版社,2014:38.

为,则与行政机关既定的职权不相融合,也不符合生态环境部门工作职责法定的基本要求。在企业环保信用评价工作中,生态环境部门可以作为规范的制定者,推动企业环保信用评价法律制度立法科学化、规范化。生态环境部门可以作为评价工作的监督管理机关,对第三方评价机构评价行为及参评企业的信用修复行为等实施监督管理,评价监督部门与具体实施评价机构分离是妥当的选择。尽管目前我国社会信用领域的各项信用评价工作均由行政部门负责具体实施,但是并不意味着此种由政府机关实施的评价行为本身不存在理论争议。在企业环保信用评价工作中,生态环境部门既是"运动员"又是"裁判员"的角色定位机制应当及时调整,使企业环保信用评价制度尽快与国际社会主流评价模式接轨,以利于引导我国第三方信用评价机构良性发展,并解决目前我国生态环境部门实施环保信用评价行为的职权于法无据的尴尬。

二、市场及社会主体的权利配置受限

2012年党的十八大在科学发展观基础上,提出大力推进建设生态文明、美丽中国建设,将生态文明融入经济建设、政治建设、文化建设、社会建设各方面和全过程。为了实现生态文明,国家打出"1+6"生态文明体制改革"组合拳",分领域具体落实总体方案中的改革任务。其中,"1"是2015年中共中央政治审议通过的《生态文明体制改革总体方案》,该方案是生态文明改革的顶层设计;"6"包括《环境保护督察方案(试行)》《开展领导干部自然资源资产离任审计试点方案》《生态环境监测网络建设方案》《编制自然资源资产负债表试点方案》《党政领导干部生态环境损害责任追究办法(试行)》《生态环境损害赔偿制度改革试点方案》。随着上述一系列文件的印发,生态环境部门也成了最繁忙、改革任务最繁重的政府职能部门之一。企业环保信用评价制度尽管不是《生态文明体制改革总体方案》中需要重点建设的制度,但它属于党的十九大报告提出要强化建设的制度之一[①],而且环保信用是社会信用的重要组成部分,环境保护和能源节约领域信用建设是《社会信用体系建设规划纲要(2014—2020年)》

---

① 党的十九大报告提出健全环保信用评价、信息强制性披露、严惩重罚等制度。

规定的社会诚信建设的十个领域之一,企业环保信用评价工作是信用体系建设基础的重点和基础内容。原环境保护部等四部委的评价文件规定由生态环境部门负责具体的评价工作,实践中大多由地方各级生态环境部门的法规处或执法部门承担该项工作,这无疑加重了原本改革任务就很繁重的生态环境部门的工作负担。

与生态环境部门形成反差的是,现有立法并没有通过行政权分权及私主体权利配置方式赋予第三方机构参与规制的权利,挤压了原本属于第三方机构的活动领域和空间。这就使得我国社会第三方机构的市场地位尚不能充分显现,即使企业环保信用评价这种原本应当由第三方机构开展的工作,也依然被生态环境部门保留在日常行政工作范围之内。究其原因,虽有第三方机构参与社会治理能力有待提升等内在原因,很大程度上也有我国环境管理部门长期形成的"强政府""弱社会"行政管理本位观念、政府权力依然是秩序建构和资源配置的主导性力量①等原因,行政权力适度让渡给第三方主体的观念尽管已经成熟,但是如何将其实化为各个领域不同规制主体的参与权利尚非易事。

世界是由具有差异性和自主性的社会子系统(政治、法律、社会和经济是重要子系统)构成,一个子系统对其所在的环境中的事实、情况和事件是开放的,系统之间具有"结构耦合"。过度的法条主义或法制化是对其他子系统的破坏,法律子系统与其他子系统的关联,没有通过高度具体化或详尽的规制性法律,而是通过了解吸纳其他子系统的秩序维持而实现,规制法律的成功实施取决于"结构耦合"措施的实现。1989年利·汉彻(Leigh Hancher)和迈克尔·莫兰(Michael Moran)提出了规制空间的概念②,即将规制主体放置于一个宏大的空间中,就可以清晰地探查到规制过程中不同主体之间的互动,存在你中有我、我中有你的错根盘节的关联。规制空间中存在着多样化的主体,其偏好与属性不同,在更广泛的环境限制与关系下,规制资源塑造着各主体的行为,而各主要组织之间表现

---

① 张锋.环境污染社会第三方治理研究[J].华中农业大学学报(社会科学版),2020(1):123.
② HANCHER L, MORAN M. Organising regulatory space[M]// HANCHER L, MORAN M. Capitalism, Culture, and Economic Regulation. Oxford: Clarendon Press. 1989:273-280.

出相互依存的关系,法律与政策应当更多地关注规制空间内不同的规制资源和规制主体,更多地利用其相互依存的关联性,制定标准、实施监督或者合作执法①。有效的规制是规制空间内各主体所拥有的资源、价值观及之间关系相互作用的产物,制度设计或规则制定应当关注各个主体的规制潜力发挥,在事实上形成政府部门之间的分权,以及政府与非政府主体之间的分权②,在此基础上将分离出来的行政权力通过规则设置,合理配置给包括第三方评价机构在内的市场与社会主体。实质上,国家与社会、公共主体与私人主体之间并没有明确的界限,国家应建立一个促进公民参与的制度环境,公民参与可以加强国家力量,两者互为条件,实现国家与社会共治③。因此,规制空间内各主体功能发挥的制度选择成为权威型规制模式的完美替代方案,即它在性质上是合作的,在主体构成上是多元的,在合作范围上是广泛的,在治理手段上是多样的④。

在我国,企业环保信用评价制度产生于2000年,为什么在这个时间节点产生?为什么在这个时间节点产生这样一个制度,而不是其他制度?这一制度的产生具有什么样的价值和意义?这些问题都需要我们深入思考。企业环保信用评价法律制度产生于我国生态环境亟待强化治理的社会背景下,生态环境部门从20世纪90年代开始每年发布年度环境状况公报,从1994年开始,在每年的环境状况公报中,我们都可以看到"环境污染和生态破坏相当严重,且仍在发展"的描述。我国的环境法律规范在2000年已经基本完整,环境保护综合立法、污染防治单行立法、资源保护单项立法等基本格局已经形成,环境影响评价制度、"三同时"制度、环境行政处罚制度、环境民事和刑事责任立法已经较为健全。但这些环境保护类法律制度大多需要依靠行政公权力通过审批、处罚等方式才可实施,环境公益诉讼、公众参与等制度还亟待建立健全。在此情况下,如果能在既有

---

① SCOTT C. Analysing regulatory space: fragmented resources and institutional design [J]. Public Law, 2001, summer:326-353.
② BRAITHWAITE J. On speaking softly and carrying big stick: neglected demensions of a republication separation of powers[M]//BELLAMY R. The Rule of Law and the Separation of Powers. London, New York: Routledge, 2017:205-261.
③ EVANS P. State-society synergy: government and social capital in development[M]. Berkeley: University of California, 1997:231.
④ 杜辉. 论制度逻辑框架下环境治理模式之转换[J]. 法商研究,2013(1):69.

的环境行政管理基础上,通过制度优化实现管理绩效的提升,在行政方式之外,开辟市场和社会手段,借力大多数市场主体和社会力量实现行政管理模式的优化,成为我国在日益严峻环境污染及生态破坏状况下的优位选择。实质上,蔡守秋教授在 1995 年就提出健全环境资源市场主体的行为规则①,并在 1997 年提出要强化环境保护社会团体和公众参与环境保护的法治建设②;1998 年王明远、马骧聪老师就提出可持续发展的政策与法律体系关键在于构建环境经济法律制度③。环境治理要求法律综合运用规制、市场、公众参与等不同手段并且建立相互支撑的体制机制④,从主体视角看,环境治理不是政府唯一主体的意愿,必然需要政府、企业、社会、公民等利益相关者的广泛参与和上下互动⑤。政府、企业、社会、公民构成了环境规制空间内的主体网络,只有各主体功能得以充分发挥,才能有助于环境规制整体效果的提升。第三方信用评价机构是环保信用评价规制空间中的重要组成部分,机构通过合理的评价权利配置,与规制空间内其他主体合理分配公共治理资源,是在一定程度上开放非政府主体规制权利限制的可能路径。

三、评价部门行为在行政法上的定性困难

如果企业环保信用可以由生态环境部门评价,那么由行政机关实施的企业环保信用评价行为在行政法上应该如何定性,即行政行为的类型,也是认定生态环境部门作为评价主体是否妥当应当前置考虑的问题。

关于生态环境部门实施的企业环保信用评价行为如何定位,国内学界已有不少学者讨论并产生不同观点。例如,崔卓兰教授把美国环境执法成功运用市场机制的经济协调手段、金融手段、行政奖励手段、信息公

---

① 蔡守秋.论加强市场经济体制下的环境资源法制建设[J].法学论坛,1995(2):1.
② 蔡守秋.论环境保护社会团体和公众参与环境保护:一[J].中国环境管理,1997(3):6-9;蔡守秋.论环境保护社会团体和公众参与环境保护:二[J].中国环境管理,1997(4):14-16.
③ 王明远,马骧聪.论我国可持续发展的环境经济法律制度[J].中国人口·资源与环境,1998(4):61-64.
④ 吕忠梅.论环境法的沟通与协调机制:以现代环境治理体系为视角[J].法学论坛,2020(1):7.
⑤ 李文钊.论合作型政府:一个政府改革的新理论[J].河南社会科学,2017(1):71-72.

开手段等称为非强制行政手段,认为其具有的民主性、人性化行政的特征与行政权行使中的僵化、权威等形成对照,是现代行政的手段和方式①。骆梅英教授依据国务院办公厅文件②,将有关评定资质、授予称号的事项,比如省级绿色建筑评定等归为行政机关的非行政许可审批项目③。王瑞雪副教授认为行政评价的法律性质是行政确认行为,理由有二,一是该行为是行政主体对相对人的法律事实、法律地位和法律关系的确认,二是该行为针对相对人直接设定、变更、消灭或者确认某种权利义务关系④。非强制行政手段是相对传统行政强制手段的一种通俗称谓,表达了行政监管过程中多元工具综合使用以便提升行政绩效的目的,以及行政法从行政权力本位向权利本位观念转移的趋向⑤,并不涉及非行政强制手段实施主体,以及在行政法上的定性和行政机关的权利义务问题。关于"非行政许可审批事项"的定义笔者也认为令人相当费解,其内涵和外延本身模糊不清,它的出现超越了行政许可法的立法预期,通常认为行政许可是一个更有包容性的概念,可以容纳包括审批在内的政府事前同意的监管手段,行政许可与行政审批是在法实施层面发生的分离,即大量的审批被以非许可类审批的名义从行政许可中分离出去⑥,随着行政许可制度的日益规范,非行政许可审批事项这一概念也将消弭⑦。

行政确认行为是行政法上较为成熟的概念,属于具体行政行为的一种。具体行政行为是指具有行政权能的组织运用行政权,针对特定相对人设定、变更或消灭权利义务所作的单方行政行为⑧。具体行政行为通常包括依申请行政行为和依职权的行政行为,前者包括行政许可、行政奖

---

① 崔卓兰,朱虹.从美国的环境执法看非强制执行[J].行政法学研究,2004(2):42.
② 2004年11月,国务院办公厅印发的《关于保留部分非行政许可审批项目的通知》(国办发〔2004〕62号)文中使用了"非行政许可审批"这一概念。
③ 骆梅英.非行政许可审批的生成与消弭:行政审批制度改革视角中的观察[J].浙江学刊,2013(5):136.
④ 王瑞雪.论行政评价及其法律控制[J].法商研究,2018(3):27.
⑤ 骆梅英.非行政许可审批的生成与消弭:行政审批制度改革视角中的观察[J].浙江学刊,2013(5):138.
⑥ 王克稳.我国行政审批与行政许可关系的重新梳理与规范[J].中国法学,2007(4):142.
⑦ 骆梅英.非行政许可审批的生成与消弭:行政审批制度改革视角中的观察[J].浙江学刊,2013(5):136.
⑧ 胡建淼.行政法学[M].北京:法律出版社,2015:128-165.

励、行政确认、行政裁决等具体行政行为。通常认为,行政确认是指行政主体依法对行政相对人的法律地位、法律关系或者有关法律事实进行甄别,给予确定、认定(认证)、证明(或者否定)、登记或鉴定并予以宣告的具体行政行为。行政确认的内容可分为两个方面,即法律事实确认和法律关系确认,法律事实和法律关系与行政相对人法律地位或权利义务紧密相关。行政确认的目的是明确行政相对人是否具备某种法律地位,能否享有某种权利,是否应当承担某种义务的前置性行政行为[①]。综上,判定行政机关某项具体行政行为是否属于行政确认行为,需要明晰两个问题:第一,该行为是否属于具体行政行为;第二,该行为是否符合行政确认行为的构成要件。行政机关的行为是否属于行政行为,首先应当确定该行政机关实施的行为是否属于法律、法规、规章等所确定的职权行为,具有明确的职权来源依据则具备行政确认行为的可能性。行政确认行为的构成要件有二,一是行政确认的对象是法律事实或法律关系,二是该法律事实或法律关系与行政相对人权利义务享有和承担直接相关。法律事实是指引起法律关系产生、变更、消灭的客观情况,比如出生、死亡等即为法律事实;法律关系是指经由法律规范调整的权利关系和义务关系,比如交通肇事法律关系的确认。行政确认行为两个要件之间具有直接关联性,权利义务享有、负担是法律事实、法律关系认定的直接后果,即法律已经明确该项法律事实或法律关系与权利义务之间的对应关系,比如公安机关确认自然人死亡这一法律事实,相应主体的权利义务享有和承担直接对接《中华人民共和国民法典》中继承编、婚姻家庭编等相应法律规范中的权利义务。

　　根据现有的规范,企业环保信用评价是指生态环境部门通过参评企业遵守法律法规、承担社会责任等方面的环境行为信息,按照规定的评分指标和方法,对企业环保信用状况进行综合评定,确定信用等级,并向社会公开,供社会监督和应用的环境管理手段。评价行为也会引起参评企业权利享有、义务承担情况的变动,生态环境部门、价格部门、财政部门以及银行、证券等行政主体和市场主体将会根据评价结果对参评企业进行

---

① 姜明安.行政法[M].北京:北京大学出版社,2017:386-387.

相应的联动激励和惩戒。对照前述行政确认行为的基本法律特征,首先,生态环境部门的企业环保信用评价行为没有职权来源,现有法律、法规、规章没有直接授权其进行环保信用评价的法定职责,生态环境部门的评价行为实质上是规范性文件规定的结果。其次,企业环保信用评价并不是对既有法律事实和法律关系的直接确定,而是依据评价指标和评分方法对企业一定期限内环境信息的综合评定,而且很多环境信息是已经经过相关部门行政行为干预之后的结果,比如行政处罚类信息,综合评定的环境信息整体状况不等同于法律事实或法律关系的直接确认。除此之外,行政确认之后的行政相对人及利益相关方的权利义务是法定的,但是企业环保信用评价之后可能产生的联合激励或惩戒措施,却需要相关部门或机构根据管理需要、经营需要决定启动抑或是不启动权利赋予或义务承担行为,即企业环保信用评价行为并不当然产生参评对象权利义务的变动。

公法学的至理名言是所有的权力都有其法定的边界。公共机关不应当越权,因为越权的行为无效,越权无效一方面表达了行政机关必须按照法律规定的权限及程序依法行政,比如听取当事人的陈述和申辩,否则认定该行为违法,另一方面也表达了随着行政法疆域的日渐扩大,公权力机关的行政行为和私权主体基于公共利益行使的"准行政行为"之间应当保留必要的界限,属于私权主体行为的行为应当保持民主和开放的姿态。简政放权、让位市场是当前我国行政体制改革的基本思路,然而这种行政主导的自我削权模式的改革天然地具有不彻底性①,政府不愿放手让市场行为替代原本属于行政行为的领域,实乃"惰政"思维下不愿根治"审批依赖症"的典型体现,同时也产生了许多很难在法律上定位的行政行为。因此,行政管理方式的一项重要改革是对过去由国家承担的众多职能实施民营化,并且尽可能地引入某种形式的竞争。在竞争压力的推动下,私人部门往往可以更有效地履行这些职能,国家的角色仅限于为私人部门进入公共管理领域提供服务和条件,实现国家掌

---

① 唐明良,骆梅英.地方行政审批程序改革的实证考察与行政法理:以建设项目领域为例[J].法律科学(西北政法大学学报),2016(5):49.

舵,而不划桨①的改革目标。

第三节　规制治理思路下第三方评价机构作为评价主体的正当性

罗尔斯在《正义论》中给正当性贴上了正义的标签,表明正当性不仅仅是一个法律的形式问题,更是一个法治实质问题,正当性所包含的精神就是正义。这里的第三方机构是专业化第三方信用服务机构或信用评价机构等的简称②,是指依法成立,主要经营企业、事业单位等组织的信用信息和个人的信用信息采集、整理、保存、加工,咨询、评价工作,并向社会公开服务或评价结果等的专业化信用服务机构③。由于市场化认可的评信与征信机构会减少信用评估成本和降低信用风险④,国家对第三方信用服务或评价机构的培育、监管和市场准入高度重视。国务院发布的《社会信用体系建设规划纲要(2014—2020年)》(国发〔2014〕21号)要求政府推进并规范信用评价行业发展,培育发展本土评价机构,增强我国评价机构的国际影响力。国家发改委发布的《关于引入第三方信用服务机构协同参与多领域及特定领域行业信用建设和信用监管工作的函》(2019年)要求充分发挥专业化信用服务机构在信用建设中的积极作用,引入一批信用服务机构参与行业信用建设和信用监管工作。

---

① 威廉·韦德,克里斯托弗·福赛.行政法:第十版[M].骆梅英,等译.北京:中国人民大学出版社,2018:36.
② 国内相关文件对第三方机构的称谓不一致,如《社会信用体系建设规划纲要(2014—2020年)》将其称为第三方评价机构,《关于引入第三方信用服务机构协同参与多领域及特定领域行业信用建设和信用监管工作的函》称之为第三方信用服务机构。这种称谓上的不统一也常见于学理研究。
③ 本概念是基于《征信业管理条例》的第二条、第五条规定,并结合征信机构和信用评价机构或服务机构的工作范围不同总结而成的。
④ 陈立娟.企业信用体系中的第三方[J].理论月刊,2015(6):159.

一、存在正当的信用评价权源

权源,是权利或权力起源的缩略。对于第三方评价主体来说,其评价权源即评价权利的起源。权利概念是现代政治法律的一个核心概念,自诞生以来,关于其本质的问题就一直争论不休,如萨维尼的意志说、耶林的利益说、梅开尔的法力说,以及资格说、主张说、自由说、可能说、规范说、选择说①等,学者们围绕权利的本质、权利和义务之间的关系、权利本位的依据及要求、权利冲突的解决等问题不懈探索,学者们基于逻辑起点分析权利的发端,以及这种一般直接和抽象的东西②的类别。对于权利的起源,学者们有不同的理解。多数学者认为,法律是利益的产物③,利益是每一种权利的基础④。因此,权利来源于利益,权利不再是人的主体性的表达,不再是个人的意志自由的表达,而是等同于现实的利益⑤。不同时代的不同群体均有不同的利益需求,这些不断变化的、多元化的利益群构成了权利产生的可能供给,利益是由每个个体根据自身的需要提出的。这是个体提出要维护和促进文明,法律必须对此作出某些回应或者规定,但它们不是出于个人的利益⑥。权利既不源于道德中立中推演出来的道德化身,也不源于法律实证主义的人类制定法,而是社会生产力发展到一定历史阶段,人们有意识地追求一定利益的自觉活动的产物,是人类经验的多样性与具体性产物⑦。因此,随着时代发展,对于权利的认知也日趋进化,业已从对权利及其来源严密的逻辑性论证逐渐转向对权利来源的社会利益需求的探寻,符合社会公共利益、促进社会整体发展进步需求的群体可以赋予权利,以便通过其赋权主体的权利行使反向实现社会整体治理目标。

---

① 张文显.法哲学范畴研究:修订版[M].北京:中国政法大学出版社,2001:300-305.
② 张璐.环境法学的法学消减与增进[J].法学评论,2019(1):148-162.
③ 吴从周.概念法学、利益法学与价值法学:探索一部民法方法论的演变史[M].北京:中国法制出版社,2011:611.
④ 鲁道夫·冯·耶林.为权力而斗争[M].郑永流,译.北京:法律出版社,2007:62.
⑤ 黄涛.权利、利益与德性:1990年代权利观念发展之反思[J].人权研究,2018(2):6.
⑥ 罗斯科·庞德.通过法律的社会控制[M].沈宗灵,译.北京:商务印书馆,2008:34.
⑦ 艾伦·德肖维茨.你的权利从哪里来?[M].黄煜,译.北京:北京大学出版社,2014:23.

第三方机构评价权利的产生具有明确的社会利益需求来源。市场经济是信用经济,信用是市场的产物也是维持市场秩序的基本工具。现代市场经济已经演化为信用经济,作为资源配置的基础手段,信用资本已经成为一种生产要素,与劳动力、土地、技术、信息等共同参与资源的配置。信用资本能将社会上闲置的、零散的经济资源进行有效的组合,通过促进资源的合理流动和自由转移保障资源的优化配置。经济学中的"帕累托效率"理论认为如果一个人在没有损害别人利益的前提下,使自己利益获得最优,且不能够再做"帕累托改善"的状况是资源配置的最优状态。正如英国著名经济学家约翰·穆勒所说,人类所有的经济生产联合活动效率取决于人们之间彼此信任、遵守合约的程度[①]。这表明信用资本有利于提升全社会的交易效率,增加全社会的信用利益。信用和竞争促进了货币资本的进一步集中和积聚,资本的集聚和集中扩大了全社会的投资规模,促进了宏观经济的增长,通过规模经济效应提升了全社会的信用利益水平。债券市场和资本市场的融资方都是以自身信用为媒介进行融资的,他们凭借自身在金融市场的信用将社会上的闲置资金汇集成货币资本投资到生产领域,进一步扩大自己的生产经营规模,形成了规模经济效益,最大限度地利用社会资源创造信用利益。在信用促使资本集聚和集中的过程中,信用主体通过信用集聚和集中货币资本的能力称为信用资本。资本的根本作用就是获取经济利益,信用资本作为资本的一种客观存在形式,其存在也是为了盈利。盈利性使其具备了人格化的特征,使其成为了一种"活"的资本,等同于人的权利能力和行为能力。无论是个人还是企业,只要拥有了能够被他人认可的信用资本,就可以通过集聚并运用货币资本获取信用利益。信用经济的本质是信用资本价值的实现,而信用评价是信用资本实现的媒介和连接器,是市场经济信用管理或治理的有效工具。

由第三方评价机构实施评价行为符合社会需求,同时也具备权利来源的认识论基础。市场失灵将政府推向前台,而"政府失灵"又将求助于

[①] 约翰·穆勒.政治经济学原理及其在社会哲学上若干应用:上卷[M].赵荣潜,等译.北京:商务印书馆,1991:468-471.

社会中间层①②,社会中间层这一介于政府与市场之间的调节机制在功能上具有双向性,可以弥补市场和政府的双重失灵③。中国经济社会转型对包括第三方评价机构在内的社会第三方力量产生了需求,这种需求无法消除也无法压制,为防止第三方力量以社会方式挑战政府权威,政府探索出了"为我所用"行政吸纳社会模式,该种模式的核心在于通过控制和功能替代方式,消除社会中反抗国家之类的社会结构,并培育可控的社会组织体系,达到消除挑战势力和满足社会需求的双重目的④。同时,在传统以"自我为中心"的认识论中,政府成了唯一的实践主体,自然会走向政府本位主义,但政府本位不符合新型社会体制的建设,亦不满足社会治理多元化的现实要求,应该确立"他在性"新型认识观念,构建政府、非政府组织和其他社会自治力量构成的社会治理系统,才能打破政府本位主义,根除行政傲慢⑤。"他在性"提供了第三方评价机构在内的多元主体得以产生并介入环境治理的认识论基础。

"国家、所有强者和所有弱者"都是环境保护的责任主体⑥。长期以来,我国在环境治理问题上沿循的是近乎单一的政府管制,政府在环境治理过程中已经知晓社会力量发展的强大动力作用,但由于诸多原因,仍然没能走出政府占绝对支配地位的现状。当下占主流地位的多中心共治型模式打破了传统治理模式的束缚,认为环境治理并非单一主体,而是政府、市场与社会的多中心主体共治。正如有学者曾指出的,现在人们需求最多的可能不是政府的直接统治,而是更多的治

---

① 社会中间层是指独立于政府与市场主体,为政府干预市场、市场影响政府和市场主体之间相互联系起中介作用的主体。本书中第三方信用评价机构属于典型的社会中间层。王全兴教授以法团主义为出发点对社会中间层等功能团体和经济社会中的利益团体进行了区分,认为在国家、市民社会和社会中间层等功能团体三者之间,国家与功能团体的权利义务关系是关键。
② 王全兴.经济法基础理论专题研究[M].北京:中国检察出版社,2002:512-515.
③ 王全兴.经济法基础理论专题研究[M].北京:中国检察出版社,2002:516-518.
④ 康晓光,卢宪英,韩恒.改革时代的国家与社会关系:行政吸纳社[M]//王名.中国民间组织30年:走向公民社会(1978—2008).北京:社会科学文献出版社,2008:287-337.
⑤ 张康之.论主体多元化条件下的社会治理[J].中国人民大学学报,2014(2):2-13.
⑥ 徐祥民.环境权论:人权发展历史分期的视角[J].中国社会科学,2004(4):125.

理①。生态文明是继工业文明之后，人类社会追求可持续发展的新文明形态②，它把人与自然和谐共生放在突出地位，致力于构建人类生命共同体③。生态文明涉及多领域、多学科，它不是简单关注污染物的减排，也不是单一经济发展方式的转变，而是复杂的系统工程④。生态文明对环境管理提出了更新、更高的要求，为达成生态文明的目标要求，政府管制失灵需要调整现有的规制模式，必须从全局视角重新审视、系统考虑我国传统环境规制模式及制度体系构成，建立健全多元化的环境治理制度体系⑤；政府应当吸取新的治理理念，推进环境管理的社会化⑥。具体来说，执政党要从行政性事务中解脱出来，更好地发展和实现良性的政治领导职能，由微观管理转为通过宏观调控进行指导和服务，转变工作理念，由单纯的管理转为真正地为基层和企业服务；完善市场经济体制和发挥市场的基础性作用，培育优质的社会组织，创新多样化的公民参与规制途径，建立和完善协作机制、信任机制、责任机制、监督机制和信息交流机制⑦；厘清规制主体的权责配置，实现规制主体行为的规范化，建成科学的协商互惠运行机制。因此，在市场经济信用建设和环境管理转型背景下，作为第三方主体的信用评价机构具有依赖评价权利进入环境管理的现实需求，评价权利的赋予有利于聚合评价机构私人权利和政府公权力的公共行政合力。

二、妥当界分权力与权利的边界

规制治理理论下的规制呈现程序导向化特征，其核心在于确立规制目标的参与式程序以及促进和鼓励组织之间协商与相互学习的机制，被规制者反促规制者规制能力提升的治理方式。规制治理理论的一个关键

---

① FREDERICKSON H G, SMITH K B, LICARI M J. The public administration theory premier[M]. Boulder: Westview Press, 2003: 38-54.
② 耿兆辉，马洪超，张智. 构建生态文明的法理阐释[J]. 河北大学学报(哲学社会科学版)，2013(5): 84.
③ 杨晶，陈永森. 生态文明建设的中国方案及其世界意义[J]. 东南学术，2018(5): 25-33.
④ 王莉. 低碳发展下中国环境治理体系转型的理论选择[J]. 政法论丛，2017(5): 136.
⑤ 朱炳成. 面向公众健康保障的生态环境法律规制转型[J]. 吉首大学学报(社会科学版)，2019(5): 101.
⑥ 侯佳儒. 论我国环境行政管理体制存在的问题及其完善[J]. 行政法学研究，2013(2): 32.
⑦ 何佩佩. 环境法本位的反思及环境法多元化保障手段[J]. 政法论丛，2017(3): 142.

因素是认知重塑,因为各个主体的利益、观点和偏好可能会改变,进而导致其能力和预期发生变化。所以,企业就需要在考虑关键主体的偏好和能力的前提下,充分利用这些主体,重塑可以想些什么、做些什么的可能性。利用规制治理理论中的去规制或规制放松的基本理念,有助于清晰定位企业环保信用评价法律制度的整体立法思路,从目前行政权管控理路转向多元主体权责配置方向,调整完善评价规范定位,完善评价主体制度、指标体系制度、评价结果引用制度等,共同协力助推基于环保信用评价的环境行政管理转型目标的实现。

在一个成熟的市场经济国家,政府—市场的边界,即权力与权利边界的理清是首要也是必要的①,基于此政府和市场才能各司其职,充分发挥各自的功能和作用。信用是市场的产物,信用评价是信用资本效用发挥的媒介,信用评价制度绩效源于健全的市场化环境,我国企业环保信用评价应当回归市场本位的制度建构模式,协调重构政府、市场、公众的角色定位,实现从单中心行政管理到以市场手段调节为主多元参与的理论转向,实现政府角色从划船转向掌舵②转换。尽管目前我国非行政主体还存在介入公共行政的主动障碍,但是如果欲推动此类主体的发展,就应当在相应的领域,通过立法去除一些不必要的规制,给市场主体留下可能的参与规制的空间③。因此,企业环保信用评价主体从政府向第三方评价机构的转向,使生态环境部门实施环保信用评价行为所造成的政府和市场行为边界模糊问题得以明晰④,进一步理清政府权力和市场权利行使的边界,保持政府行为适度后退和谦抑,同时扩张非行政主体参与环保信用评价的空间和领域。

市场作为环境规制参与权行使主体,应当着力于第三方征信评价、自发联动约束,即在评价基础上实现自主的评价结果引用,承担政府在市场中不适宜承担的角色,发挥政府在市场中发挥不充分的功能。企业环保信用评价应当立足经纪人理性和社会环保责任建立,督促企业持续改进

---

① 胡敏洁. 规制理论是否足以解释社会政策?[J]. 清华法学,2016(3):37.
② OSBORNE D, GAEBLER T. Reinventing government: how the entrepreneurial spirit is transforming the public sector[M]. New York: Addison-Wesley, 1992:126.
③ 胡斌. 私人规制的行政法治逻辑:理念与路径[J]. 法制与社会发展,2017(1):170.
④ 王莉. 我国企业环保信用评价制度的重构进路[J]. 法学杂志,2018(10):103-105.

环境行为,促进自觉履行环境保护法定义务和社会责任,引导产业升级、实现绿色可持续发展。经济机制和自我规制是制度功能实现的基本方式。具体来说,一是在企业环境信息公开的基础上,企业环保信用评价由潜在相关方(比如银行与保险公司)依据已经公开的可得环境信息和已经发布的评价参考标准,根据需求自行或委托有评价资质的专业评估机构(征信机构)对业务往来公司进行环保信用评价,其他的潜在相关方,如政府机关和保险、授信等机构,可以共享评价结果,并根据法规政策要求自动实现经营或管理目标与评价结果的联动激励或约束。同时,鉴于信用评价机实行年评制和年度公布制度不够灵活,对企业环保信用显示过于滞后,建议应当借助大数据及时更新数据,实现企业环保信用的动态呈现。二是强化联动激励约束市场化建设。联动激励约束是企业环保信用体系建设的重要保障,《关于加强企业环境信用体系建设的指导意见》要求建立环保激励与约束并举的长效机制。首先,应当建立环保信用联动评价机制,建立企业自我征信、自我初评,环保部门省、市、县三级补录信息、核实信息,相关部门、公众参与监督、参与提供信息,信息评价系统自动评价、社会中介整理征信报告机制,充分调动各方力量,实施相互配合制约,确保评价客观、公开、公正。其次,应当建立环保信用经济激励约束机制,把企业环保信用纳入社会信用体系,实行联合激励约束制度。坚持根据企业环保信用等级实行差别化市场准入、差别水电价,建立绿色生产和消费的法律制度和政策导向,加快建立促进绿色发展经济体系;实行与环保信用级别相对应的金融制度,建立促进绿色发展的信贷、证券、保险激励约束机制,对信用级别较高企业实行支持或优惠,对信用级别低的企业实行惩戒;建立与环保信用相关联的排污权交易、碳权交易等市场交易制度,实现企业环保信用与市场预期的相互促进、相互制约。再次,应当建立环保信用与行政执法联动机制,坚持环保检查的频度、检查的内容与环保信用级别反对应制度,信用好的减少检查频次,实行抽查;反之,则加大检查频次,实行全面检查。坚持环保处罚力度与企业环保信用成反比制度,信用好的企业可以在法定范围内降低处罚力度;反之,则增加处罚力度。最后,应当建立企业环保信用与其负责人联合惩戒机制,为增强联动的威慑力,扩大辐射面,对企业严重失信行为,在记入企业信用记录的同时，记入其法定代表人、主要负责人的个人信用记录，依照法律法规和政策规定对相关责任人员采取相应的联合惩戒措施。

民众应当在信息提供、广泛监督方面发挥优势。目前，企业环保信用评价的信息供应主体主要是政府环保部门及企业，一些被其他部门（比如司法机关）和公众（比如民事诉讼的受害人）掌握的，与企业环保信用密切关联的信息，比如环境民事私益诉讼、环境刑事附带民事诉讼、环境公益诉讼当事方企业的有关信息，如是否败诉及败诉赔偿额度等。还有一些被参评企业掌握，但往往不在信息公开范围的信息，比如企业是否组建了环境专门管理机构，该机构是否有效运行，是否配备专门的环境管理人员（这里的专门是指有环境保护专门科学知识的人员）等。此外，部分轻微的，不足以上升到行政处罚或环境刑罚的环境违法行为，违法行为发生地的居民或新闻媒体掌握的此类信息，比如举报信息、媒体曝光信息等，也可以成为企业环保信用评价的信息来源。同时，新闻媒体要充分利用媒体资源强大的引导作用，宣传企业环保信用评价制度可能给企业带来的福利和风险，同时加大对企业环保信用评价活动及评价结果的披露力度，尤其是对信用级别低的企业更要深入追踪报道，同时加大对环保诚信企业的宣传力度；行业协会要加强对第三方评价机构的监管，强化对问题评价机构和评价从业人员监管，提高其行业自律能力；社会组织要在法律法规的范围内依法从事活动，充分利用环境公益诉讼这一法律工具，以企业环保信用评价结果为线索，找寻损害社会公共利益的环境污染和生态破坏案件，对符合起诉条件的案件应当及时向有管辖权的法院提起诉讼；构建公众参与信用评价的畅通渠道，引导普通民众积极参与并发挥监管作用。

三、符合信用评价的国际惯例

由前述美国和欧盟信用评价主体制度的比较研究可知，发达国家的信用评价机构通常是独立的第三方机构。事实上不仅仅是美国和欧盟，纵观国外，信用评价与监督管理部门通常都是相互分离的，企业及个人的信用评价都由一些独立的企业资信调查类信用管理公司负责，这些公司均是独立的第三方信用评价机构。美国的信用评价机构完全是市场经济的产物,均是由私人部门发起设立的中介机构,即便是国际公认的最权威的三大专业性评价机构,即标准普尔、穆迪和惠普也不例外。美国早期的法律规范没有对评价机构准入设定条件,评价机构凭借精准的金融风险专业预测能力获取委托人信任,并逐步发展壮大。政府扮演信用评价机构的推动者或监管者角色,通过完善信用立法引导信用评价机构健康发展,从第一次经济大危机到第二次经济大危机的四十年是美国评价机构快速发展的时期,期间美国多部信用管理类法律规范陆续出台,形成了相对健全的国家信用管理法规及制度体系。这些法规注重从市场监督机制中获取信息对评价机构进行监管,在安然事件、世通破产,尤其是次贷危机之后,国家又进一步强化了对评价机构的监管,对优秀的评价机构制定严格的市场准入条件,同时加强信息披露规制,提高评价结果的可审核性①。美国通过健全信用立法,而非直接管制的方式推动本国信用评价机构的发展,此种机制造就了一大批国际顶尖评价公司,比如标准普尔、惠誉、穆迪等国际权威的第三方评价机构,以其常年的专业水平和评价口碑稳居信用评价引领军地位,其评价结果成为政府实施监管行为的参考,满足投资人、消费者等特定群体的不同需求。欧盟的第三方评价机构尽管与美国发展历程不尽相同,但也同样是欧盟各成员国境内信用评价业务的主力军。20世纪80年代之前,欧盟各国中央银行大都建有负责企业信用评价工作的公共征信系统,比如德国中央银行在金融体系中居于核心支配地位,银行评价的统一性基本能够满足资本市场的需求,专业性的第三方评价机构早期并没有产生②。但是中央银行的评价大都是经济性评价,比如债权评价等,而且信息通常不对外公布,不能满足更多社会群体的需求。欧盟的评价第三方市场起步很晚,20世纪80年代之后欧盟各国的第三方信用评价机构依然规模较小、影响力不大。但是,为了同时吸引美国投资者的投资,欧盟的评价模式必须与美国保持相似的模式,即通过评价结果质量高的第三方评价机构实施评价行为,前期包括德国、法国等

---

① NACIRI A. Credit rating governance: global credit gatekeepers. Londen[M]. New York: Routledge Taylor & Francis Group, 2015:89-97.

② 张亦春,郑燕洪,雷连鸣. 国外信用评价制度与对我国的启示[J]. 河南金融管理干部学院学报,2005(5):55.

主要的欧盟成员国通过认可一些国际大型的信用评价机构及其评价结果来弥补国内第三方评价机构发展不充分的缺陷，后期这些国家通过法令规定了信用评价机构的强制注册、认证制度，通过法律规范设定标准引导本国评价机构提升评价质量。

通过美国和欧盟不同模式下的信用评价机构发展效果的比较分析，笔者发现政府将信用评价业务交给市场，通过健全立法引导评价机构良性发展，在法治环境下培育的评价机构一定是具有竞争力的机构。相反，如果政府对评价业务交给市场主体不放心、不放手，或者认为国内评价机构发展不健全，政府通过行政权力代替评价机构的市场行为，将在一定程度上挤压评价机构成长的空间，不利于其评价能力快速提升。实质上，不仅是美国和欧盟，市场经济发达的国家，比如日本等，信用评价都是采取第三方评价模式，只有少数发展中国家，比如印度尼西亚、菲律宾等部分领域的评价业务还由政府承担。因此，我国企业环保信用发展评价机构的趋向应当是国家信用监管部门的行政管理和服务类信用评价企业的行业管理分工明确，各司其职，有效结合。市场进行自我管理，信用评价机构的业务性质决定了其依靠自身良好的信誉生存，在开展评价业务时秉承公开、公正、公平的基本准则，客观、公正、准确地对企业信用进行评估。相反，政府直接评价或者许可程序会造成市场的封闭，并且导致国家变相地共同为评价机构公布的评估结果承担责任。

因此，我国企业环保信用评价体系完善的制度理性应当合理划定政府在评价规范中的行为边界，一方面应当充分尊重企业环保信用评价的市场特质，以市场为本位对我国的现行制度进行修改完善，在制度体系中更多地植入经济激励和自我规制的元素，比如评价指标的设置应当考虑企业内部管理因素，加大不同信用等级的约束和激励力度，促使企业自觉达成高级别的信用等级，另一方面应当结合现代化环境治理体系的科学结构，着力协调重构政府、市场、公众的角色定位和功能，形成多元参与的规范结构。在企业环保信用评价法律关系中，政府是行政管理权行使主体，建立健全完善的企业环保信用评价制度体系，指引第三方评价主体优化评价效果，并对不法行为进行监管是其应尽之职，也是政府行为和非政府的市场、公众行为的合理边界。

第四节　企业环保信用评价主体转移下的保障机制跟进

目前,由环保部门实施的企业环保信用评价制度在理论上与规制主体多元化相背离,存在评价工作与行政职能抵牾、行政行为难以定性、削弱规制空间各主体的功能发挥等问题。相较于政府,第三方机构作为评价主体不仅具有正当的评价权源、符合国际信用评价主体设置惯例,而且有助于理清评价中政府行为的边界。企业环保信用评价从政府到第三方评价机构的主体转移,其意义不仅仅在于将政府的工作交由市场主体来负责等表象价值,更在于它提供了规制治理理论下规制主体多元化的制度实践样本,有利于系统培育第三方评价机构参与环境治理的法治环境。规制主体的多元引入是规制治理理论的成果凝结,需要各部门法从法律体系到制度体系,再到具体规范设置的系统接纳。我国第三方信用评价机构在政府多层级直接监管模式下产生并发展,市场化发展程度不高,评价能力有限,业务多限于企业债券评价、信贷评价、担保评价等经济信用评价活动[①]。因此,在企业环保信用评价主体转移的同时,应当同步健全相应的保障机制。

一、提升第三方评价机构的准入规则

准入规则有利于确立第三方评价机构的权利能力和行为能力,提升其在国内外评价市场的竞争力,引导评价机构高水平发展。第三方信用评价机构享有权利、承担义务的前提是其应当具有相应的权利能力和行为能力,第三方信用评价机构属于企业法人,其权利能力和行为能力保有的期间与法人存续时间一致,权利能力和行为能力范围与法人营业执照登记的范围一致。我国《公司法》对于有限责任公司、股份有限公司、一人公司等不同形式公司的成立目前持开放态度,特别法有规定的遵从其规定。《征信业管理条例》(2013年)对于从事个人征信的第三方征信机构的

---

① 刘晓剑.中国信用评价行业监管研究[M].北京:经济科学出版社,2013:71-100.

成立规定了具体的准入条件,包括股东资格限制条件(主要股东最近3年无重大违法违规记录)和注册资本限制(不少于人民币5 000万元)等,且实行审批成立制,即需要国务院征信业监督管理部门批准。但对于从事企业征信的第三方征信机构没有主要股东资格限制和注册资本限制,除了符合《公司法》规定的设立条件并已经完成工商登记,需要提交股权结构、组织机构说明;业务范围、业务规则、业务系统的基本情况;信息安全和风险防范措施等文字性说明和证明材料,并向国务院征信业监督管理部门派出机构办理备案登记即可[①]。中国信用协会于2013年制定了《社会信用服务机构执业管理办法》,依据该办法,信用服务机构成立需要有不少于人民币100万元的注册资本,有符合任职资格条件专业技术人员以及开展业务所需的基本设施、信用管理体系体标准以及内容规范制度建设等条件[②],符合条件的信用服务机构向中国信用协会认证认可委和省发展改革行政主管部门办理备案手续。已经印发的地方信用管理立法中,如《上海市信用评价条例》《河南省社会信用评价条例》等,均没有对信用服务机构准入进行规范的条款。

为评价机构设定较高的准入标准,将准入规则法制化,通过此举引导评价机构业务提升能力,是评价业发达国家的普遍做法。以美国为例,美国早期立法并没有对评价机构设置准入门槛,20世纪70年代经济危机后,由于很多评价公司的评价质量受到投资方、公众甚至政府管理者等各方质疑[③],政府不得不采取规范化措施保障评价机构的评价成果质量提升。《1934年证券交易法》为高级别评价机构设置门槛,使用了NRSRO的概念并要求评价机构通过申请获取许可准入资格[④],由于该法中的规定缺乏透明性和不规范性,NRSRO资格申请是否能够获批就变得不可预期,引起了部分没有获取NRSRO资格的评价机构质疑。2006年美国参议院通过的《信用评价机构改革法案》系统规定了NRSRO的法定条件,即持续从事信用评价业务满3年;所发布的评价报告已经得到金融机构、

---

① 具体内容参见《征信业管理条例》第十条规定。
② 具体内容参见《社会信用服务机构执业管理办法》第二十条规定。
③ 袁敏. 资信评价的功能检验与质量控制研究[M]. 上海:立信会计出版社,2007:20.
④ 参见 Securities Exchange Act of 1934, Section 19.

保险公司等广大发行人以及机构投资者的认可;完成注册程序。同时,该法案还规定了评价机构注册应当提交的资料信息清单,该资料清单能够全面反映评价机构的评价能力及社会信任度①。NRSRO 的法定条件不是评价机构的一般性准入条件,而是优中选优的拔高性资格条件,正是这种高规格的筛选条件,造就了美国一大批国际权威的评价机构。无独有偶,2009 年 12 月 7 日,《欧洲议会和欧盟委员会关于信用评价机构第 1060/2009 号监管法令》开始实施,该法令也系统规定了信用评价机构的强制注册、认证制度的条件及程序。

因此,我国现有的信用服务机构的成立条件仅是满足其市场准入的基本条件,信用服务机构权利能力和行为能力的提升有待借鉴美国 NRSRO 和欧盟相似的高规格准入条件,以便培育高品质的信用服务机构。次序提升第三方信用服务机构的准入标准,可以通过以下两条路径达成。一是在现行的基础性准入条件的基础上,并行设置两类不同的准入标准,即基础准入条件和高标准准入条件,鼓励目前信用评价能力强的信用服务机构申请注册高标准准入,高标准准入条件设置可参照 NRSRO 机构注册标准以及欧盟信用评价机构的强制注册、认证标准,在具体标准设置上凸显信用服务机构的评估业务能力、信息披露程度、既往服务业绩等更为硬核的准入条件。二是暂时维持现有的基本准入标准不变,待未来时机成熟时再统一修订为更高级别的准入标准,后续的标准设置仍需要参照 NRSRO 机构注册标准以及欧盟信用评价机构的强制注册、认证标准,力求对标国际权威评估标准,为实现国内信用服务机构的国际化夯实规范基础。相较于后一种路径,前一种路径可能更有利于信用评价机构在市场竞争中快速成长。

二、配置第三方评价机构的权利义务

权利和义务是私法的核心概念,亦是法律生活多样性的最终抽象②,是法学的基本范畴之一。对于权利和义务至今都没有明确统一的

---

① 参见 Credit Rating Agency Reform Act of 2006.
② 朱庆育. 意志抑或利益:权利概念的法学争论[J]. 法学研究,2009(4):188.

概念认定,大概是因为权利和义务可能原本就没有真正的法律定义,定义来自下定义者的目的和职能①。就权利概念而言,尽管萨维尼、温德沙伊德、耶林、拉伦茨、凯尔森等对于权利的实质、内涵等有过不同角度的深入阐释,但通常来看,权利是法律赋予权利主体作为或不作为的许可、认定及保障。而义务也被从不同维度进行定义,如"不利益""负担约束""约束手段"等②,作为与权利相对应的概念③④,法律义务是法律关系主体的法律行为偏离法律预设,并苛以法律责任的正当理由,即法律关系主体必须作出一定行为或不得作出一定行为的约束,法律义务应当由"应当＋行为＋引起法律责任的可能性"构成⑤⑥。权利义务配置是第三方评价机构从事信用评价法律行为,产生信用评价法律关系的基础性要素。

第三方信用评价机构的权利是一项集合性权利,通过法律规定或合同约定方式获取。具体到企业环保信用评价服务则包括信息采集权、信用等级评定权、信息加工权、信息公开权、授权使用权等具体权能,具体权能的设置主要依据信用机构开展信用服务整个流程中可能涉及的权益配置需求。其中信息采集权属于基础性权利,是指信用评价机构根据信用服务需求,利用一定的人员、设备和方法,采用一定程序,对企业各种与环保信用相关联的信息或数据进行收集、记录的权利,已经公开的信息通过公共渠道获取,未公开信息通过服务对象定向方式采集获取。信用等级评定权是指信用评价机构根据法律法规规定的评价指标、评分方法以及级别限制条件,或者结合本评价机构研发的评价指标、方法及级别限制条件,对参评企业的环保信用状况评估定级的权利。信息加工权是指信用评价机构根据政府、市场或社会等不同主体或领域的信息获取需求,对参

---

① 劳伦斯·M. 弗里德曼. 法律制度[M]. 李琼英,林英,译. 北京:中国政法大学出版社,2004:12.
② 张文显. 法哲学范畴研究[M]. 北京:中国政法大学出版社,2001:300-305.
③ 关于权利和义务的对应性应当做较为宽泛的理解,即权利与义务的联系并非总是直接的、一对一的。很多人误读马克思的名言"没有无义务的权利,也没有无权利的义务"认为权利和义务应当具有严格的对应性,其实这一言论是对权利义务价值的判断,而非事实判断。
④ 郑成. 权利本位论[M]//法理学论丛:第1卷. 北京:法律出版社,1999:523-525.
⑤ 本书关于法律义务的定义参见钱大军的《法律义务的逻辑分析》,该文提供了一个法律义务规范化的基本框架。
⑥ 钱大军. 法律义务的逻辑分析[J]. 法制与社会发展,2003(2):83.

评企业的各类环境信息进行分类、统筹、处理的权利。信息加工权行使的质量与信用评价机构的服务质量和能力密切相关，它是信用评价机构通过信用服务营利的基础性权利。信息公开权是指信用评价机构将收集的环境信息、环保信用评价结果以及加工完成的环保信用报告等产品向特定对象或公众依法或依约公开的权利。该项权利的行使是为了最大化地利用信用产品的价值，同时有利于监管主体便捷管理信用服务机构。授权使用权是指信用评价机构依照法律规定或合同约定，将信用评价结果以及相关加工完成的信用报告等产品授权政府主体、市场主体和社会主体使用的权利。授权使用权是保障信用评价结果等信用产品社会治理功能实现的重要路径。

第三方信用评价机构的义务是信用评价机构必须作出一定行为或不得作出一定行为的约束，依据此种约束的来源不同又可将义务分为法定义务和约定义务，在此仅讨论法定义务。依据我国《公司法》《证券法》《征信业管理条例》《社会信用服务机构执业管理办法》等国家法律规范，结合《上海市社会信用评价条例》《河南省社会信用评价条例》等地方性法规以及企业环保信用评价实践的现实需求，将第三方信用评价机构的义务归为四类，分别是合法收集信息义务、客观公正评价义务、信息公开义务、信息保密义务。其中，合法收集信息义务是指信用评价服务机构应当采用符合法律法规的方式依法收集企业信用信息，不得以欺诈、利诱、盗窃、贿赂、胁迫、利用计算机网络黑客侵入等违法手段获取信用信息，采用不合法的手段和方式收集的信用信息不能作为信用评价以及信用产品加工的依据。客观公正评价义务是指信用评价机构应当依据法律法规规定的评价指标、评分方法以及级别限制条件，使用客观存在的真实信用信息，诚实守信、实事求是、公平中立地对企业信用评定等级。客观公正评价义务要求信用评价机构及其执业人员在开展信用评价业务时，如果该项业务与委托人或业务相对人有业务关系或可能影响信用评价公正性等利害关系，信用服务机构不得承接该项业务，信用执业人员应当回避。信息公开义务是指信用评价机构将收集的环境信息、环保信用评价结果以及加工完成的环保信用报告等产品向特定对象或公众依法、依约公开的义务。信息公开义务是国际通行的信用评价机构承担的法定义务之一，基本法理是保障政府、市场和公众知情权的实现①。信息公开既是信用服务机构的权利,也是一项法定的义务。信息保密义务是指信用服务机构及其评价工作人员在开展业务时,对个人隐私、商业秘密和国家秘密负有保守秘密、不得宣扬泄露的义务。第三方信用评价机构应当辨识信息公开权利和信息保密义务行使的边界,信息公开权利的行使不能触及个人隐私、商业秘密、国家秘密的保密义务底线。

三、健全第三方评价机构的监督制度

第三方评价等私人规制以市场为基本动力,存在私人自治性堪忧、运行失范及监管乏力等困境②。强化对信用评价机构的监管是国际上通行的做法,例如2008年次贷危机爆发后,美国和欧盟相继出台针对信用评价机构监管改革的法律和措施③。社会信用水平与社会信用监管之间的关系,在现有的研究成果中,总是以一种默认的"加强社会信用监管会提高社会信用水平"的正相关的关系出现④。事实上,相关分析结果表明,社会信用监管与社会信用水平之间存在正相关关系:一方面,从宏观层面上来说,社会信用水平与社会信用监管的评价水平间呈显著正相关关系,即社会信用监管水平越高,则社会信用水平越高。另一方面,社会信用各个监管维度的水平分别与政府信用、企业信用、非营利组织信用、个人信用存在显著正相关。完善的社会信用监管可以通过健全信用制度,减少不确定性,从而减少失信行为的发生,并通过强有力的奖惩机制强化信用主体守信行为⑤。对信用评价机构应当采用多元主体的监管模式,该模式有助于整合多部门、多层次、多主体的监管力量⑥,强化对信用评价机构的规范性引导,促使其合法、合规地实施评价行为。

一是要完善政府部门的行政监管。社会主义市场经济是信用经济,

---

① 后向东.信息公开法基本理论[M].北京:中国法制出版社,2017:53.
② 胡斌.私人规制的行政法治逻辑:理念及路径[J].法制与社会发展,2017(1):157.
③ 马建威.美欧信用评价法律监管的发展及启示[J].北京社会科学,2015(11):123.
④ 徐嫣,王博.论失信联合惩戒视野下社会组织信用监管制度的构建[J].法律适用,2017(2):116-118.
⑤ 邓博文,曹廷贵.信用评价行业的监管与评价质量[J].国际金融研究,2016(3):40.
⑥ 陈丽君,杨宇.构建多元信用监管模式的思考[J].宏观经济管理,2018(12):45-54.

也是建立在稳定的信用关系基础上的法治经济,稳定可靠的社会信用体系是市场经济有效运行的基础条件,建设完善的社会信用体系有助于维护市场经济秩序①。在我国社会主义市场经济快速建设的过程中,已经出现了一些比较严重的社会信用缺失问题。社会信用监管体系是社会信用体系建设中最重要的部分,经过多年的探索,我国社会信用监管体系有所发展,但从最初的政府在信用监管中的缺位,到多部门各自为政的过度监管,社会信用监管制度的发展与市场经济的发展并不匹配。首先,政府需要进行角色与任务的转变。作为多中心治理模式中的多元主体之一,政府应当由简单的直接管理转变为主导管理,成为多中心制度中的宏观框架与政策制定者,规则、制度设计者,以及市场管理者。从我国目前环保信用监管体系建设成效来看,公众对政府监管行为的认可程度较低,这一方面是政府本身信用较低所导致,另一方面也是政府在环保信用监管工作中的过度监管或监管缺位所导致②。要完善政府监管体系,政府要转变角色,改变意识,成为环保信用监管体系框架制定者,完善环保信用监管法律法规体系,使得各主体的环保信用监管有法可依,规范环保信用的监管行为。并且在健全环保信用监管法律法规体系同时,确保法规执行的有效性,强化信用行为。其次,政府要加大社会信用监管体系建设投入,克服信用信息的不流通所带来的难题,在技术上取得突破,建设区域联合信用信息交换平台,在这个公共信用信息交换平台上实现信息的传输与共享,建设合适的信用信息获取途径,建立联动式的多元参与社会信用监管模式,实现信用监管的时效性与有效性③。再次,政府要加强社会信用的宣传教育,培育公民进行公共参与的德性(Virtue)④,强化社会信用观念,形成一个良好的信用环境,在宏观上为社会信用监管体系建设提供良好环境。最后,加强政府监管建设必须要规范政府自身监管行为,展现一

---

① 于新循,付贤禹.从自律走向他律:我国政府信用的法制化探径[J].社会科学研究,2011(2):76.
② 郭薇.政府监管与行业自律:论行业协会在市场治理中的功能与实现条件[M].北京:中国社会科学出版社,2011:10.
③ 刘建洲.社会信用体系建设:内涵、模式与路径选择[J].中共中央党校学报,2011(3):50.
④ 孟融.国家治理体系下社会信用体系建设的内在逻辑基调[J].法制与社会发展,2020(4):177.

个良好的信用形象,提高政府信用,提高政府行为公信力。通过转变政府定位,健全信用监管法律法规体系,构建社会信用信息数据库平台并规范政府自身行为,全面完善多元参与式社会信用监管体系中政府监管的建设,从而提高社会信用水平。

二是健全公众参与公共监督机制,推动媒体、行业协会、独立的社会团体以及个人参与社会信用监管,完善多元参与式社会信用监管机制。首先要加强媒体对各个信用主体信用行为的监督与披露,并强化媒体职业道德与法规建设,确保其社会信用监管的独立性,披露信用信息的公正中立性。其次要为独立的社会团体对各个信用主体信用行为的监督提供途径,确保社会信用监督的独立公正与有效,同时要充分利用行业协会这个规范约束企业行为的重要监管平台,使其发挥行业自律、行业监管、行业协调的职能,提高企业信用水平。最后要构建多元的自治主体,强化公众参与意识,构建畅通的公众参与渠道,引导普通民众积极参与对各信用主体的信用监管,从而在整体层面提高社会信用监管意识,提高社会信用监管效率以提升社会信用水平。

三是强化评价机构的自律监督,公共事务治理中的自治主体应相互监督与自我监督,尤其是强化社会信用主体的自我监督,规范法律关系各主体的信用行为,从而在整体层面上提升社会信用水平。这不仅要求政府对社会信用整体环境进行引导,树立良好的信用意识,而且加强信用主体自我监管,要求政府、非营利组织、企业设立相应的内控机制,实现内部信用监管,定期在组织内部进行信用文化与法规的宣传与教育,自规自律,展现良好的信用形象。同时个人也对自身的信用行为进行自我监督与自我约束,减少失信行为的发生,从而在根源上提升社会信用水平。

四、完善第三方评价机构的责任制度

第三方评价机构作为规制主体,应与政府部门协同履行行政管理职能,分担政府部门行政管理压力,机构在实现矫正政府失灵功能的同时,也实现了个体经营利益和公共利益的双赢。同时,第三方评价机构作为行政管理法律关系的相对人,以及民事法律关系的一方当事人,承担遵守行政、刑事、民事法律规范的义务,对违反法定或约定义务行为承担相应

的法律责任。依据法理学对法律责任的一般定义,信用评价机构的法律责任是指信用评价机构因违反法定义务或约定义务,对特定法律事实所引起的损害承担补偿、强制履行或接受惩罚等特殊义务,即因违反第一性义务而引起的第二性义务负担。

法律责任承担依据民事、行政及刑事法律规定,其中民事责任还可由合同设定,行政责任已放置于前节政府部门的行政监管中讨论,本部分不再阐述环保信用评价机构的行政责任,仅围绕民事责任中的约定和法定责任以及刑事责任的完善展开。

信用评价机构的民事责任有法定责任和约定责任,其中,约定责任发生在企业环保信用评价委托方与信用评价机构之间,具体责任内容遵从当事人的合同条款。在企业环保信用评价主体由政府部门转向第三方评价机构的市场主导模式下,政府的主要功能从制定并实施评价工作转变为事前制定环保信用评价规则,事后实施评价监督,环保信用评价委托者委托具有评价资质的第三方机构对参评企业环保信用评估定级,第三方机构独立开展评价,政府、市场和社会等各类共享主体获取信用评价结果,并在管理、经营、生产生活等领域根据需要引用评价结果,通过激励和惩戒措施对参评企业信誉、财产等权利义务产生影响,参评企业自我规制经营行为实现生态效益、经济效益、社会效益等的整体提升。上述过程可以提取四类企业环保信用评价法律关系,即信用评价机构与参评对象之间的环保信用评价法律关系,环保信用评价委托方与信用评价机构之间的委托评价法律关系,环保信用评价结果引用者与第三方评价机构之间的评价结果引用法律关系,信用评价监管主体与第三方评价机构的监督管理关系见图4-1。由于环保信用评价结果主要用于生态环境治理,环保信用评价的委托方可由生态环境部门担任,并通过信息公开将评价结果共享给政府、市场和社会主体,商业银行、保险机构等金融机构也可根据自身经营需求委托第三方评价机构开展评价,第三方评价结构也可以加工制作满足不同主体需求的企业环保信用报告。作为委托方与信用评价机构之间产生的委托评价法律关系,约定责任取决于双方委托合同约定,评价机构应当按照合同约定履行合同义务,否则应当承担合同违约的法律责任。同时,由于该委托合同涉及参评企业的信用权益,合同条款不能损害参评企业的合法权益,否则委托人和受托人应当承担相应的损害赔偿责任。

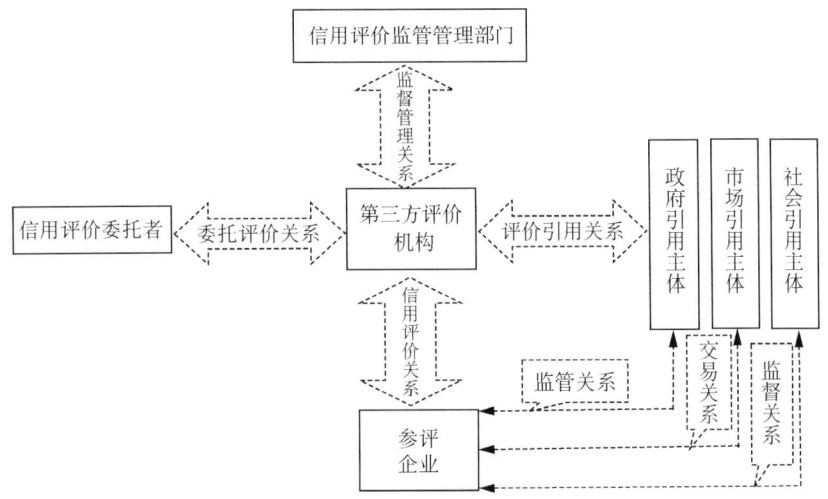

图 4-1　企业环保信用评价法律关系

2020年1月1日生效的《民法典侵权责任编》(以下简称《民法典》)规定了信用评价机构的民事责任,该责任属于法定责任。根据现有法律规范,信用评价机构的责任包括信用评价结果不当责任以及信用信息处理不当责任。如果参评企业发现环保信用评价结果存在不当,信用评价机构及时核查属实的,应当采取更正、删除等必要措施。如果对评价结果是否"存在不当"双方当事人存在异议,参评企业可以向人民法院诉讼请求评价机构采取更正、删除等必要措施,同时可以就不当评价结果造成的信用权益侵害,请求损害赔偿,保障环保信用评价结果与企业的真实环保信用状态相符。信用评价机构不仅进行单纯的信用评价活动,还会对企业的环保信用信息进行加工处理,并生成各类有价值的信用报告,供不同需求主体使用,信用的加工处理过程也可能侵犯参评企业的信用权益。信息处理(收集、存储、使用、加工、传输、提供、公开)行为应当遵循合法、正当、必要原则,同时应当征得参评企业同意(另有规定除外),公开处理信息的规则,明示处理信息的目的、方式和范围,不违反法律、行政法规规定等条件,信用评价机构的信息处理行为违反上述规定,对参评企业造成损害且没有法定的免责事由①,应当承担相应的民事责任。

参评企业信用权益套嵌入名誉权的模式表明信用权益的侵权需要适用名誉权侵权的民事责任承担规范。尽管名誉权保护模式能够对信用权中的精神利益进行保护,但无法充分保障具有人格和财产双重利益属性的信用权,尤其是无法保障不降低当事方名誉的单纯信用权侵权问题。因此,后续《民法典》的立法及司法解释等文本可以考虑将信用利益从名誉权中提取出来,作为与名誉权并列的人格权类型,并跟进对信用权侵权的责任承担方式以及赔偿范围进行规范,且信用权作为人格权的民法前置确立对于评价机构的刑事责任制度完善具有重大意义②③。

《中华人民共和国刑法》(以下简称《刑法》)自1997年颁布至今已经20多年了,其间先后以《刑法修正案》方式对条文内容作了多次调整,若干司法解释也进一步明晰了部分条款的具体适用④⑤。《刑法修正案》和司法解释对侵犯人身权利罪的修订主要集中在物质性人格利益,对精神性人格权的保护几乎没有条文变动,有强烈人格属性的信用利益也未能成为刑法保护的法益。损害商业信誉、商品声誉罪主观上要求行为人具有故意捏造并散布虚伪事实,客观上造成了企业商业信誉、商品声誉的重大损失或者有其他严重情节的行为,尽管此种违法犯罪情形发生在第三方信用评机构的概率较小,但是如果信用评价机构实施了上述行为,造成参评对象商业信誉、商品声誉的重要损失,符合本罪罪刑法定的条件,便可构成本罪。刑事责任承担遇到与民事责任承担相同的问题,目前《刑法》规定实质上是对企业名誉损害的刑法保护,沿袭民法对民事主体名誉权的规定,并没有考虑信用权侵害区别于名誉权侵害的独特性,对于非名誉性损害的信用权侵害不具有法律拘束力。市场经济是信用经济,法律制度

---

① 《民法典》"侵权责任编"第一千零三十六条规定了信息处理者的处理行为侵权的民事责任免责情形。

② 鉴于刑法在保护法益上具有保障性或后序位性,包括信用权在内的信用权的刑法保护需要民法对信用权独立法权地位的前置确立。如认为民法是前置法,刑法是保障法;民法先确立违法性,刑法后确立犯罪性。

③ 刘艳红.民法编纂背景下侵犯公民个人信息罪的保护法益:信息自决权:以刑民一体化及《民法总则》第111条为视角[J].浙江工商大学学报,2019(6):22.

④ 再比如有学者认为,只有在其他手段或民事上的控制不充分的时候,才能使用刑法。

⑤ 平野龙一.刑法的基础[M].黎宏,译.北京:中国政法大学出版社,2016:90.

是满足社会需求的行为规范,在中国当前社会信用建设的背景下,信用制度需要渗透民事、行政、刑事等各个部门法,借助部门法的聚合规制力量推动社会信用建设的法治化。固然《刑法》应当保持谦抑,但是作为威慑力度最大、影响最为深远的部门法,刑法必须跟进当下信用建设的社会需求,审慎适度推进信用犯罪立法,以彰显对企业信用的平等保护。因此,《刑法》可在第二百四十六条侮辱罪、诽谤罪之后添加一款,作为第二款,拟定罪名为妨害信用罪①,具体条文可表述为:"故意捏造、散布虚假信用信息,或者采用欺诈手段利用他人信用信息,情节严重的,处三年以下有期徒刑、拘役、管制,并处或者单处罚金。"在保持立法相对稳定性的前提下,增设信用权的刑法保护条款。

---

① 夏伟.信用权保护规则的刑民一体化构造[J].现代法学,2020(4):181.

第五章　基于规制治理理论的企业环保信用评价指标制度的完善

　　根据组织社会学的一般原理,评价标准是一种重要的符号资源,当符号资源被高度集中,往往意味着人们对某类事物的认知、评价形成了统一观念,一个内部高度共识的领域更容易建立稳定统一的声誉市场。相反,一个领域中的评价标准越杂乱,统一的声誉环境就越难形成,声誉就越不稳定[①]。现有的企业环保信用评价标准差异性较大:地方指标与国家指标不同,不同省份指标不同,甚至同一省份不同地市的指标也不相同。此种差异性导致存在中央—地方不同层级,以及各个不同地区存在多个环保信用信息源,不利于企业环保信用充分发挥环境治理功能,因此在这种多元格局下,均一化的信用评价标准就显得格外重要[②]。而且,现有的企业环保信用评价指标亟待健全:当前以环境违法信息为中心构建的评价指标体系产生企业环保信用等同于守法的悖论,不能有效度量、客观表征企业环保信用的全貌。规制治理理论通过各种复杂且微妙的方式影响着被规制者的行为,以开阔的视野关注各主体、各因素对规制效果的影响,例如内部环境管理体系与文化以及以不同形态展开的市民社会,均对规制法律关系及其绩效产生影响。现有企业环保评价指标体系的改造围绕诚信度、合规度和践约度三维展开,基本思路应充分关照到诚信度、合规度和践约度指标与道德义务、法定义务和约定义务的对应性,更加关注参评企业内生动力形成的多元化指标制度完善,形成外部引导、内部回应的协同指标治理新机制,对参评对象形成可持续绿色发展的行为规范指引。

[①] 周雪光.组织社会学十讲[M].北京:社会科学文献出版,2003:272-274.
[②] 吴元元.信息基础、声誉机制与执法优化:食品安全治理的新视野[J].中国社会科学,2012(6):115.

遗憾的是,由于国外信用评价机构并不对企业环保信用进行独立评价,客观上造成了无法对环保信用评价的指标制度开展比较法研究,因此本部分与第四章主体制度的域外借鉴内容无法照应,在此说明。

第一节 行政规制思路下评价指标单维度设置的理论反思

尽管《企业环境信用评价办法(试行)》(2013年)、《关于加强企业环境信用评价体系建设的指导意见》(2015年)等规范规定了企业环保信用评价具体评价指标和评分方法,但是因为规范文件的效力过低,抑或是文件制定主体对评价指标科学性信心不足,在国家发展改革部门、生态环境部门等大力推动下,目前开展企业环保信用评价的省(自治区、直辖市)大都制定了适用于本地域的评价标准。除了评价指标不统一,现有评价指标存在的其他问题亟待系统梳理。

一、产生"守信等同于守法"的悖论

国家层面的指标体系参考《企业环境信用评价办法(试行)》的附件《企业环境信用评价指标及评分方法》,根据该文件,企业环保信用评价指标体系包括污染防治、生态保护、环境管理、社会监督等方面共21项子指标,见表5-1。

表5-1 国家层面企业环保信用评价指标体系

指标类型	指标权重		子指标内容
污染防治	29%	1	大气及水污染物达标排放
		2	一般固体废物处理处置
		3	危险废物规范化管理
		4	噪声污染防治
生态保护	5%	5	选址布局中的生态保护
		6	资源利用中的生态保护
		7	开发建设中的生态保护

(续表)

指标类型	指标权重		子指标内容
环境管理	54%	8	排污许可证
		9	排污申报
		10	排污费缴纳
		11	污染治理设施运行
		12	排污口规范化整治
		13	企业自行监测
		14	内部环境管理情况
		15	环境风险管理
		16	强制性清洁生产审核
		17	行政处罚与行政命令
社会监督	12%	18	群众投诉督
		19	媒体监督
		20	信息公开
		21	自行监测信息公开

地方评价指标方案大致可分为两类：一类是原则上采用原环境保护部等四部委制定的标准，但对部分指标及其权重做了调整，如重庆市、湖北省等地的评价指标方案；另一类是在很大程度上突破了原环境保护部等四部委的指标，创造了更为简单便行的指标体系和计分方法，比如山东省、吉林省等地的评价指标方案。除了在2013年国家文件发布之前已经完成了评价指标制定的江苏、山西、浙江等三个省份，已经有25个省（自治区、直辖市）（台湾地区和香港、澳门特区不在统计范围）完成了本行政区域内企业环保信用评价指标规范的制定或修订工作。以国家指标为参照，地方的指标体系，又可细分有四种模式：一是执行国家指标体系。二是与国家指标体系形式上不同或少于国家指标，但可以被国家指标涵盖。三是原则上参照国家标准，但对部分指标进行了调整。四是以环境行政处罚等为基础构建的简化型评价指标体系。具体分类见表5-2。

表 5-2　地方企业环保信用评价指标体系分类

执行国家指标体系的省(自治区、直辖市)(4个)	可以被国家指标体系涵盖的省(自治区、直辖市)(6个)	对国家指标体系调整、细化的省(自治区、直辖市)(9个)	以环境行政处罚、处理为指标体系的省(自治区、直辖市)(6个)
安徽省	广东省	福建省	湖北省
内蒙古自治区	四川省	湖南省	山东省
青海省	新疆维吾尔自治区	宁夏回族自治区	河北省
海南省	辽宁省	陕西省	吉林省
	江西省	重庆市	黑龙江省
	山西省	河南省	江苏省
		贵州省	
		甘肃省	
		浙江省	

注：1. 尽管可以被国家指标体系涵盖的省(自治区、直辖市)的指标与国家指标有差异,但在国家指标的范围之内,或者仅做了微小调整；

2. 从现有网络信息看,云南省、北京市、天津市、上海市、广西壮族自治区、新疆维吾尔自治区已开展了企业环保信用评价工作,但具体的评价指标笔者尚且无法从网络资源获取,因此这6个省(自治区、直辖市)不在表5-2统计之列。

表5-2中执行国家指标体系的四个省(自治区、直辖市)、可以被国家指标体系涵盖的六个省(自治区、直辖市)的指标体系存在的问题在分析国家指标体系时已经检视。在以环境行政处罚等为依托的简化指标体系的六个省份(自治区、直辖市),环境行政处罚等信息指标是企业环境违法行为,或者说违反法定义务的行为是被环保行政机关执法评价之后的结果,这与国家指标体系将企业环保信用等同于企业守法并无二致。因此,在地方层面,占比超过60%的省(自治区、直辖市)的评价指标体系存在与国家指标相同或相似的问题,即产生"守法等同于守信,违法等同于失信"的悖论,这一结论无需通过引经据典的论证,仅从词汇文义内涵的简单解释,即可得出两者内涵不对等的结论。

二、限缩了环保信用的内涵及其外延

如前文所述,特定语境下的信用概念实质上是基础元素和目标元素"两元构造"的结果,我们需要将信用放置于不同的语境下,才能综合考虑特定语境下的信用内涵。对于环保信用概念而言,其中的信用是基础元素,秉承信用伦理学意义上的内涵,即自然人或组织诚实、守信的美德,目标元素就是概念中的"环保"二字。环保信用是信用权益的拥有人因保护环境而累积的美德,这种美德主要是诚实、守信方面的美德,诚实守信可以具化为遵守环保法律法规、履行环保合约、承担环保社会责任等具体面向,环保信用的外延应当是遵守环保法律法规、履行环保合约、承担环保社会责任等方面表现的综合体。因此,企业环保信用评价才可据此定义为具有评价资格的组织按照规定的评价指标、方法和程序,对企业遵守法律法规、承担社会责任、履行环保合约等方面的环境信息进行评价,确定环保信用等级,并向社会公开,供社会监督和有关部门、机构、组织、个人等应用的环境治理手段。现有国家及大部分地方的评价指标规范均仅将环保信用内涵中遵守法律法规的环境信息作为评价指标,显然限缩了环保信用的内涵和外延。

个别地方的企业环保信用评价指标规范在设置时已经注意到了此种限制,有意识地在违法性指标体系的基础上进行部分非违法性指标的增添,这些省(区、市)共有九个,分别是福建省、湖南省、宁夏回族自治区、陕西省、重庆市、河南省、贵州省、甘肃省和浙江省。笔者着力梳理对国家指标体系进行填补的九个省(区、市),并着重整理这些省(区、市)评价指标中不能够被国家指标涵盖的部分,进而分析这些指标意欲表达的企业环保信用可能的辐射边界。

表 5-3 中增加的评价指标均属于法定义务之外企业的自愿环境行为,这些指标大致可以分为两类,一类属于部分企业的法定义务,但其余企业因身份特殊不受该义务拘束,比如环境污染责任险、自行监测、清洁生产审核等;另外一类对所有企业来说均不是法定义务,比如环境管理质量体系认证、环境表彰、企业内部管理等,企业具备指标要求的评价材料,表明企业具有较好的环境风险防范能力或者更符合绿色发展的要求。与

国家指标相比,部分省份在环保守法指标之外进行的有限扩张,一方面表达了对守法指标可能不能完全表征企业环保信用全部内涵的担忧,另一方面也表达了在守法指标之外应该还存在其他能够表征企业环保信用指标类别的内心确认①。但随之而来的问题是:地方增加的指标,连同守法类指标,能否完整表征企业环保信用内涵? 如果不能,那么其他的表征空间如何定位? 企业环保信用是从信用概念衍生的次级或三级概念,上述问题的解决借助现代信用管理学的基本理论,客观确定企业环保信用的基本内涵和构成维度,在此基础上建构的企业环保信用评价指标才有可能相对科学全面。

表5-3 与国家指标不同的九个省(区、市)评价指标②

编号	省份	与国家指标体系不同的指标
1	福建省	增加了企业责任指标共10项,如未采用行业领先技术实施减排工程等
2	湖南省	1.考核企业环境风险防控能力建设与执行情况,包括环保机构建设情况,环保管理和技术人员配备情况;2.企业内部环境管理规范是环保诚信企业的基本要求
3	宁夏回族自治区	增加了鼓励类指标两项:参保环境污染责任险,受到市级以上环保表彰
4	陕西省	1.通过环境质量管理体系认证的;2.参保环境污染责任险;3.受到市级以上环保表彰;4.自愿参加环保信用评价,或者被列为参评单位无正当理由拒不参评的
5	重庆市	评价指标包括:1.企业提供虚假评价信息的;2.按照ISO14040~ISO14049系列标准要求开展生命周期评价的;3.取得ISO14001环境管理体系认证的;4.发布年度企业环境责任报告的;4.积极从事重大环保公益活动,受到政府表扬或奖励的;5.未纳入强制性清洁生产审核的企业,主动组织完成清洁生产审核的
6	河南省	1.进一步细化了企业内部环境管理制度及落实情况:环保责任制;环保管理机构设置;环境风险隐患排查整改;环保教育培训;污染防治监测设施管理;2.环保信用承诺分为对法定义务和非法定义务承诺及履行;3不在强制保险范围内自愿投环境污染责任保险;4.在达标基础上减排;5.自愿开展清洁生产审核并通过验收;6.自愿按照《危险废物规范化管理评估指标体系》开展自评,并进行整改;7.自愿参加环境管理认证;8.获得市厅级以上环保表彰

---

① 王莉.我国企业环保信用评价指标体系的三维建构[J].江西社会科学,2019(6):199.
② 违反法定义务的指标,各省与国家指标存在范围大小的差异,因同属于性质相同的守法类指标,不在表中显示。

(续表)

编号	省份	与国家指标体系不同的指标
7	贵州省	1.环境质量体系认证;2.省环保厅和生态环境部表彰
8	甘肃省	企业环保信用评价指标参照工业企业标准化建设指标 1.环境保护主体责任指标(企业主要负责人和分管负责人的主要环保职责,管理机构建设、巡查、登记等管理制度建设,废水废气的操作运行管理制度);2.厂区环境与社会监督(厂区环境整洁、美化,企业环境文化建设)
9	浙江省	1.建立完善的环境管理体制,通过ISO14001认证或清洁生产审核;2.建立环保机构,落实责任制

三、企业自我规制内生能力提升

现有企业环保信用评价的泛行政管理类指标组建模式,使得评价指标的规范效力重回单一行政规制备受质疑的历史场景。在前文描述行政规制向规制治理规制模式及理论变迁原因时就已提及,此种转向起因于科层制下行政规制的低效及碎片化问题:一方面,日益强化的科层制行政规制模式造成财政支出激增,财政赤字扩大。另一方面社会中环境污染、食品安全等违法事件数量日益增多、程度日趋严重,行政规制效果低下、绩效不佳的呼声越来越大,尤其在20世纪70年代很多国家面临财政危机的情况下更为凸显。行政规制碎片化也是实践中受到关注的焦点问题,科层制的行政规制采取条块分割的区域和级别管辖模式,不同区域级别的行政机关管辖的事务和法律程序均需根据法律规范设置,不仅行为弹性不足,且容易造成行政规制事项的遗漏。缺少面向环境信息组成的企业环保信用评价指标,是否也会陷入行政规制低效和碎片化的问题值得反思。

自我规制是个人或团体基于基本权主体地位,在行使自由权、追求私益的同时,自愿承担起实现公共利益的目的①②,通常是指"某个个人的法

---

① 由于自我规制本质上以私人身份实现公共利益目标,通常涉及行为限制与义务负担,因此又被称为"自我设限"或"自负义务"。
② 詹振荣.民营化法与管制革新[M].台北:元照出版公司,2003:148-149.

主体的权利和自由以受到外部影响为契机,主动采取为了实现公共利益的适合的行动①②。"法律制度和法律规范作为有拘束力的行为规范,承担引导、教育法律主体行为的功能,企业环保信用评价指标是信用评价法律关系客体信用的规范表达,通过规范性的评价指标设置赋予信用的法律内涵。规制治理理论强化多元主体、多元措施工具的综合运用,通过各种复杂且微妙的方式影响着被规制者的行为,以开阔的视野关注各主体、各因素对规制效果的影响,尤其关注被规制对象合作行政内生动力提升下的自我规制表现,协力发挥规制空间各主体的治理潜能。正如有学者认为,社会主体民主化的目标发生了改变,其并不在于追求权利平等,也不在于增加公众参与的领域,而是希望通过组织机构的内部理性,即有效的内部控制机构取代外在的干涉型控制③。只有利害关系人共同参与并共同承担责任,个体需求和社会需求之间才有可能建立平衡关系④。企业环保信用评价指标通过健全多元化的指标类型,尤其是内部管理类指标生成,激发企业自我规制内生动力,形成外部行政规制及内部自我规制的回应性指标体系。

现有的企业环保信用评价指标体系应添加能够体现参评企业自我规制性质的指标,一方面与政府的行政管理类指标结构对应,行政管理类指标属于外部作用力(他律)强制性指标,自我规制类指标属于内部作用力(自律)自愿性指标,两者形成行政规制主体和被规制对象之间作用力的闭合回路,而非单方向的线性作用力⑤⑥。另一方面,行政管理类指标具有维护公共利益的目标,自我规制类指标有维护公益和保障私益的双重目标,两者具有共同的公益性目的。因此,行政主体和被参评企业作用力的目标具有高度的一致性,有助于在评价指标规范指引下形成企业环保信

---

① 自我规制也可称为自主规制。
② 原田大树,马克.自主规制的制度设计[J].山东大学法律评论,2008:237.
③ HOPT KJ, TEUBNER G. Corporate goverance and directors' liabilities: legal economic and sociological analyses on corporate responsibility[M]. Berlin, New-York: Walter de Gruyter, 1985:166.
④ 埃伯特·施密特·阿斯曼.行政法总论作为秩序理念:行政法体系建构的基础与任务[M].林明锵,等译.台北:元照出版社,2009:129.
⑤ 国际高权管制属于外部他律行为,自我规制属于内部自律行为。
⑥ 詹振荣.民营化法与管制革新[M].台北:元照出版公司,2003:148-149.

用评价制度的目标和价值,具体见图5-1。

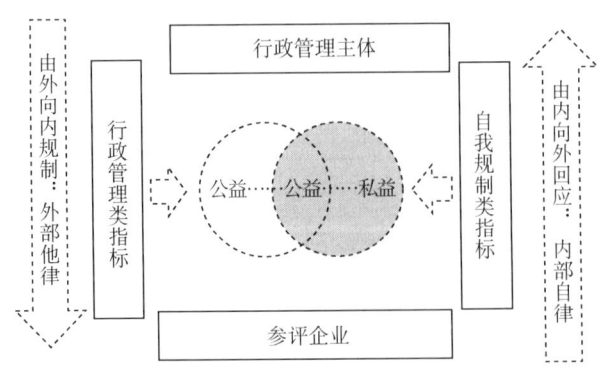

图5-1 规制治理主体、评价指标实现环境公共利益的互动关系

如前文所述,部分省份企业环保信用评价指标已经添加了部分属于参评企业自我规制的指标内容。河南省的评价指标进一步细化了企业内部环境管理制度及落实情况,如环保责任制、环保管理机构设置、环境风险隐患排查整改、环保教育培训、污染防治监测设施管理;添加了环保信用承诺(分为对法定义务和非法定义务承诺及履行)指标,以及不在强制保险范围内自愿投环境污染责任保险的子指标、在达标基础上自愿减排、自愿开展清洁生产审核并通过验收、自愿按照《危险废物规范化管理评估指标体系》开展自评、自愿参加环境管理认证等指标[①]。例如,浙江省评价指标有建立完善的环境管理体制并通过ISO14001认证或清洁生产审核、建立环保机构并落实责任制的内容[②]。又如,陕西省的指标中包括通过环境质量管理体系认证,参保环境污染责任险,自愿参加环保信用评价,或者被列为参评单位无正当理由拒不参评等指标[③]。企业环保信用评价制度属于地方先行实践的制度类型,地方探索出来的不同于国家指标类型,一方面基于单中心行政管理类指标不能充分涵盖信用的内涵及外延,亟待进行可能的合理拓展,另一方面也便于规范化参评对象的自我管理体制,建立环境管理的长效机制。如果从2000年起算,企业环保信用评价

---

① 《河南省企业事业单位环保信用评价管理办法》(豫环文〔2018〕217)附件。
② 《浙江省企业环境信用评价管理办法(试行)》(浙环函〔2020〕16号)附件。
③ 参见《陕西省企业环境信用评价要求及考核评分标准》(2016年1月1日起实施)。

制度经历了从点到面再到全国推开的发展历程,已经在国内实施了21年,全国统一立法应当吸纳地方规范性文件的典型经验,健全企业环保信用评价指标体系,这也是近年建设中国特色社会主义法治体系民法治理、科学立法的常规做法。

第二节 规制治理思路下评价指标从一维到三维拓展的理论支持

作为一种普适性法律制度,企业环保信用评价结果无疑需要具备在全国统一适用的能力,但当前各个地方基于不同标准产生的、以省份为界限割据的评价结果显然不具备此种能力[1]。国内学者们也认为现有评价指标设置不够合理,但研究内容多倾向于实践和现象解释,支撑指标体系建构的基础理论研究乏善可陈,标志性指标选取随意,评价指标体系尚不能有效度量企业真实信用水平[2][3],评价指标亟待从行政违法信息的一维建构模式走向更为科学合理的多维建构模式。因此,打破省市地域界限,构建全国统一适用的评价指标体系成为完成党的十九大提出的"健全环保信用评价制度"的先期条件,也是企业环保信用评价法律制度统一高位阶立法的需求。笔者基于规制治理理论对被规制对象自我规制能力的强化要求,同时基于传统信用违约的基本属性出发,提出企业环保信用评价指标的三维度建构模式。

一、符合信用管理学的信用三维度模型

德国学者尼克拉斯·卢曼从新结构功能主义的理论角度界定信用,认为信任本质上是一种复杂社会的简化机制,它与社会结构和制度变迁有着明确的互动关系,信任本身就是切入社会结果和制度之中的一种功能化的社会机制,当社会发生变迁时,信任的内涵和功能也会相应地发生

---

[1] 王莉.我国企业环保信用评价制度的重构进路[J].法学杂志,2018(7):101.
[2] 张志奇,李英锐.企业环境信用评价的进展、问题及对策建议[J].环境保护,2015(20):51.
[3] 张胜.关于我国企业环境信用评价的若干思考和建议[J].环境保护,2017(20):41.

改变①。现代意义上的信用,已经从作为道德要求的"诚信"、作为经济维度具有预警作用的"经济偿付能力"、作为法律原则的"诚实信用原则"衍生出来,并体现为社会的综合信任文化与环境。社会发展赋予了人们拥有这种社会人文资本的机会,并用一套新的制度和办法让每一个人都能积累和提升自己的这种资本。信用危机的根源在于社会不能正确评价信用资本或者根本就没有建立起信用资本的社会评价体系②。当前我国正在推行的社会信用体系建设是以信用为基础进行社会资源配置的创新制度安排③,社会信用体系建设首先要找到可以度量现代信用的有效工具,即评价的指标体系。作为社会信用体系建设重要方面的企业环保信用体系建设,也应找到能够科学度量企业环保信用的指标体系。

中国人民大学吴晶妹教授创新性地提出构建现代信用三维度模型,该模型提供了无形信用的有形度量方法。吴教授认为,信用是三维概念,现代信用具有诚信度、合规度和践约度三个维度,这三个维度是可以统计、能够量化的。信用主体具备诚信道德的基础素质,就拥有诚信度资本;信用主体遵守社会行为准则的要求和制度规则的约束,就拥有合规度资本;信用主体在经济交易中达成信用交易,履行契约规定,就拥有践约度资本④。其中,诚信度是信用主体的心理活动和道德价值取向,由主体自身的文化水平、价值取向、成长背景决定,受社会道德理念、文明进步、行政管理、法律体系的约束和影响;合规度表现为信用主体对法律法规、政府行政管理、行业规则等社会规范的遵守程度;践约度涵盖成交和履约两个方面,反映了信用主体遵守契约、履行承诺的执行程度。信用主体只有具备三个维度的所有资本,才能拥有信用总资本,才能拥有资源和财富⑤。

目前我国学者研究企业环保信用评价指标体系的成果并不多,有限的研究认为,我国企业环保信用评价指标体系设置不够合理,需要向激励

---

① 尼克拉斯·卢曼.信任:一个社会复杂性的简化机制[M].翟铁鹏,李强,译.上海:上海人民出版社,2005:14-28.
② 吴晶妹.现代信用学[M].北京:中国人民大学出版社,2009:8-10.
③ 吴晶妹.社会信用体系建设是时代所需[J].征信,2015(2):1.
④ 吴晶妹.诚信与信用的辩证统一[J].社会治理,2018(6):92.
⑤ 吴晶妹.三维信用论[M].北京:清华大学出版社,2016:15-19.

第五章 基于规制治理理论的企业环保信用评价指标制度的完善

企业绿色发展方向调整[1],包含评价指标体系在内的评价制度顶层设计不足[2],评价指标对企业环境效益方面的改进所作出的努力考量不足[3],环保信用评价制度所赖以存在的指标体系并不是简单的在"合法"与"违法"之间二选一[4]等,据以评价企业环保信用的信息范围有限,公众难以全面了解企业的环保信用状况,环保信用观念不能有效宣传普及[5]。上述分散、点滴的研究,显然并不足以支撑企业环保信用评价指标体系科学的研究逻辑:从基础理论到制度体系建构的一体化进路。

信用三维度模型为科学度量信用、建设信用评价的指标体系提供了可供借鉴的理论框架,已被用于信用评价及其相关领域研究[6][7][8],该理论对于完善我国企业环保信用评价指标体系也同样具有借鉴价值和理论意蕴[9][10]。首先,信用三维度理论中的合规度指标在我国企业环保信用评价指标体系中已经体现。我国目前国家层面、部分省(自治区、直辖市)以及其他省(自治区、直辖市)的绝大多数评价指标以企业环保违法行为作为指标内容,表征了企业遵守环保法律等规范文件方面的情况,在落实《环境保护法》规定的同时[11],也体现了企业信用重要的表征维度——合规度。其次,以信用三维度理论为参照,国家层面和绝大多数省(自治区、直辖市)的指标体系在诚信度和践约度方面显然张力不足。张力不足主要表现为:诚信度和践约度方面的指标稀缺;有限指标权重较低;指标涵盖面不足。因此,企业环保信用评价指标体系完善,需要在原有指标体系基础

---

[1] 王莉.我国企业环保信用评价制度的重构进路[J].法学杂志,2018(7):100.
[2] 张志奇,李英锐.企业环境信用评价的进展、问题及对策建议[J].环境保护,2015(20):51.
[3] 张胜.关于我国企业环境信用评价的若干思考和建议[J].环境保护,2017(20):41.
[4] 王瑞雪.作为治理工具创新的环境信用评价[J].兰州学刊,2015(1):107.
[5] 杨兴,吴国平.完善企业环保信用的立法思考[J].法学杂志,2010(10):84.
[6] 关冠,王欣妍.后危机时代个人信用三维度量初探[J].人民论坛,2011(5):99.
[7] 周针竹,等.基于"三维信用论"小微企业信用评价指标体系研究[J].征信,2017(1):15.
[8] 陈海盛,等.三维信用理论在分享经济领域的应用[J].江南论坛,2017(9):10.
[9] 吴晶妹,薛凡.吴氏三维信用理论在科技信用评价中的应用[J].科学管理研究,2016(3):37.
[10] 吴晶妹,崔萌,孔德超.新时代的政府信用评价研究:一个全新视角的综述与展望:基于wu's三维信用论[J].现代管理科学,2018(4):3.
[11] 《环境保护法》第五十四条第三款规定了环保诚信档案制度,要求将环境违法行为计入环保诚信档案。

上,关照现行环保法律规范,探索可以纳入诚信度和践约度的具体指标。最后,根据三维度理论,践约度指标是企业达成环保信用交易,履行环保契约情况,比如碳交易、排污权交易等环保交易类合同签订及履行情况,环保承诺等单方合同的签订及履行情况等,都可以表征企业的环保践约度指标。

企业环保诚信度指标如何表征,成为信用三维度理论应用于企业环保信用评价指标建构的主要障碍。原因在于,根据三维度理论,诚信度是从道德文化层面理解信用,表现为信用主体的基本诚信素质,涉及信用主体的道德文化理念、精神素养等,是一个意识形态的概念[①]。根据上述解释,诚信度是企业主观层面的衡量维度,信用评价是用客观标准度量信用的过程和工具,这就需要为主观意识创建客观化的衡量标准,需要将此种客观化的衡量标准纳入现行法律框架的具体规范。

二、规制治理理论与信用三维度具有融贯性

根据吴晶妹教授的信用三维度模型,诚信度、合规度和践约度是表征现代信用的三个维度。这三个维度不仅是可以统计、能够量化的,而且也是周延的,能够完整表达信用的全部内涵。其中的践约度指标由信用主体在经济交易中签订交易合同并履行合同条款内容的信息组成。具体到环保信用的践约度,即参评企业履行环保契约情况,比如碳交易、排污权交易等环保交易类合同签订及履行情况,环保承诺等单方合同的签订及履行情况等,都可以表征企业的环保信用践约度指标。践约度来源于商业信用最初的表现形态,即商业合同签订和履行的情况,签约并履约则为守信,签约而不履约则为失信。规制治理理论主要涉及行政规制主体和规制措施与非行政主体和措施之间如何实现更好的合作,以便协力实现规制目标等理论问题,并不具备对践约度指标完善的指导价值,践约度指标通过签约和履约两个维度即可表征,其历史发展最为久远,并不存在理论争议。与践约度指标不同,诚信度和合规度指标则与规制治理理论具有高度的融贯性。

---

① 吴晶妹.现代信用学[M].北京:中国人民大学出版社,2009:39.

诚信度指标与规制治理理论具有融贯性。依据信用三维度模型,诚信度是指信用主体具备的诚信道德等基础素质。诚信道德侧重对信用主体的软约束,是没有法律强制性要求而自愿从事的行为,这些行为的实施不是基于法律法规的强制性要求,而是基于行为人高尚的道德,强烈的社会责任感、使命感和担当精神,自我实现性是其主要特征。在不同场域下,针对不同对象,予以表征诚信度的行为或信息可以有所不同,但是自愿的自我规制或约束是诚信的核心特征。规制治理理论强调行政主体和非行政主体的对话、合作机制,强调通过对被规制对象自我规制能力提升实现公共治理目标。自我规制的核心要素主要体现为不同层面、一定程度的自愿性,尽管有时这种"自愿"可能来自法律禁止性规定带来的外在强制性压力,也可能来自行政机关权力行使带来的外在压迫性,还可能来自自身经济利益追求或良好声誉获取的内在驱动力。但无论如何,对被规制对象而言,在"自愿"基础上,通过内部治理结构调整或变革,自主设定并实施行为规则以履行环境治理的公共责任[①],无需区分其自愿的强制力来源于哪里。从目前发达国家的环境监管实践来看,为实现环境行政效率最优化,许多社会性领域仍然由多个机构或部门负责,并在其共同目标下开展合作,这是单一机构模式所不能实现的[②]。当前,尽管国内的环保参与主体仍然发育不足,参与力量及意愿有待提升,实质意义的多主体深度参与的"多元共治"环境治理机制也尚未形成[③],但是源于国外的行政规制转型已经发生且必将深度影响国内的环境法律及环境法律制度,因为环境法过去和现在都是实验新型规制方法的绝佳领域。从整体上解决环保问题需要使用多种多样的规制方法,而这些方法都必须是针对具体问题最适合的[④]。企业环保信用评价法律制度是新型的法律制度,尽管其制度体量并不庞大,但是其蕴含并体现了规制治理的新理论、新思想,其

---

① 王清军.自我规制与环境法的实施[J].西南政法大学学报,2017(2):46.
② FREEMAN J, ROSSI J. Agency coordination in shared regulatory space[J]. Harvard Law Review, 2012, 125(5):1137-1138.
③ 陈海嵩.中国环境法治的体制性障碍及治理路径:基于中央环保督察的分析[J].法律科学(西北政法大学学报),2019(4):157.
④ 乌特·萨科瑟夫斯琪,喻文光.通过环境媒介保护的健康保护:空气和水污染防治[J].行政法学研究,2015(4):50.

评价指标向参评企业自我规制内容的拓展,也许提供了深入理解环境监管领域多元主体的行为选择及其互动方式[①]的一个切入点。

合规度指标与规制治理理论具有融贯性。依据信用三维度模型,合规度是指信用主体遵守社会行为准则要求和制度规则约束的情况。规制治理理论来源于行政规制理论,行政规制以主体单一、措施单一、行为方向线性为特征,尽管规制治理理论具有主体多元、措施多元、行为方向多向性等基本特征,但是规制治理并不是脱离行政规制的治理,只是行政主体的规制角色从事前事中监管转变为事后监管,同时将部分行政权力通过妥当的方式配置为市场主体和社会主体,保持行政权力出场的谦抑性和后序位性,扩大市场主体和社会主体合作行政的范围和权利,同时保持其在规制治理失灵时及时矫正的能力。因此,在规制治理的空间内,行政权力依然存在诸多可运行空间,比如违反法律行政法规下行政处罚或行政强制措施的使用等是行政机关保持其行政权威、实施宏观调控及事后监督的常规方式。法律法规是立法机关制定的规范,立法机关由代表全体人民意志的代表组成,在此意义上,法律法规是全体人民意志的体现,全体人民基于信托或授权将意志表达的权利交由立法机关行使,由此在全体人民与立法机关之间建立了基于信任而产生的授权立法及意志表达合意。人民,即法律意义上的法律主体,需要信守此种授权合意,违法承担相应法律责任是对其没有履行授权合意失信行为的不利负担,合规度指标与规制治理理论的融贯性由此产生。

三、三维度指标与道德义务、法定义务和约定义务具有对应性

信用三维度指标中的诚信度是信用主体自身道德素养和德行的综合表现情况,合规度是信用主体遵守法律的综合表现情况,践约度是信用主体遵守合同约定的综合表现情况。诚信度、合规度、践约度的义务基础分别是道德义务、法定义务和约定义务,具体到企业环保信用,其中道德义务承担与参评企业诚信度相对应,法定义务承担与参评企业环保法律法

---

① 陈海嵩.我国环境监管转型的制度逻辑:以环境法实施为中心的考察[J].法商研究,2019(5):5.

规遵守情况相对应,约定义务承担与参评企业环保合约签订及履行情况相对应。在现行环境法律法规框架下,遵守法律法规情况可以直接通过违法信息或者违法后的行政处罚等信息进行表征,签订及履行环保合约情况可以通过环保信用承诺、环保行政合同等信息进行表征。而道德通常属于内化性的价值元素,具有自愿性特征,道德义务高于或等于法定义务是其特征,关于在现行法律规范中如何找到可以表征企业环保道德的指标,本书认为在《环境保护法》《清洁生产促进法》《公司法》等法律规范中可以找到相关指标,其规定的企业环保社会责任自身容纳高于法定义务的道德内涵,使得企业环保社会责任表征诚信度的指标具有妥当性[1],正如有学者所言,"信用机制是实现企业社会责任法律化的制度基础",信用法制是对企业社会责任的间接规制[2]。

其一,环保社会责任软法属性与诚信度之软约束相耦合。根据罗豪才教授的界定,软法是指不能运用国家强制力保证实施的法规范,它是相对于硬法而言的,后者是指那些能够依靠国家强制力保证实施的法规范[3]。软法包含具有一般指导意义内容的软法规范以及规范性文件[4],但软法是法规范体系中的特定部分,由国家或公共机构创制的规范性行为规则,没有法律约束力或只在规制者内部具有法律约束力,通过非法律性的手段实现其支配效果[5]。顺应环境规制的转型发展,软法规范日益发挥着协调硬法治理不足的柔性治理效果。正如罗豪才教授所言,法治现代化要求既要建设法治国家,更要建设法治社会;既要依靠国家来推动法治社会的建设,更要依靠社会依据符合法治精神的软法来自我规范。只有如此,才能最大限度地整合国家强制与社会自治两种机制,发挥硬法与软法两种制度安排的潜力,调动公与私两个方面的积极性和能动性,全面回应多主体、多样化的利益诉求,并全方位实现公共性强弱不等的多样化法

---

[1] 郑少华.试论环境法上的社会连带责任[J].中国法学,2005(2):422-425.
[2] 王雨本.信用机制是企业社会责任法律化的运行基础[J].法学杂志,2011(11):27.
[3] 罗豪才,宋功德.软法亦法:公共治理呼唤软法之治[M].北京:法律出版社,2009:72.
[4] 刘云亮.经济法的软法形式、理性与治理[J].南京社会科学,2018(4):86-88.
[5] 毕洪涛.软法的类型化[M]//罗豪才.软法与治理评论:第1辑.北京:法律出版社,2013:126.

治目标①。社会责任并不是一个强制性的概念,其具有任意性,包括那些不能通过法律制裁强制实施的责任②。我国现行法律规范中的有关企业社会责任的条款表现为具有宣示性的软法条款。比如公司从事经营活动,必须遵守法律、行政法规,遵守社会公德、商业道德,诚实守信,接受政府和社会公众的监督,承担社会责任;企业应当优先使用清洁能源,采用资源利用率高、污染物排放量少的工艺、设备以及废弃物综合利用技术和污染物无害化处理技术,减少污染物的产生。上述列举的有关企业环保社会责任条款缺乏法律责任规定,就意味着不能依靠国家强制力保障其实施,具备软法规范的特性,属于法律规范中的软法条款③④。而所谓"道德"可以是人类生活或行为的善良的价值意义和价值规范,偏重于行为主体的美德。与作为"他律"的法律相比,作为"自律"的道德具有生成方式上的非建构性、行为标准上的模糊性、存在形态上的多元性、调整和评价方式上的内在关注性、运作机制上的非程序性、强制方式上的内在约束性、解决方式上的不可诉性等特点⑤,这些特征表明作为治理工具的道德具有"软约束"属性。企业环保信用的诚信度指标是企业诚信道德基础素质指标,道德的"软约束"属性决定了诚信度指标的软约束。企业环保社会责任条款的软法属性耦合了诚信度指标的软约束特征,此种耦合恰到好处地回应了道德法律化和法律道德化的论争和统一⑥,也为企业环保责任落实提供了一个可能的通道。更为重要的是,软约束的共通性,为企业环保社会责任作为诚信度客观化衡量标准提供了基本交流平台。

其二,企业环保社会责任具有表征诚信度的外观。20世纪70年代以来,西方社会普遍要求企业将经营目标与社会利益相统一,在实现企业经济利益最大化的同时,更多地兼顾职工、消费者、社会公众及国家公共利

---

① 罗豪才,宋功德. 认真对待软法:公域软法的一般理论及其中国实践[J]. 中国法学,2006(2):3-20.
② 沈敏荣,姚继东. 企业社会责任及其法律化[J]. 社会科学战线,2018(2):219-226.
③ 硬法是指由国家创制的、依靠国家强制力保障实施的法律规范体系,具备法律责任条款是硬法的典型特征。狭义上的软法是指由社会公权力所制定的不具有强制拘束力的行为规范。软法与硬法的划分标准在于是否具有强制拘束力。
④ 蒋建湘. 企业社会责任的法律化[J]. 中国法学,2010(5):128-129.
⑤ 孙莉. 法治与德治正当性分析[J]. 中国社会科学,2002(6):96.
⑥ 范进学. 论道德法律化和法律道德化[J]. 法学评论,1998(2):35.

益,履行保护环境、消除污染等社会责任①。企业责任是契约的延伸,契约思想决定了企业的功能是实现利润的最大化,这是企业核心的经营目标和价值追求,企业社会责任与企业创造最大价值之间并不背离,只是企业在获取利润时需要遵守法律和商业伦理习惯等社会基本规则②。可见,企业承担环保社会责任并不意味着经济利益全部或部分丧失,而是为了适应社会发展要求,是更好、更有利地获取经济利益的必要路径。早在 1895 年,美国社会学界的著名学者阿尔比恩·斯莫尔(Albion W·Small)在《美国社会学》创刊号上呼吁"不仅仅是公共办事处,私人企业也应该为公众所信任",信任是企业存在的根本,企业行为是获取信任的过程,环保社会责任承担也不例外。企业承担社会责任会影响消费者的消费行为,消费者会为"社会责任购买投票",企业社会责任承担会影响他们的消费选择,这一行为反过来又促进了企业必须对社会和环境负责③。企业慈善与市场营销联系是相互关联的,企业表现出对社会和环境负责的行为通常是为了获得良好声誉和消费者信任,继而便于更好地进行市场营销④。企业社会责任代表了企业通过提高社会福利投入来获取商业利益的判断能力。企业承担社会责任本身也蕴含着巨大的商业利益,会对企业与利益相关者间的关系产生积极影响,能够提高企业预期的现金流⑤。企业承担环保社会责任与获取经济利益之间是需要媒介的,这一媒介是信任,即通过环保等社会责任承担获取包括消费者在内的社会群体的信任,继而获得经济利益。

其三,企业环保社会责任具有涵盖诚信度的实质。从企业社会责任的产生过程可以看出,企业社会责任最早产生于社会对企业的一种道德要求,它本质上是一种道德责任,企业既不是机器也不是动物。它们是由

---

① OSTAS DT. Cooperate, complyor or evade? A corporate executive's social responsibilities with regard to law[J]. American Business Law Journal, 2004, 41(4):561.
② 卢代富. 国外企业社会责任界说述评[J]. 现代法学, 2001(3):142-144.
③ SMITH NC. Morality and the market: consumer pressure for corporate accountability [M]. London: Routledge, 1990:123-128.
④ BHATTACHARYA C B, SEN S. Doing better at doing good: when, why, and how consumers respond to corporate social initiatives [J]. California Management Review, 2004, 47 (1):9-24.
⑤ 沈敏荣,姚继东. 企业社会责任及其法律化[J]. 社会科学战线, 2018(2):221.

人来运行的组织,而且正因为如此,即使它们不是道德人,但是却具有了接受道德评价的道德身份①。按照现代社会伦理的要求,企业应当对社会尽到更多道义责任,因为企业在攫取利润、实现利益最大化的自我发展和自我提升过程中,不但消耗了大量的资源、破坏了环境,也带来了一定的社会安全、公共安全方面的负面影响,企业承担社会责任是现代社会比较普遍的道德要求。1924年,谢尔顿(Sheldon)就把公司社会责任与公司经营者满足产业内外各种人类需要的责任联系起来,并认为公司社会责任含有道德因素在内②。美国佐治亚大学的企业社会责任专家卡罗尔(Archie B. Carroll)认为,企业社会责任是社会寄希望于企业履行的义务,完整的公司社会责任为公司的经济责任、法律责任、道德责任以及自主决定其履行与否的责任(即慈善责任)之总和③。国内学者也认为,《公司法》关于企业(环保)社会责任的表述成为一种对公司的道德期望④。可见,企业环保社会责任主要表现为企业的环保道德责任。目前,社会责任是否需要承担已经无需过多讨论,具体承担什么社会责任和怎样承担社会责任已经成为讨论的重心。学者们普遍认为,对于道德底线要求的企业社会责任(如对环境、消费者、劳工的某些保护),在条件允许的情况下应当尽可能将其转化为法律责任。然而,在社会责任的法律化过程中,并不是采取强制性的"义务—责任"规定方式,而是采取"遵循或是解释"的"软法"方式。国际上越来越多国家和地区要求上市公司披露社会责任信息,其中强制信息披露越来越明显。2014年,印度制定的《公司法草案》首次在全球范围内规定了强制性企业社会责任,有学者评价认为:印度设立最低标准的强制性企业社会责任制度是国际势力舆论压迫和国内社会高度不稳定环境下揠苗助长的产物,从短期效果看,其促进了印度企业社会责任承担水平的整体提升,但却是以牺牲企业价值和投资者利益为代价的,

---

① 理查德·T. 德·乔治. 经济伦理学[M]. 李布,译. 北京:北京大学出版社,2002:225.

② SHELDON O. The social responsibility of management the philosophy of management[M]. London: Sir Isaac Pitman and Sons Ltd. 1924:115-118.

③ CARROLL A B. Stakeholder thinking in three models of management morality: a perspective with strategic implications[C]//CLARKSON. The Corporation and Its Stakeholders. Toronto: University of Toronto Press, 1998:139-170.

④ 潘永健. 企业社会责任视角下公司环境责任之完善[J]. 江西社会科学,2010(5):164.

并不符合经济、社会、环境可持续发展的长期目标①。因此,政府应当建立不对企业社会责任的履行质量负责、只对企业社会责任的履行信息负责的部门,客观、中立地对不同层次的企业主体所承担的社会责任进行评价②。企业环保社会责任的道德源头及本质,以及实现方式上的软法自律特性,使得企业环保社会责任具有涵盖诚信度的实质,集中反映了行为主体在环保领域的诚信度,可以作为企业环保信用评价指标的表征因子。"可普遍化原理"为道德规范的证成提供了逻辑和形式上的标准,企业环保诚信度指标是以企业普遍化环保道德为基础建构的指标,普遍化道德具备道德法律化的正当性基础。指标类型及实质、指标内容和指标法理的三维关系见图5-2。

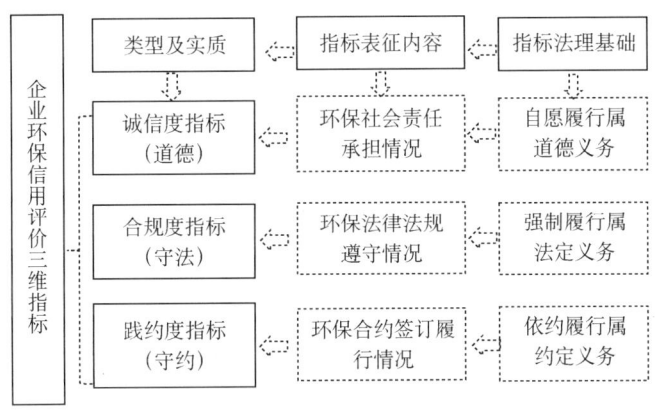

图5-2 指标类型及实质、指标内容和指标法理的三维关系

第三节 健全企业环保信用评价的三维指标规范

企业环保信用评价指标制度是企业环保信用评价制度的核心内容,是评价法律关系客体环保信用的规范表达。规范性、引导性等是法律规范的基本价值,评价指标构成评价规范的有机组成部分,评价指标的规

---

① 华忆昕.印度强制性企业社会责任立法的中国启示[J].华中科技大学学报,2018(3):104.
② 尹奎杰.企业社会责任的规范属性及制度路径[J].社会科学家,2015(12):104.

范性特征使得它与其他评价规范具有相同的性质,即影响参评对象的权利享有及义务承担,形塑其权利能力和行为,并间接引导参评单位及其他市场主体的经营策略选择。打破省市地域界限、构建全国统一适用的评价指标体系,成为完成党的十九大提出的健全环保信用评价制度的重要内容。作为公法属性的环保法,其本质是国家对环境污染和生态破坏现象的调控和管理。管理学是行政管理的基础性学科,也是环境行政管理的理论源流,理应成为环境法律制度建构的理论基础。管理学的信用三维度理论为信用评价指标体系构建提供了可依赖的理论基础和指标选择范围,其中的诚信度和合规度指标与规制治理理论具有高度的融贯性,我国企业环保信用评价指标体系可以在此三维基础上健全。法律规范提供了行为人对行为合理预期的准则,在指标体系建构过程中,应当在现行法规范内寻找合适的子指标。评价指标的筛选应该考虑指标信息的社会可获取性,与现有的企业环境信息公开制度有效衔接[①]。同时,国家层面的企业环保信用评价制度已经在我国实践多年,部分指标的优势引导作用已经显现,应当在指标体系完善中吸纳地方积累的宝贵经验。

一、健全诚信度指标规范

企业环保信用评价的诚信度指标在现行国家和地方评价指标体系中没有体现或者体现不足,企业作为一个系统,具备自组织演化的本质,应当和其他组织有效结合才能达到良性运行的效果,企业社会责任的强化应顺应自组织演化规律[②],在企业环保信用评价指标体系中凸显。企业环保社会责任相关法律规范主要有:《环境保护法》《中华人民共和国清洁生产促进法》《中华人民共和国循环经济促进法》《公司法》《环境信息公开办法(试行)》等,企业环保信用评价中诚信度指标的选取应依据上述法律规范。

---

① 吴韬.我国现行企业信用信息公示制度的完善路径[J].河南财经政法大学学报,2017(5):118.
② 郭云峰.论司法公信力提升的路径与方式:基于系统自组织演化的分析[J].河南财经政法大学学报,2016(4):42.

企业环保信用评价中诚信度指标包含的子指标及其法律规范依据有:环境保护责任制度建立及落实(《环境保护法》第四十二条);内部环保管理机构建设及环保管理人员配备情况(《中华人民共和国循环经济促进法》第九条);环境保护目标及落实情况,即《环境信息公开办法(试行)》第十九条;环保宣传、教育和培训(《公司法》第十七条);无法律要求自愿投保险环境污染责任保险(《环境保护法》第五十二条);无法律要求自愿开展验收清洁生产审核(《中华人民共和国清洁生产促进法》第二十七条);无法律要求自愿公开环境信息,即《环境信息公开办法(试行)》第十九条;获得有关环境管理体系认证(《中华人民共和国清洁生产促进法》第二十九条);获得清洁生产、污染治理等发明或实用新型专利(《中华人民共和国清洁生产促进法》第六条);获得政府环保奖励(《环境保护法》第十一条等)。诚信度指标及法律规范依据见表5-4。

表5-4 企业环保信用评价的诚信度指标及法律规范依据

		子指标	法律规范依据
诚信度指标	1	环境保护责任制度建立及落实	《环境保护法》第四十二条二款关于"建立环境保护责任制度,明确单位负责人和相关人员"的规定
	2	内部环保管理机构建设及环保管理人员配备	《中华人民共和国循环经济促进法》(以下简称《循环经济促进法》)第九条关于企业"建立健全管理制度"的规定
	3	环境保护目标制定及落实	《环境信息公开办法(试行)》第十九条(一)关于"落实企业环境保护方针、年度环境保护目标及成效"的规定
	4	环保宣传、教育、培训	《公司法》第十七条关于"公司职工职业教育和岗位培训"的规定;《中华人民共和国清洁生产促进法》(以下简称《清洁生产促进法》)第六条关于"清洁生产的宣传、教育、推广"的规定
	5	环境突发事件应急预案制定及备案	《环境保护法》第四十七条、《企业事业单位突发环境事件应急预案管理办法(试行)》有关应急预防制定及备案规定
	6	无法律要求自愿投保险环境污染责任保险	《环境保护法》第五十二条关于"国家鼓励投保环境污染责任保险"的规定

(续表)

	子指标	法律规范依据
诚信度指标	7 无法律要求自愿开展清洁生产审核	《清洁生产促进法》第二十七条关于开展"清洁生产审核"的规定
	8 无法律要求自愿公开环境信息	《环境保护法》第五章、《环境信息公开办法（试行）》第十九条关于"企业自愿公开环境信息"的规定
	9 无法律要求自愿低于国家或地方污染物排放标准减排	《环境保护法》第十六条关于地方标准；《清洁生产促进法》第六条政府对清洁生产鼓励措施原则性要求等
	10 获得有关环境管理体系认证	《清洁生产促进法》第二十九条关于"企业自愿申请环境管理体系等认证"的规定
	11 获得清洁生产、污染治理等发明或实用新型专利并推广使用	《清洁生产促进法》第六条：国家鼓励开展有关清洁生产的科学研究、技术开发和国际合作，组织宣传、普及清洁生产知识，推广清洁生产技术
	12 获得政府环保奖励	《环境保护法》第十一条关于"对保护和改善环境有显著成绩的单位和个人，由人民政府给予奖励"的规定。《循环经济促进法》第四十八条关于"对在循环经济管理、科学技术研究等工作中做出显著成绩的单位和个人给予表彰和奖励"的规定，以及第三十条关于"清洁生产表彰奖励"规定

二、健全合规度指标规范

实践中，合规度指标目前已出现两种指标类型，即环境违法行为指标和违法行为处理结果指标，尽管后者的存在会增加评价结果不客观、间接评价的风险[①]，但是环境违法行为指标无法抽取部分单行法中特殊违法行为的公因式，存在无法穷尽、挂一漏万的可能性，同样无法回避评价结果不客观的问题。假设立法对违法行为适用相同或相同幅度行政处罚、行政强制或行政命令时，表明该类违法行为与他类违

---

① 由于执法人员个体差异造成的执法能力偏差，以违法行为处理结果为指标存在因处罚、命令或强制措施偏差造成评价结果差异的可能。

法行为的违法性评价是相同或对等的,那么在此基础上,违法行为处理结果可以表达为对违法行为的直接评价。《环境保护法》第五十四条第三款应当将企业事业单位和其他生产经营者的环境违法信息记入社会诚信档案之中。环境违法信息可以解释为违法行为信息和违法行为处理结果信息,处理结果信息包含违法行为的具体信息,因此将其解释为违法行为处理结果信息更为周严。因此,以环境违法行为处理结果信息重组合规度指标是相对较优的选择,同时满足《关于加强企业环境信用体系建设的指导意见》关于缩小自由裁量权空间,保证评价结果客观、公正等要求。

环保信用评价实践中,已经有不少省份将违法行为处理结果信息作为企业环保信用评价的指标,此种类型指标设置模式的特点是简单易行、便于操作,避免人工干预。最早实践的省份是山东省,虽然山东省的评价规范自2016年印发后,已经先后经过了2018年、2021年两次修订,但是评价指标参考交通违章记分的思路始终没变(2021年修订只是增加了第三方服务类机构的违法信息评价指标)。目前,部分省份已经参考了山东省的做法,并调整了指标规范。评价指标变动比较大的省份是江苏省,江苏省原有的指标体系与国家相似,2020年修订时江苏省参照了山东省的记分方法,对评价指标做了大幅度调整。

综合现有法律规范,合规度指标包括环境行政处罚、环境行政命令、环境行政强制、拒不执行已生效的环境行政处罚决定或者行政命令以及拒不执行判决五类子指标。环境行政处罚分为警告;罚款;责令限制生产、停产整治;责令停产、停用、停业、关闭;暂扣、吊销许可证或者其他具有许可性质的证件;没收违法所得、没收非法财物;行政拘留;法律、行政法规设定的其他行政处罚种类。环境行政命令分为责令停止建设、责令恢复原状、责令限期拆除、责令停止违法行为、责令限期治理、其他责令改正或者限期改正违法行为的行政命令等子指标。环境行政强制是指查封、扣押设施、设备等强制措施。上述子指标法律规范依据主要包括《环境保护法》和其他单行环保法律法规等。合规度指标及法律规范依据见表5-5。

表 5-5　企业环保信用评价的合规度指标及法律规范依据

		子指标	法律规范依据
合规度指标	1 环境行政处罚	警告	《中华人民共和国行政处罚法》（以下简称《行政处罚法》）、《环境保护法》《环境行政处罚办法》《中华人民共和国大气污染防治法》（以下简称《大气污染防治法》）和其他单行环保法律法规等
		罚款	
		责令限制生产、停产整治	
		责令停产、停用、停业、关闭	
		暂扣、吊销许可证或者其他具有许可性质的证件	
		没收违法所得、没收非法财物	
		行政拘留	
		法律、行政法规设定的其他行政处罚种类	
	2 环境行政命令	责令停止建设	《行政处罚法》《环境保护法》《大气污染防治法》和其他单行环保法律法规等
		责令恢复原状	
		责令限期拆除	
		责令停止违法行为	
		责令限期治理	
		其他责令改正或者限期改正违法行为的行政命令	
	3 环境行政强制	查封、扣押设施、设备等	《行政强制法》《环境保护法》《大气污染防治法》和其他单行环保法律法规等
	4	拒不执行已经生效的环境行政处罚决定或者行政命令	《行政处罚法》《环境保护法》《环境行政处罚办法》《大气污染防治法》和其他单行环保法律法规等
	5 拒不执行判决	拒不执行已经生效的生态环境损害赔偿诉讼判决	《中华人民共和国民法典》（以下简称《民法典》）、《中华人民共和国民事诉讼法》（以下简称《民事诉讼法》）
		拒不执行已经生效的环境民事公益诉讼判决	《环境保护法》《民事诉讼法》
		拒不执行已经生效的刑事附带民事公益诉讼判决	《环境保护法》《中华人民共和国刑事诉讼法》（以下简称《刑事诉讼法》）

三、健全践约度指标规范

践约度是对企业履行契约风险的度量,注重对企业签约意愿和履约能力的评价。企业环保信用评价的践约度度量企业对绿色环保合同评价签约意愿和履约能力,这里的合同既可以是双务合同也可以是单方的承诺。综合现有法律规范及政策,企业环保信用评价的践约度指标体系包括排污权交易、碳交易、资源产权交易等的签约及履约情况(《国务院办公厅关于进一步推进排污权有偿使用和交易试点工作的指导意见》及各试点地区的交易管理办法)和环保承诺(协议)签订及履行情况等子指标。其中环保承诺(协议)签订及履行情况子指标包括:履行环保行政许可法定义务承诺(《关于加强企业环境信用体系建设的指导意见》);节约资源、削减污染物排放量协议(《中华人民共和国清洁生产促进法》第二十八条)(《关于加强企业环境信用体系建设的指导意见》);环保专项资金使用承诺(《关于加强企业环境信用体系建设的指导意见》);环保约谈承诺(《中华人民共和国大气污染防治法》以及地方法律规范);企业填报、提供环保信用评价材料真实性承诺(《重庆市企业环境信用评价办法》等地方评价文件)。其他环保协议签订及履行情况包括生态环境损害赔偿协议签订及履行、环境民事公益诉讼调解协议签订及履行情况、刑事附带民事公益诉讼调解协议签订及履行情况等。除此之外,环保督察问题的整改落实、重污染天气应对减排措施落实、企业环保信用修复等准承诺情形也属于践约度的子指标。践约度指标及法律规范依据见表5-6。

表5-6 企业环保信用评价的践约度指标及法律规范依据

		子指标	法律规范依据
践约度指标	1	排污权交易、碳交易、资源产权交易等的签约及履行	《国务院办公厅关于进一步推进排污权有偿使用和交易试点工作的指导意见》及各试点地区的交易管理办法
	2	环保承诺签订及履行 / 履行环保行政许可法定义务承诺	《关于加强环保信用体系建设的指导意见》;探索在环保行政许可和环保专项资金申请等方面,建立环保信用承诺制度
		节约资源、削减污染物排放量协议	《清洁生产促进法》第二十八条关于企业自愿与清洁生产综合协调部门和环境保护部门签订进一步节约资源、削减污染物排放量协议的规定

(续表)

		子指标	法律规范依据
践约度指标	2 环保承诺签订及履行	环保专项资金使用承诺	《关于加强环保信用体系建设的指导意见》：探索在环保行政许可和环保专项资金申请等方面，建立环保信用承诺制度
		环保约谈承诺	《大气污染防治法》以及河南、山东等地方法律规范
		企业填报、提供环保信用评价材料真实性承诺	《重庆市环保信用评价办法》等地方评价文件
		其他类型环保承诺	兜底规定
	3 其他协议签订及履行	生态环境损害赔偿协议签订及履行	《民法典》《生态环境损害赔偿制度改革实施方案》《民事诉讼法》等规定
		环境民事公益诉讼调解协议签订及履行	《环境保护法》《民事诉讼法》等规定
		刑事附带民事公益诉讼调解协议签订及履行	《环境保护法》《刑事诉讼法》等规定
	4 其他准承诺情形	环保督察问题的整改落实	《环境保护法》《中央生态环境保护督察工作规定》
		重污染天气应对减排措施落实	《大气污染防治法》《环境保护法》等
		企业环保信用修复措施落实	《环境保护法》《企业环境信用评价办法(试行)》等

综上所述，作为软法规范的企业环保社会责任与诚信度的软约束相耦合、环保社会责任兼具表征诚信度的外观和涵盖诚信度的实质，表达了企业环保社会责任表征诚信度指标的可能性。需要说明的是，本书构建的企业环保信用评价三维度指标体系是一般情况下企业环保信用评价参考的标准，在某些情形下，比如造成重大突发环境事件、构成环境刑事犯罪等，不再适宜对企业环保信用进行评价，而应当采用一票否决方式直接确定企业的环保信用等级。同时，评价指标并不是决定评价结果的唯一因素，其他因素，如评价机制、评价指标权重、评价材料规范性、评价模式等也会影响评价结果，但这些因素属于评价技术问题，不适宜进行法律层面的讨论，故并无涉及。此外，本书对企业范围进行了有意的限缩，没有

包括环境影响评价机构、环境污染第三方治理机构等非排污类环境服务企业,原因在于服务型企业和生产型企业的环保信用评价应当执行不同的指标体系。在环保信用评价范围日益推展的情况下,目前很多地方已经开展了有益的探索,如《河北省环境污染第三方治理管理办法》和《河南省生态环境服务机构环境信用评价管理办法》规定对环境污染第三方治理机构实行信用管理。在第三方服务类企业环保信用亟待评价的背景下,政府也应当优位解决评价指标规范的建构问题,这又是另一个学术论题。

第六章　基于规制治理理论的企业环保信用评价结果引用制度的完善

企业环保信用评价结果引用是指政府部门、市场主体和社会公众根据行政管理、经济目标和生产生活等方面的不同需求,将第三方评价机构发布的企业环保信用评价结果契入其管理、经营或生产、生活过程,并依据相关法律规范实施对参评企业权利义务产生影响的激励或惩戒行为[1][2][3]。企业环保信用评价行为具有系统性和过程性,不仅仅是指作为狭义理解的评价行为本身,还包括评价后行为,即评价结果的引用行为——现有法律规范中所称的联合激励惩戒,因此,企业环保信用评价法律制度是对动态评价过程的若干行为的系统性规范。依据规制治理理论,规制治理的主体已经不仅仅限于国家及其行政机关,而且涉及政府主体之外的各种非政府主体,控制者具有多样性,政府部门、企业、协会、认证机构等都能在控制体系中发挥作用[4]。不同类型的主体适用的规制措施并不相同,规制治理主体应当关注规范的多样性,规范不仅包括国家法律,还包括指导、通告、合同、私人标准、自我规制等多元法律规范;调控机制强调多样性,包括法律、社会规范、市场机制、代码控制等的作

---

[1] 目前国内立法规范及学界均有使用评价结果引用这一概念。2010年1月,中国证券监督管理委员会(以下简称证监会)颁布了《证券投资基金评价业务管理暂行办法》和《证券投资基金评价业务自律管理规则》,专节规定了"投资基金评价结果的引用"。

[2] 胡光志,封红梅.信用评价结果引用制度论析:后危机时代信用评价法律制度改革的思考[J].重庆大学学报(社会科学版),2012(6).

[3] 本书没有使用我国现有规范中的"守信激励和失信惩戒""联合惩戒"等词汇,而是选择使用了"评价结果引用"这一词汇,以便从概念选择上体现评价结果第三方使用的自愿性和必要性。

[4] 科林·斯科特.规制、治理与法律:前沿问题研究[M].安永康,译.北京:清华大学出版社,2018:29.

用[1]。因此,现有的企业环保信用评价结果引用制度的完善,一方面要有效融合环保部门、相关行政部门、金融机构、社会组织等多元治理主体,融合行政管理类、市场类、自我规制类等多元治理工具,构建我国企业环保信用评价的政府、市场和社会等内部、外部、内外多元联动机制,实现规制治理多元主体、多元措施协同治理的目标达成。另一方面要秉承评价结果的合法引用、合理引用、关联引用的基本原则,协调公权行使与私权参与保障的二元利益衡平,保障企业环保信用评价结果引用制度走出当前无序、低效的法治困境。由于国外信用评价机构并不对企业环保信用独立评价,客观上造成了环保信用评价结果引用制度无法开展比较法研究,因此本部分与第四章主体制度的域外借鉴内容无法照应,在此说明。

第一节 行政规制思路下政府引用措施的理论反思

企业环保信用评价结果引用规范日趋增多,引用中采取的奖励和惩戒措施类型多样且日益严格,建立以环保信用为基础的新型监管体制亦需强化对评价结果多主体、多领域、多措施引用。现有的评价结果引用制度仍然是行政规制思路下的制度设计结果,实践中存在基于行政行为合法性、合理性和关联性的质疑[2]。学者们从不同角度对社会信用引用制度泛化表达了担忧,如政府以信用管理为名扩张公权侵害私益,社会信用评价引用制度会造成二次行政处罚[3],其合法性和合理性应当前置审视;社会信用引用中的联合奖励惩戒措施滥用,造成了信用的道德背书,应当审慎使用[4];联合奖惩制度中"联合"功用泛化,联合奖励惩戒措施应当尽量谦抑。在企业环保信用评价制度运行过程中,评价主体据以评价定级的

---

① SCOTT C. Analysing regulation space: fragmented resources and institutional design [M]. Public Law, 2001: 329-350.

② 在山东省、浙江省、江苏省、河南省生态环境厅调研时,不论是政府部门代表,还是企业和专家学者代表均表达了对目前引用措施存在的问题的担忧,集中体现为行政机关实施惩戒措施的合法性、合理性和关联性问题,尤其是行政行为规章以上依据不足的合法性疑问。

③ 罗培新.遏制公权与保护私益:社会信用立法论略[J].政法论坛,2018(6):170-171.

④ 王瑞雪.公法视野下的信用联合奖惩措施[J].行政法学研究,2020(3):89.

环境信息是一定期限内企业的既往环境行为信息,评价结果引用制度实施的依据是企业的环保信用等级,评价结果引用行为通过奖励及惩戒措施对参评企业权利义务,以及法定代表人等相关人员权利义务产生实质性影响。因此,企业环保信用评价结果引用的合法性、合理性和关联性需要系统反思。在现有法律规范及政策文本中,集中规定企业环保信用评价结果引用措施的当属2016年7月20日印发的《关于对环境保护领域失信生产经营单位及其有关人员开展联合惩戒的合作备忘录》(以下简称《备忘录》),该《备忘录》由国家发改委、原环境保护部等31个部门共同签署,要求对在环境保护领域存在严重失信行为的生产经营单位及其法定代表人、主要负责人和负有直接责任的有关人员开展联合惩戒,惩戒措施涉及市场准入、行政许可、优惠政策等三大领域共25项具体措施,本节主要以该文件为样本,讨论惩戒措施的合法性、合理性和关联性。

一、政府引用措施的合法性反思

鉴于企业环保信用评价结果引用措施中的惩戒性措施将对参评企业权利义务及其法定代表人等相关人员权利义务产生实质性影响,因此规定企业环保信用评价结果引用措施的法律规范必须具有上位法依据,不能与《中华人民共和国立法法》(以下简称《立法法》)的禁止性规定相抵触。按照《立法法》第八条和八十条的规定,对公民政治权利的剥夺、限制人身自由的强制措施和处罚;民事基本制度;基本经济制度以及财政、海关、金融和外贸的基本制度的事项必须通过制定法律的形式确定,其他任何形式的下位法律规范均无权规定。按照《立法法》第八十条的规定,没有法律或者国务院的行政法规、决定、命令等上位法依据,部门规章不得设定减损公民、法人和其他组织权利或者增加其义务的规范,不得增加本部门的权力或者减少本部门的法定职责。从性质上看,《备忘录》是国家发改委、财政部等31个部门联合制定的规范性文件,不属于部门规章,没有权限设定任何增加义务性的规定或减损权力性的规定。但是如果该项义务性或权力性规定本身是上位法已有的规定,规范性文件仅仅在操作层面进行了细化规定,则该规定不存在合法性问题。

此外,《备忘录》附录通过表格的方式详细列明了各项惩戒措施的法律及政策依据,其中的政策是否能够作为行政部门增加义务性规定或减少权力性规定的依据,目前没有法律对此进行规定,更多的研究都停留于学理研究阶段①,因此本书在分析惩戒措施的合法性时没有考虑其政策层面的依据②③。

表 6-1 《备忘录》惩戒措施类型、依据及合法性分析

序号	惩戒措施	《备忘录》附录法律依据	惩戒措施合法与否分析	结论
1	限制取得政府供应的土地	《企业信息公示暂行条例》	惩戒措施适用依赖建立企业失信与企业严重违法对等性规范	修法后可实施
2	限制取得工业产生产许可证	《产品生产许可证管理条例》	惩戒措施适用依赖建立失信与拟从事不符合国家产业政策(国家明令淘汰和禁止投资建设)工业生产的对等性规范	修法后可实施
3	禁止参加供应商参加政府采购活动	《政府采购法》《政府采购法实施条例》	惩戒措施适用依赖建立失信于三年内重大违法记录与良好商业信誉之间的对等性规范	修法后可实施
4	限制参与政府投资公共工程建设项目投保活动	《工程建设项目施工招标投标办法》	惩戒措施适用依赖建立失信与最近三年没有被责令停业、骗取中标、严重违约及重大工程质量问题的对等性规范	修法后可实施
5	限制参与基础设施和公共事业特许经营	《基础设施和公用事业特许经营管理办法》	可以适用联合惩戒措施	合法
6	依法限制取得安全生产许可证	无法律、法规、规章依据	需要法律、法规、规章依据	不合法或修法后可实施

---

① 相关的研究并没有直接回答本书的疑问,《备忘录》将国家政策作为其采取惩戒性措施的依据值得商榷。

② 叶俊荣. 环境立法的两种模式:政策性立法与管制性立法[J]. 清华法治论衡,2013(3):6-16.

③ 郭武,刘聪聪. 在环境政策与环境法律之间:反思中国环境保护的制度工具[J]. 兰州大学学报(社会科学版),2016(2):134-139.

(续表)

序号	惩戒措施	《备忘录》附录法律依据	惩戒措施合法与否分析	结论
7	撤销检验检测机构资质	《检验检测机构资质认定管理办法》《中华人民共和国大气污染防治法》	已有法定撤销条件，不具有开展失信联合惩戒空间	不属于联合惩戒
8	限制成为海关认证企业	《关于公布〈海关认证企业标准〉的公告》	可以适用联合惩戒措施	合法
9	限制发行企业债券和公司债券	《中华人民共和国证券法》（以下简称《证券法》）、《企业债券管理条例》《公司债券发行与交易管理办法》	惩戒措施适用依赖建立失信与所筹资金投向符合国家产业政策的对等性规范	修法后可实施
10	限制注册非金融企业债务融资	《银行间债券市场非金融企业债务融资工具管理办法》	需要法律、法规、规章依据	不合法或修法后可实施
11	将失信信息作为股票发行审核及在全国中小企业股份转让系统公开转让审核的参考	《证券法》《首次公开发行股票并上市管理办法》《首次公开发行股票并在创业板上市管理办法》《上市公司债券发行管理办法》	惩戒措施适用依赖建立失信与重大违法行为（行政处罚且情节严重或者受到刑事处罚）的对等性规范	修法后可实施
12	没收环保电价加价款并从重处罚	《燃煤发电机组环保电价及环保设施运行监督办法》	环保电价仅限于燃煤发电企业，不具有普遍适用性；已有法定没收及罚款情形，不具有开展失信联合惩戒空间	不属于联合惩戒
13	限制享受退税优惠	《财政部 国家税务总局关于印发〈资源综合利用产品和劳务增值税优惠目录〉的通知》	已有法定不享受增值税即征即退政策的情形，不具有开展失信联合惩戒空间	不属于联合惩戒
14	限制享受税收优惠	《财政部 国家税务总局关于公布环境保护节能节水项目企业所得税优惠目录(试行)的通知》	已有法定环境保护节水项目企业所得税优惠的情形，不具有开展失信联合惩戒空间	不属于联合惩戒
15	限制补贴性资金支持	无法律、法规、规章依据	无法律、法规、规章依据	不合法或修法后可实施

(续表)

序号	惩戒措施	《备忘录》附录法律依据	惩戒措施合法与否分析	结论
16	停止执行投资等领域的优惠政策	无法律、法规、规章依据	无法律、法规、规章依据	不合法或修法后可实施
17	中央企业负责人经营业绩考核参考	《中央企业负责人经营业绩考核暂行办法》	已有法定的情形,不具有开展失信联合惩戒空间	不属于联合惩戒
18	非公有制经济代表人士综合评价参考	《关于加强和改进非公有制经济代表人士综合评价工作的意见》	涉及选举权与被选举权等政治权利,需要法律规定	不合法
19	限制获得荣誉称号	《关于印发〈全国道德模范荣誉称号管理暂行办法〉的通知》《全国五一劳动奖状 全国五一劳动奖章 全国工人先锋号评选管理工作暂行办法》	全国道德模范可以联合惩戒;五一劳动奖状、全国五一劳动奖章、全国工人先锋号惩戒措施适用依赖建立失信与能源消耗超标、环境污染严重的对等性规范	部分合法,部分修法后可实施
20	作为金融机构融资授信参考	《中国证监会关于印发绿色信贷指引的通知》	金融机构联动奖惩属于市场行为,与被惩戒人通过合同建立权利义务约束,而非行政主体的行政行为,能够根据经营需求自主开展	合法
21	作为保险公司厘定保险费率参考	无法律、法规、规章依据	保险公司联动奖惩属于市场行为,与被惩戒人通过合同建立权利义务约束,而非行政主体的行政行为,能够根据经营需求自主开展	合法
22	强化上市公司或非上市公司收购事中事后监管	《上市公司收购管理办法》《非上市公司收购管理办法》	惩戒措施适用依赖建立失信与3或者2年内重大违法行为或者涉嫌违法行为的对等性规范	修法后可实施
23	加强日常监督管理	无法律、法规、规章依据	不影响参评企业权利义务的联合惩戒措施可以实施	不影响参评企业权利义务的联合惩戒措施可以实施

(续表)

序号	惩戒措施	《备忘录》附录法律依据	惩戒措施合法与否分析	结论
24	通过"信用中国"网站和国家企业信用信息系统向社会公布	《中华人民共和国信息公开暂行条例》	信息公开是参评企业的义务,不属于联动惩戒的结果	不属于联合惩戒
25	依法实施的其他惩戒措施(包括对违法违规船舶检验机构的处罚等)	《中华人民共和国大气污染防治法》《环境保护法》	属于已有的法定处罚的情形,不具有开展失信联合惩戒空间	不属于联合惩戒

如表6-1所示,由于表格容量有限,现就无法通过表格表述的部分内容做如下说明:一是部分联合惩戒措施属于修法后可实施的措施。这些措施已经有法律、法规或规章依据,但是由于企业环保信用评价法律制度产生较晚,惩戒措施制度所在的法律规范产生较早,之前制定的法律规范用的措辞大多是"违法行为",其语义狭窄,位于失信的内涵外延,此类法律规范整体修订后有待与信用评价制度有效衔接,"失信"也是个语义模糊的概念,现有规范没有将其与信用评价制度有机结合,因此立法将环保信用等级、环保失信和重大违法行为等术语统一调整后,表格中标识的"修法后可实施的措施"则可以实施。二是部分措施实质上不属于联合惩戒,环保信用评价结果引用制度是基于一定期间参评企业环保信用综合评定状况对其后续行为施加的激励或惩戒措施,不是基于违法行为产生的直接法律责任,不能将此类行为也划入联合惩戒措施的范围,否则将会产生所有违法行为均会造成联合惩戒的悖论。三是部分惩戒措施将会导致被惩戒人"公民政治权利的剥夺",或者属于"限制人身自由的强制措施和处罚",这些属于《立法法》第八条明确规定立法保留的内容,没有法律规定不可以实施。因此,综合考虑各类情形,实质上目前合法的环保信用评价引用措施并不多见,这是造成评价实践中"重评轻用""评后不用"的主要原因。

二、政府引用措施的合理性反思

实施企业环保信用评价引用制度是为了激励守信企业、惩戒失信企业，激励与惩戒源于其在一定阶段内的环境行为表现，激励和惩戒措施的实施应当与参评企业既往环境行为总体表现相配置，在保持引用制度威慑力的同时，维护参评企业经济发展权及其他权益不受侵害。通过考察现有的企业环保信用评价结果引用措施，笔者发现其存在以下两点合理性问题。

其一，企业环保信用评价引用措施泛行政化引发的合理性问题①②。《备忘录》中的联合惩戒措施共25项，其中23项措施属于行政机关实施的监管类措施。这些措施分别是：限制取得政府供应的土地、限制取得工业生产许可证、禁止供应商参加政府采购活动、限制参与政府投资公共工程建设项目投保活动、限制参与基础设施和公共事业特许经营、依法限制取得安全生产许可证、撤销检验检测机构资质、限制成为海关认证企业、限制发行企业债券和公司债券、限制注册非金融企业债务融资、将失信信息作为股票发行审核及在全国中小企业股份转让系统公开转让审核的参考、没收环保电价加价款并从重处罚、限制享受退税优惠、限制享受税收优惠、限制补贴性资金支持、停止执行投资等领域的优惠政策、中央企业负责人经营业绩考核参考、非公有制经济代表人士综合评价参考、限制获得荣誉称号、强化上市公司或非上市公司收购过程监管、加强日常监督管理、依法实施的其他惩戒措施等。因此可以认为，我国的企业环保信用评价法律制度是政府直接监管制度，与行政许可制度、强制制度等在行政权力行使上并无实质性区别。前述已经分析企业环保信用评价法律制度法律属性，如果高比例地配置行政监管类的引用措施，与企业环保信用评价的制度定位及制度功能不相匹配，由此造成引用措施的不合理。

其二，企业环保信用评价结果引用制度中"一箩筐"式的惩戒措施引发的合理性问题。在对参评企业进行调研时，很多企业看到《备忘录》中联合单位的印章后表示恐惧，他们不明白环保失信的社会危害性究竟有

---

① 已经有学者就其他领域行政手段过分使用问题提出了监管领域的放松监管，"选择作为自我规制与合作规制的助推器进'远距规制'而非直接规制"的主张。
② 张红. 走向"精明"的证券监管[J]. 中国法学, 2017(6):149-166.

多大,以至于国家会启动如此之多的联合惩戒实施主体及联合惩戒措施。参评企业的恐惧是朴素和直观的,但也不无道理。如果不考虑现有企业环保信用评价引用措施的合法性问题,《备忘录》中规定的惩戒措施有多项。越多越严厉的惩戒措施是否意味着越好的社会治理,作为规制治理理论之一的精巧规制理论表明,制裁手段越严厉,则应当越审慎①,排序在前的措施首先应当是"警告",其次应当是"警示、指令以及其他协商式措施"。相对人的守法成本应当被合理配置,惩罚违法不仅仅只是为了威慑,增进社会整体福利的目标则是更为重要的终极目标②③。从应然的现实需求而论,行政机关通过信用制度考察行政相对人一定阶段的既往表现,以便夯实行政决定的客观理据,信用制度实施的目标之一是为行政执法与行政制裁的针对性和科学性提供依据,同时对传统的法治价值,比如实现一贯性、增加透明度和说明理由等有所贡献④。

三、政府引用措施的关联性反思

关联性原则又被称为"不当联结禁止原则",该原则也被称为禁止恣意行政原则、行政比例原则等,为避免行政机关的行政恣意,原则要求行政机关在行使公权力时,其行政行为与行政目的之间需有实质性的合理关联,不应当将与执法目的毫无关系或联系甚微的规范或事实要素考虑其中⑤。企业环保信用联合惩戒措施是否属于必须通过失信联动惩戒方式才能实施的措施,惩戒措施是否与企业环保信用制度的目标相契合,是企业环保信用评价制度应当着力反思的关联性问题。

第一,部分表现形式为联合惩戒的措施实质上与信用惩戒本身没有关联性。这类情形又分为两类:一是政府将其所需完成的环境行政任务或环境行政处罚,通过联合惩戒的方式实现。二是将本属于参评企业的

---

① DRAHOS P. Regulatory theory: foundations and applications[M]. Sydney: ANU Press, 2017:133.
② 王锡锌.中国行政执法困境的个案解读[J].法学研究,2005(3):43-48.
③ 戴昕.威慑补充与"赔偿减刑"[J].中国社会科学,2010(3):141-143.
④ METZGER E M, STACK K M. Internal administrative law[J]. Michigan Law Review. 2017,115(8):1239.
⑤ 周佳宥.行政法基本原则[M].台北:三民书局,2016:151.

法律义务变相通过联合惩戒的方式实现。本书表6-1中结论部分写明"不属于联合惩戒措施"字样的绝大部分情形属于第一种,这些情形有撤销检验检测机构资质、没收环保电价加价款并从重处罚、限制享受退税优惠、限制享受税收优惠、中央企业负责人经营业绩考核参考、依法实施的其他惩戒措施等。不具有关联性的原因在于,环保信用评价结果引用制度是基于一定期间参评企业环保信用综合评定状况,对其后续行为施加的激励或惩戒措施,不是基于违法行为产生的企业需要承担的直接法律责任,不能将此类行为也划入联合惩戒措施的范围,否则将会产生所有违法行为均会造成联合惩戒的悖论,同时导致行政机关将本该行使的处罚权通过实行惩戒的方式实现,行政迂回造成不应有的执法资源浪费。前文表6-1中结论部分写明"不属于联合惩戒措施"字样的部分措施属于第二种情形,如通过"信用中国"网站和国家企业信用信息系统向社会公布,信息公开属于参评企业依据《环境保护法》应当履行的法定义务,该项的义务承担来自直接的法定义务,而非联合惩戒下设定的新型义务。

第二,部分联合惩戒措施与环保失信惩戒目标之间缺乏关联性[①]。环保信用评价中使用的环境信息均是与环境保护有关的信息,企业环保信用评价的制度的目标在于促使企业持续改进环境行为,提升企业自觉遵守环境法定义务和约定义务的行为约束动力,引导公众参与环境监督和保护。因此,联合惩戒措施的设置应当围绕上述目标展开,防治惩戒措施范围过大,会产生惩戒措施与惩戒目标之间不匹配等关联性缺失问题。本书表6-1中关联性不强的措施有禁止参加供应商参加政府采购活动、限制参与政府投资公共工程建设项目投保活动、限制参与基础设施和公共事业特许经营、依法限制取得安全生产许可证、限制注册非金融企业债务融资等。造成关联性不强的原因是惩戒措施与环境保护的关联度不够密切,以禁止参加供应商参加政府采购活动为例,政府采购项目的内容和范围很广,有些与项目的内容、环境保护密切关联,有的则关联性不足,比如政府采购的如果是软件公司开发的一项办公程序软件,则不需要考虑企业的环保信用,此中关联性也就无从建立。因此,类似禁止供应商参加

---

① 王瑞雪.政府规制中的信用工具研究[J].中国法学,2017(4):170.

政府采购活动、限制参与政府投资公共工程建设项目投保活动等联动惩戒措施需要限缩其采购或参与项目的范围,制定更为精细化的联合激励惩戒措施规则,以便在惩戒措施与惩戒目标之间建立关联性。

第二节 规制治理思路下评价引用制度的健全思路

企业环保信用评价结果引用制度直接关系到参评对象守信失信状况下权利及义务的享有和承担,即守信激励、失信惩戒。现有的评价结果引用制度以政府引用为主要表现方式,且大量的政府引用措施存在合法性、合理性和关联性的问题,政府引用规则本身亟待规范化地系统调整。规制治理理论融合行政主体、市场主体和社会主体等多元化的利益相关方主体共同参与规制过程,不同类型的主体采用的规制措施并不相同,不仅包括国家法律,也包括合同、私人标准、自我规制等多元法律规范,还包括法律、社会规范、市场机制、代码控制等调控机制[1]。更重要的是,规制治理理论一方面鼓励多元主体和多元措施介入社会及经济治理过程,另一方面强化对多元主体实施的多元措施进行责任承担制度建构,即规制治理理论强调的可归责性(accountability)的落实。

一、保持政府引用的适度谦抑

现有国家及地方环保信用评价规范中的结果引用主要是行政机关主导的政府引用措施[2],因此我国的企业环保信用评价引用制度也可直接约

---

[1] SCOTT C. Analysing regulation space: fragmented resources and institutional design[J]. Public Law, 2001, Summer:329-350.

[2] 以《备忘录》为例,该文件规定的联合惩戒措施共 25 项,其中 23 项措施属于行政机关实施的监管类措施。这些措施分别是:有限制取得政府供应的土地、限制取得工业产生产许可证、禁止参加供应商参加政府采购活动、限制参与政府投资公共工程建设项目投保活动、限制参与基础设施和公共事业特许经营、依法限制取得安全生产许可证、撤销检验检测机构资质、限制成为海关认证企业、限制发行企业债券和公司债券、限制注册非金融企业债务融资、将失信信息作为股票发行审核及在全国中小企业股份转让系统公开转让审核的参考、没收环保电价加价款并从重处罚、限制享受退税优惠、限制享受税收优惠、限制补贴性资金支持、停止执行投资等领域的优惠政策、中央企业负责人经营业绩考核参考、非公有制经济代表人士综合评价参考、限制获得荣誉称号、强化上市公司或非上市公司收购事中事后监管、加强日常监督管理、依法实施的其他惩戒措施等。

第六章　基于规制治理理论的企业环保信用评价结果引用制度的完善

等于政府直接监管制度,与行政许可制度、强制制度等在行政权力行使上并无实质性区别。企业环保信用评价法律制度是在我国环境监管转型背景下产生的新型法律制度,目的是一定程度地改善过去行政管制措施一家独大的行政困境,将更多市场主体和社会主体调动起来,从而共同参与环境治理。然而,企业环保信用评价结果引用措施的泛行政化在一定程度上消解了其法律制度应当具有的功能,使其重回单中心、单向度行政管理的传统行政监管模式,也可能会再度引发规制改革的政府规制失灵问题。

行政规制在特定领域的规制效率及有效性决定了评价结果政府引用保持谦抑的必要性。尽管行政主体的规制手段以命令和控制规制(command and control regulation)为主,强调行政主体和被规制对象的紧张对抗性,通过强制力实现法律遵从,此种高威慑性手段虽然具有立竿见影的效果。但从长远来看,一方面行政机关的人员财力有限不能应对日益扩张的社会性管理事务,另一方面也会引起行政机关和被规制对象之间的对立僵局,造成行政规制失灵,比如超过一定限度的法律威慑会削减制度实施效果。规制机构的效率及其有效性是规制机构所声称正当性的关键组成部分[1],行政行为以实现公共利益为目标,也是行政机关应当恪守的行为准则,但现有研究成果表明,政府主体在行政实践中也并不总是按照预设的"专业化及实现公共利益"轨道运行,尤其是地方政府,在维护公共利益的同时,也具有维护地方利益的行为动机,扮演"理性经济人"和自利行为主体角色[2]。正如美国著名行政学家库珀认为的,公共行政主体在履行职责中存在"角色冲突",即行政组织会同时扮演多个社会角色,承担不同的社会责任,这就使其很难采取一致性和可靠的应对措施[3]。

企业环保信用评价法律制度的定位决定了评价结果政府引用谦抑的必要性。企业环保信用评价法律制度具有经济激励型和自我规制型法律制度的基本定位,经济激励型法律制度主要利用经济工具引导企业环境

---

[1] 卡罗尔·哈洛,理查德·罗林斯.法律与行政(下卷)[M].杨伟东,等译.北京:商务印书馆,2004:586.
[2] 郁建兴,高翔.地方发展型政府的行为逻辑及制度基础[J].中国社会科学,2012(5):95-97.
[3] 库珀.行政伦理学:实现行政责任的途径[M].张秀琴,译.北京:中国人民大学出版社,2001:85-118.

行为向绿色可持续方向发展,其中的激励包含经济性收益增加和经济性收益减损两个维度,即通过经济收益增加或减损的措施为特定主体的环境法律行为提供指引,通常这些措施是经济类措施或工具,比如税费工具或价格工具等,而非直接的行政管制措施,比如禁止行政许可或市场准入等一票否决类制度,行政管制措施过多地介入经济激励型法律制度,会使原本特征较为明晰的经济激励型法律制度和行政管控类法律制度变得模糊,也干扰了已经较为成熟的经济激励法律制度的既有理论体系。自我规制类法律制度主要依赖被监管对象内部经营策略及管理规范的调整,自觉自愿达到或高于国家法律法规的监管标准,即对被规制对象而言,在"自愿"基础上,通过内部治理结构调整或变革,自主设定并实施行为规则以履行环境治理的公共责任①。尽管有时候这种"自愿"可能来自法律禁止性规定带来的外在强制性压力,也可能来自行政机关权力行使带来的外在压迫性,还可能来自自身经济利益追求或良好声誉获取的内在自主性动力。尽管自愿的驱动力方式多样,但自我规制内部行为更为通畅路径的产生大多不是基于法律法规的强制性要求,而是基于行为人高尚的道德,强烈的社会责任感、使命感和担当精神,上述完美遵守的行为背后是政府通过精巧制度设计,授权被监管主体从服从的定位跳脱出来,以规制治理主体的身份参与社会规制事务。因此,无论是经济激励型还是自我规制型法律制度,都需要行政主体的规制角色从事前、事中监管转变为事后监管,同时将部分行政权力通过妥当方式配置为市场主体和社会主体,保持行政主体出场的谦抑性以及后序位性,扩大市场主体和社会主体合作参与行政事务的范围和权利。

此外,过多的行政引用措施还容易产生对行政行为合法性、合理性等方面的司法审查,因企业环保信用行政引用措施不当导致行政诉讼的案件将会日益增多,不仅造成行政行为实施者诉讼压力增大、社会公信力下降,而且造成法院过重的诉讼负担和昂贵司法资源的消耗。实质上这些问题通过前置性的行政行为谦抑或者退让,同时填补市场主体和社会主体的合作治理行为便可消解,重要的是也能够达到相同的环境规制效果。

---

① 王清军.自我规制与环境法的实施[J].西南政法大学学报,2017(2):46.

二、保障私主体引用的适度扩展

现代环境治理体系的建构,为我国公私合作环境治理步入制度化、规范化的发展轨道提供了重要依据①。在保持行政主体出场的谦抑性和后序位性的同时,扩大市场主体和社会主体合作行政的范围和权利便成为必要,评价结果市场引用和社会引用的适度扩容,与规制治理理论的多元主体、多元措施并存的理论要义相契合,也能够从现行的权利基础理论,如公法权利、环境程序性权能中找到适宜的理论予以支持。

市场主体及社会主体具有参与环境治理的权利基础,这为评价结果市场及社会引用的适度扩容提供了法理基础。国际公法权威德国学者格奥格·耶利内克在其著作《主观公法权利体系》一书中提出了"公法权利"的概念,作者认为判断公法权利有两个要件,一为实质要件,即利益;二为形式要件,即意志力。就利益而言,作者认为个人利益和公共利益构成了完整的利益群,个人利益和公共利益密切关联,与公共利益毫无关联的个人利益是不存在的,个人利益实现的同时也实现了某种程度的公共利益,但两者的紧密程度却千差万别,基于其关联性的密切程度,个人权利可以区分为两类,即主要为了个人利益而存在的个人权利和主要为了公共利益而存在的个人权利②,后者具备公法权利的实质要件。同时,作者认为意志力是公法权利的形式要件③,公法规范是赋权型规范④,需要国家依据特定程序或规范赋予公民以合法的权源⑤⑥。具体到市场主体及社会主体的环境规制权,它是实体权能和程序权能合二为一的权利,其中实体性权能,比如评价结果引用权等,尽管有维护私人利益的目的,但其与人身和财产权利等纯粹私人目的不同:私人目的实现的同时社会公益也得到了

---

① 肖磊. 公私合作环境治理法律规制及其展开[J]. 中国矿业大学学报(社会科学版),2021(3):76.
② 格奥格·耶利内克. 主观公法权利体系[M]. 曾韬,赵天书,译. 北京:中国政法大学出版社,2012:41.
③ 格奥格·耶利内克. 主观公法权利体系[M]. 曾韬,赵天书,译. 北京:中国政法大学出版社,2012:44-45.
④ 徐以祥. 耶里内克的公法权利思想[J]. 比较法研究,2009(6):105.
⑤ 如有学者将自然资源使用权定性为公法性质的权利,原因在于其权源来自行政许可。
⑥ 王克稳. 论公法性质的自然资源使用权[J]. 行政法学研究,2018(3):40.

增进;并且,公法规范也与一般私权不同,环境规制参与权中的实体性权能是消极权能,需要依赖国家公权力,即意志力的保障方能实现。程序性权能中的请求权、检举权等的保有,更需要通过国家公权力机关制定法律规范的形式赋予①。鉴于此,环境规制权符合公法权利构成的实质要件和形式要件,属于公法权利,而非私法权利,公法权利具有维护私益和环境公益的双重价值,私主体的环境规制权与行政规制在维护公共利益目标上具有高度一致性,相同的公共利益维护价值目标使得公法权利的基础理论成为支持私主体参与环境规制的权利基础。

基于环境权的视角,非政府主体参与环境治理的权利还可归属于环境权的程序性权能,环境权的程序性权能也为私主体环境规制权提供了法理支持。尽管关于环境权的争议至今没有消解,但很多学者对通过环境权方式保护环境生态功能具有妥当性和正当性具有共识,且国外立法实践也有尝试②。环境权应当成为环境法基本理论构建的基石③④⑤,在此基本判断下,学者们对环境权的定义观点并不一致⑥⑦⑧。通常认为,环境权是自然人享有适宜自身生存和发展的良好生态环境的法律权利。该权利的客体是生态环境损害在法律主体权利上的投射,是对生态环境损害救济的工具。环境权的唯一客体(法律权利指向和保护的对象)是环境生态功能,环境生态功能是指通过土地、森林、水、大气等自然因素组成的有机统一体——生态系统,其所表现出来的是对环境污染、破坏与冲击的容量、环境的舒适性等生态平衡的能力。它是一个看不见摸不着但却客观

---

① 以《环境影响评价法》中的公众参与权为例,其是公民实现环境权的有效途径,属于环境权中的程序性权能。但是环境法对公众参与的范围、参与方式及参与权的救济均进行了立法的规范,符合公法权利中的形式要件。
② 美国、英国、日本、乌克兰等国家有立法尝试,如美国1969年的《国家环境政策法》第3条规定,人人有权享有良好的环境,同时也有义务保护和改善环境。
③ 很多环境法学界前辈,如蔡守秋教授、吕忠梅教授等持此观点。当然,现有学者对环境法的理论基石观点并不一致,如徐祥民、刘卫先认为环境义务应当作为环境法的理论基石,汪劲教授认为在凝练环境法学研究的基干范畴方面,以环境享有权为核心的权利类型确认也逐渐深入人心;张璐教授认为环境法上的利益应当是环境法学的逻辑起点等。
④ 蔡守秋.论环境权[J].金陵法律评论,2002(1):83-119.
⑤ 吕忠梅.论公民环境权[J].法学研究,1999(6):60-67.
⑥ 汪劲.论环境享有权作为环境法上权利的核心构造[J].政法论丛,2015(6):51-58.
⑦ 徐祥民.对"公民环境权论"的几点疑问[J].2004(2):109-116.
⑧ 张璐.环境法学的法学削减与增进[J].法学评论,2019(1):148-162.

存在的对象,它具有整体性、无形性、长远性、公益性等显著有别于各传统法律权利客体的特点,使得环境生态功能恰恰需要全新类型的法律权利——环境权来保障,因而成为环境权的客体。可见,环境权的客体是一个无形的、整体的对象,不是自然因素本身,自然因素的物质实体显然已是财产权的客体,而不是环境权的客体[1][2]。环境权的权能包括实体性权能和程序性权能,其中环境参与权是程序性权能的核心权能[3]。由此,非政府主体参与环境治理的权利也可以从环境权参与权这一环境权的具体权能视角出发,并从中获取其法理支持。

党的十八届四中全会通过的《中共中央关于全面推进依法治国若干重大问题的决定》明确提出要支持各类社会主体自我约束、自我管理,要深化基层组织和部门、行业依法治理,要发挥市民公约、乡规民约、行业规章、团体章程等社会规范在社会治理中的积极作用。法律和政策属于调整引导行为方式的不同工具,由于政策制定的程序相对简单,我国的国家政策对国外新理论、新观念的跟进吸纳速度相对较快。不同治理主体的治理权利从政策走向法律,并落实为国家环境治理的法治实践,是从整体上一体化推进法治政府、法治社会以及法治国家建设的必由之路。

三、配套引用主体责任承担制度

规制治理理论一方面鼓励多元主体和多元措施介入社会及经济治理过程,另一方面也鼓励强化对多元主体实施多元措施的行为进行责任承担机制建构,也就是规制治理理论中的可问责性(accountability)。正如科林·斯科特教授所言,规制的正当性和可问责性构成了规制主体参与规制行为妥当性的两个维度,其中的正当性需要消解规制决策与民选政治家相分离的民主性疑虑,可问责性则是指规制主体承担行为相应后果的能力或可能性,应当从问责主体、问责方式、问责标准、问责范围、问责

---

[1] 关于对环境权客体的解读内容,本书原文引用了邹雄教授的观点。
[2] 邹雄.环境侵权法疑难问题[M].厦门:厦门大学出版社,2010:1-19.
[3] 邹雄.论环境权的概念[J].现代法学,2008(5):44-45.

程序和责任后果等方面设定多元规制主体的可问责性制度①。规制治理理论下的评价结果引用要有效融合环保部门、相关行政部门、金融机构、社会组织等多元治理主体,融合行政管理类、市场类、自我规制类等多元治理工具②,构建我国企业环保信用评价的政府、市场和社会等内部、外部、内外多元化结果引用制度,同时完善多元结果引用的责任承担机制,保障评价结果引用制度的法治化。

行政规制的规制者是国家行政机关,国家法律已经有较为成熟的有关国家行政机关的监督或问责机制。规制改革后产生的新型规制治理模式,使得很多领域的行政规制权力下放或转授给具有独立地位的机构或组织。与之前的行政规制相比,这一方面意味着被规制对象所受直接行政监管强度的放松,另一方面也意味着规制者和被规制者之间需要建立更多的信任。因此,在关注规制活动和规制组织"去中心化"属性的同时,必须关注不同主体的规制责任③,建立多元化规制责任承担机制,以便平衡从规制到规制治理转向过程中可能引发的市场及社会秩序失衡问题。规制治理理论强调通过法律规范设定问责主体、问责方式等核心内容,形成评价法律关系中多元主体的问责机制。具体而言,多元规制责任的承担机制需要保有三个不同维度的可问责性,即向上的可问责性、横向的可问责性以及向下的可问责性。其中向上的可问责性是指对法院、立法机构和行政部门具有可问责性;水平的可问责性是指对其他平行机构,比如监督机构、审计部门及相竞争规制者具有可问责性;向下的可问责性是指对被规制者和规制体系中的受益人具有可问责性④。规制治理机构需要遵循国家法律法规并履行相应的规制责任,减少可问责情形的发生,当然规制治理的治理绩效在很多时候也是减轻责任承担的重要考量因素,同时规制治理转型不需要国家对非政府机关规制机构法律规范的及时

---

① 科林·斯科特.规制、治理与法律:前沿问题研究[M].安永康,译.北京:清华大学出版社,2018:17-20.
② 王瑞雪.政府规制中的信用工具研究[J].中国法学,2017(4):158.
③ VIBERT F. The new regulatory space: reframing democratic governance [M]. Massachusetts: Edward Elgar, 2014:9-17.
④ SCOTT C. Accountability in the regulatory state[J]. Journal of Law and Society, 2000, 27(1):38-60.

跟进。

企业环保信用评价引用根据信用状况启动后续的激励或约束措施，信用本身的道德特质决定其后续引用措施应当保留基本的弹性和柔韧度，尽量减少行政主体和被监管对象之间的直接对抗。行政主体实施的引用行为受到严格的行政实体及程序法限制，需要进行合法性、合理性和关联性层面的审查，因此应当在保持行政主体出场的谦抑性和后序位性的同时，扩大市场主体和社会主体合作行政的范围和形式。评价结果市场引用和社会引用的适度扩容，与规制治理理论多元主体、多元措施并存的理论要义相契合，公法权利、环境程序性权能等基础权利理论为市场引用和社会引用提供了法理支持。法律是利益平衡的方式，为了防止企业环保信用评价结果引用制度陷入"二次行政处罚""一箩筐惩戒""道德档案"等极端[1][2]，政府在健全评价结果引用制度的同时，应当配套跟进评价结果引用的责任承担制度，为多元主体参与企业环保信用评价制度提供权利配置保障，同时注重维护作为被规制对象的参评企业的各项权益。

第三节　健全企业环保信用评价的多元引用规则

尽管规制治理理论具有主体多元、措施多元、行为方向多向性等基本特征，但是规制治理并不是脱离行政规制的治理，只是行政主体的规制角色从事前事中监管转变为事后监管，同时将部分行政权力通过妥当方式配置为市场主体和社会主体，保持行政权力出场的谦抑性以及后序位性，扩大市场主体、社会主体合作环境行政的范围和权利，同时保持行政主体在规制治理失灵时保有及时矫正管控的能力。国家尊重经济社会领域中私人自治与自主，利用市场开放竞争法则、私人财力与专业等资源来实现公共任务与公共利益，但同时也不意味着政府无所事事，

---

[1] 孙日华.信用联合惩戒的检视与制度优化[J].河北法学，2020，38(3)：124.
[2] 王瑞雪.公法视野下的信用联合奖惩措施[J].行政法学研究，2020(3)：82.

相反要加强法律对于其他社会子系统的调整与引导力①,积极构建守信联合激励和失信联合惩戒大格局②,但要着力健全政府、市场和社会多元引用规则。

一、确立引用基本原则

制度建构的基本原则不等同于某项法律制度的基本原则,后者具有规范性和适用性③,而法律制度建构的基本原则能够宏观指引制度建构的方向,使得制度建构不会偏离立法预期的目标。企业环保信用引用制度的适用性将对参评企业权利义务产生实际的重要影响,需要将其放置于法治框架内审视并约束。如果只注重惩戒手段的效率价值,却忽略对相关当事方基本人身权利和财产权利的尊重与保护,则有违"良法善治"的社会信用立法初衷④,不仅不利于法治的进步,反而可能是对公众的极大伤害。现有企业环保信用评价结果引用制度须受法治原则的约束⑤,秉持调适公平和效率目标的基本原则形成需求⑥,立足于解决评价结果引用措施适用的三面向问题,将健全企业环保信用评价引用制度的基本原则确定为秉承结果引用的合法性原则、合理性原则和关联性原则。

(一)评价引用应当秉承合法性原则

法治与国家治理是密切相关的,法治体系是国家治理体系的重要依托⑦,合法性是企业环保信用评价引用的底线。目前,我国还没有统一的企业环保信用评价立法,评价结果引用的行政法规也没有针对环保信用的特有规范⑧。企业环保信用评价结果引用的直接规范多见于国家及地方规范性文件,规范效力层级低,而这些层级较低的规范会引起参评企业

---

① 高秦伟.社会自我规制与行政法的任务[J].中国法学,2015(5):97.
② 连维良.积极构建守信联合激励和失信联合惩戒大格局[J].求是,2016(19):63.
③ 王琳.论法律原则的性质及其适用:权衡说之批判与诠释说之辩护[J].法制与社会发展,2017(2):87-89.
④ 罗培新.善治须用良法:社会信用立法论略[J].法学,2016(12):112.
⑤ 袁文瀚.信用监管的行政法解读[J].行政法学研究,2019(1):18.
⑥ 成凡.法律认知和法律原则:情感、效率与公平[J].交大法学,2020(1):27-28.
⑦ 张文显.治国理政的法治理念和法治思维[J].中国社会科学,2017(4):52.
⑧ 尽管行政法规《企业信息公示暂行条例》第十八条有关于联动信用惩戒的规定,但是其适用范围宽泛,需要根据环保信用的特殊性进行范围限缩。

及关联人员财产及人身权益的直接影响,需要依据《立法法》《行政许可法》等法律规范对引用措施中的联合惩戒措施进行合法性审查。面对层出不穷的联合惩戒措施,我们须警惕只追求手段的严厉有效,忽视相对人合法权益的现象①。以下仍然结合《备忘录》中具体惩戒措施,在合法性评估基础上讨论其合法性的边界。

《备忘录》中部分不存在合法性问题的惩戒措施,可以在同步考虑合理性和关联性原则后确定是否作为评价引用措施。一类是属于行政机关实施的限制性措施,但已经有行政规章对此进行跟进。《备忘录》中目前属于这一类的措施只有一项,即限制参与基础设施和公共事业特许经营,该限制性措施合法权利来源于《基础设施和公用事业特许经营管理办法》,该办法属于行政规章,符合《行政许可法》第十六条规定,对行政许可条件作出具体规定的最低法定位阶就是规章。另外一类引用措施属于市场主体实施的限制性措施,形式本身不存在合法性问题。《备忘录》中属于这一类的措施有两项,即作为保险公司厘定保险费率参考和作为金融机构融资授信参考,金融公司和保险公司的联动奖惩属于市场行为,而非行政主体的行政行为,其与被惩戒人通过合同建立权利义务约束,能够根据经营需求自主开展,至于合同条款的合法性不属于引用制度本身应当讨论的问题。

部分惩戒措施需要通过法律规范调整消除其中的不合法因素,满足评价引用合法性原则。该类措施属于行政部门采取的行政类评价引用措施,取得法律、法规和规章的授权后才开始施行。这些措施包括限制取得政府供应的土地、限制取得工业产生产许可证、禁止参加供应商参加政府采购活动、限制参与政府投资公共工程建设项目投保活动、依法限制取得安全生产许可证、限制发行企业债券和公司债券、限制注册非金融企业债务融资、限制补贴性资金支持、停止执行投资等领域的优惠政策、限制获得荣誉称号、强化上市公司或非上市公司收购事中事后监管等。合法性保有的解决方案需要通过法律规范调整,将相关概念的内涵及外延保持一致,其中限制取得政府供应土地惩戒措施适用依赖建立失信与所筹资

---

① 王瑞雪.政府规制中的信用工具研究[J].中国法学,2017(4):169.

金投向符合国家产业政策的对等性规范;限制取得工业生产许可证惩戒措施适用依赖建立失信与拟从事不符合国家产业政策(国家明令淘汰和禁止投资建设)工业生产的对等性规范;禁止参加供应商参加政府采购活动惩戒措施适用依赖建立失信与三年内重大违法记录及良好商业信誉之间的对等性规范;限制参与政府投资公共工程建设项目投保活动惩戒措施适用依赖建立失信与最近三年没有被责令停业、骗取中标、严重违约,以及重大工程质量问题的对等性规范;依法限制取得安全生产许可证惩戒措施适用依赖建立失信与所筹资金投向符合国家产业政策的对等性规范;将失信信息作为股票发行审核及在全国中小企业股份转让系统公开转让审核的参考惩戒措施适用依赖建立失信与重大违法行为(行政处罚且情节严重或者受到刑事处罚)的对等性规范;强化上市公司或非上市公司收购事中事后监管惩戒措施适用依赖建立失信与三年或者两年内重大违法行为或者涉嫌违法行为的对等性规范。需要相关《企业信用信息公示暂行条例》《政府采购法》《工业产品生产许可证管理条例》《工程建设项目施工招标投标办法》以及《环境保护法》、未来制定的《企业环保信用评价条例》等法律法规将相关概念统一,比如可将"失信"以及分散在各单行法惩戒条款中的"重大违法行为"等类似概念,替换为《企业环保信用评价条例》中的"环保不良企业"(环保信用最低等级的企业,名称依据未来制定的评价条例规定),保持不同法律文本中概念的内涵一致性。或者未来制定《企业环保信用评价条例》时在条例中统一规定联合惩戒措施,同时打包修订各单行立法的关联内容。

健全企业环保信用评价引用制度应当结合《立法法》中立法权限的规定,以《企业信息公示暂行条例》第十八条规定为依据,系统审视 2016 年 7 月 20 日由多个部门联合印发的《备忘录》中规定的对生产经营单位及其法定代表人等有关人员开展联合惩戒具体措施的合法性,同时审视《企业环境信用评价办法(试行)》第六章守信激励和失信惩戒中诸多措施的合法性,而且还需审视现有已经印发地方规范的 28 个省(自治区、直辖市)的评价办法中涉及的联合奖励惩戒措施的合法性。

(二)评价引用应当秉承合理性原则

企业环保信用评价结果引用制度的直接目的是对信用不良企业的惩

罚,引用措施多为禁止性、限制性手段,惩罚性措施的威慑力促使参评企业自觉遵守法定义务和约定义务,提升或保有高级别的环保信用评价等级,并规避承受惩罚性措施的可能性。应然状态下,法律制度或法律规范的教育功能应具有互为促进的两阶层面向,一方面是对具体法律关系当事人等特定利益群体的正向增进功能,另一方面是对社会整体利益或公共利益的正向增进功能①。企业环保信用评价结果引用制度中的惩戒措施规定,也具有增进特定参评企业的利益和增进整体社会利益的功能,而作为其中的惩罚措施仅仅是实现此两阶层功能的手段。惩罚措施强度与利益增进之间通常不具有正向的比例关系,特定主体和社会整体的利益增进需要合理配置评价结果引用措施,合理性讨论可以基于配置类别合理性、强度合理性两个维度展开。

引用措施的配置类别应当具有合理性。现有的企业环保信用评价结果引用措施多为行政机关采取的行政措施,如禁止性的行政许可、禁止性的市场准入等。尽管对于当前的中国来说,政府自上而下的强力推动与市场自生自发的秩序养成同样重要②,但是企业环保信用评价制度产生在环境管理转型、环境治理能力亟待提升的社会背景下,性质上属于经济激励类和自我规制类融合型法律制度,应当在重视制度规则建构的市场性和自发性基础上,形成市场主体和社会主体进入评价规范的权利保障规则。现行评价引用措施类别的配置应当秉承这一原则,一方面对行政性惩戒措施进行合法性、合理性和关联性的严格评估,尽力保持行政性引用措施的谦抑性。另一方面,扩大市场性和社会性引用措施的范围,在推行环保信用评价与银行贷款、保险费率等市场手段的同时,通过修法引入环境资源税费联动措施,同时拓展新闻媒体、消费者和社会公众等社会性联动措施,将相关信息作为商业决策和社会交往的参考依据,由此社会性制裁与法律制裁经由信息共享和公开产生对接③。

引用措施的实施强度应当具有合理性。企业环保信用评价结果引用措施强度通过其措施的数量以及措施的作用力表现出来,在没有通过合

---

① 沈毅龙.论失信的行政联合惩戒及其法律控制[J].法学家,2019(4):106-119.
② 罗培新.遏制公权与保护私益:社会信用立法论略[J].政法论坛,2018(6):173.
③ 佐伯仁志.制裁论[M].于胜明,译.北京:北京大学出版社,2018:6.

法性、合理性和关联性评估的情况下,仅《备忘录》中的联合惩戒措施就有多项,再加上目前已经印发地方企业环保信用评价规范的省份文件中规定的不同惩戒措施①,数量庞大的联合惩戒措施对于社会治理的效果并非正向的增进作用,有可能使信用评价级别不理想的参评企业滋生放任心理,丧失信用修复和保有良好环境行为的动力。若不论引用措施的数量,单就其作用力而言,引用措施也具有高强度的震慑力,很多措施属于"一票否决"型的禁止性措施,如参加政府采购投标、执行投资等领域的优惠政策等。既有研究表明,高强度的惩戒措施已经抑制了部分领域企业的创新性,除了创新性之外,企业环境保护和经济效益增量、企业可持续发展的可预期性等是否也会受到抑制还有待进一步研究。

企业环保信用评价结果引用制度不仅需要判定其合法性问题,还需要审查合理性问题,企业环保信用评价制度的功能之一为塑型企业绿色内生机制的引导功能,因此联动激励约束机制要与此制度功能相对应,并在一般可预期的限度或幅度内进行,同时坚守维护社会公平正义的一般法精神。企业环保信用评价结果引用应当坚持合理性原则,引用措施应当符合企业环保信用评价制度的立法目的,应建立在正当考虑的基础上,要有正当的动机,不得违背社会公平观念或法律精神,不得存在法律动机以外的目的或追求;引用措施的内容应合乎情理,应符合事情的常规或一般规律。

行政手段与所欲纠正的相对人行为须相互匹配,信用联合惩戒措施强度对行政相对人所造成的损害与制度目标须彼此均衡,信用工具须受合理性原则的约束。企业应当采取"相对损害最小的手段",在多种方案中选择对相对人权益影响最小的方案②,以便符合评价引用制度的合理性要求,获取可作为善治基础的良法。2010年,《国务院关于加强法治政府建设的意见》规定的行政执法机关处理违法行为的手段和措施要适当适度,尽力避免或者减少对当事人权益的损害。也表达了同样的要求。我们必须要固守法治的底线,任何有效的方法必须首先是合法的;任何不合

---

① 如可参见《河南省企业事业单位环保信用评价管理办法》第二十八条、第二十九条规定,或可参见《山东省企业环境信用评价办法》第十五条规定。
② 刘权.论必要性原则的客观化[J].中国法学,2016(5):178.

法的方法,最终不会成为有效的方法①,但是在合法性基础上的合理性要求同样不容忽视。

(三) 评价引用应当秉承关联性原则

企业环保信用评价引用制度具有预防环境风险发生的功能,其作用机理在于依据参评企业一定范围内既往环境行为产生的综合评价结果,采用一定手段对参评企业后续环境行为进行干预或介入,继而有效避免或减少环境损害的发生。评价结果引用的关联性原则可以有效避免行政机关随意采取行政惩戒措施的行为,同时也可以有效框定惩戒措施可适用的法律行为范围。现有评价结果引用的关联性主要存在两个方面的问题,一是政府将其所须完成的环境行政任务或环境行政处罚,通过联合惩戒的方式实现,两者之间不存在惩戒措施和后续环境行为的关联性。二是部分联合惩戒措施的范围过大,与环保信用评价惩戒目标之间缺乏直接关联性。因此,关联性讨论基于对上述问题的解决,从惩戒措施和后续行为关联性、惩戒措施与惩戒目标的关联性两个维度展开。

政府应当在企业环保引用措施与后续行为之间建立关联性。评价结果引用所适用惩戒措施仅对后续行为产生作用力,而且后续行为是一系列行为的组合,而非单一行为,不等于违法行为的法律责任措施。《备忘录》中部门惩戒措施不是真正意义上针对后续行为的惩戒,而是属于违法行为的法律责任承担,该项法律责任已经由法律规范明确规定,即将本属于参评企业的法律义务变相通过联合惩戒的方式实现,这些措施包括撤销检验检测机构资质、没收环保电价加价款并从重处罚、限制享受退税优惠、限制享受税收优惠、中央企业负责人经营业绩考核参考、对违法违规传播检验机构的处罚、责令停止生产机动车车型、没收机动车销售违法所得并处罚款、责令公布机动车车型有关维修信息并处罚款等。因此,后续的企业环保信用立法应当基于关联性基本原则,将上述惩戒措施从信用评价引用措施名录中删除,以便保留实质意义的评价结果引用措施,理清基于评价结果引用的惩戒措施与基于违法行为的法律责任承担措施之间

---

① 胡建淼.闯红灯者的子女可以被限制上学么:执法不得"不当连接"[N].法制日报,2016-01-01(007).

的边界,避免造成"一事二罚"等违反行政法基本原则的后果,避免行政权力侵犯个人权利①。

政府应当保障企业环保信用引用措施与引用目标之间具有关联性。环保信用评价中使用的环境信息均是与环境保护有关的信息,企业环保信用评价的制度目标是促使企业持续改进环境行为、提升企业自觉遵守环境法定义务和约定义务的行为约束动力,引导公众参与环境监督和保护,达成提升环境治理体系和治理能力,提升环境治理绩效的目标②。因此,联合惩戒措施设置应当围绕上述目标开展,防治惩戒措施范围过大,导致惩戒措施与惩戒目标之间不匹配等关联性缺失问题。《备忘录》中关联性不强的措施主要有:禁止供应商参加政府采购活动、限制参与政府投资公共工程建设项目投保活动、限制参与基础设施和公共事业特许经营、依法限制取得安全生产许可证、限制注册非金融企业债务融资等。造成关联性不强的原因是惩戒措施与环境保护的关联度不够密切,以禁止供应商参加政府采购活动为例,政府采购项目的内容和范围很广,有些项目的内容与环境保护密切关联,有的则关联性不强。类似禁止供应商参加政府采购活动、限制参与政府投资公共工程建设项目投标活动等联动惩戒措施需要限缩其采购或参与项目的范围,以便在惩戒措施与制度目标之间建立直接关联③。

关联性原则约束下的引用措施体系建构可以有效避免环保信用惩戒沦为备受社会公众谴责的道德档案。企业环保信用评价制度通过对参评单位承担环保社会责任、遵守环保法律法规等环境行为的综合评估,确定并公布环保信用级别。企业环保信用评价制度旨在以可量化的环保信用信息为基础重塑环境治理过程,以企业环保信用评价结果为核心建立"守信激励、失信惩戒"的新型环境治理机制。企业环保信用评价的内容是企业的环保信用,特定部门或机构通过一定的指标体系量化企业的环保信用,这些指标可以综合表现为守法指标、履约指标及承担社会责任的指标

---

① 罗培新.善治须用良法:社会信用立法论略:下[J].中国信用,2018(4):111.
② 谢刚,史会剑,王玉涛.企业环境行为信用评价理论及实践研究[M].北京:中国环境出版社,2016:3-13.
③ 杨丹.联合惩戒机制下失信行为的认定[J].四川师范大学学报(社会科学版),2020(3):94.

等,这些指标均与信用的本质含义密切联系。以守法指标为例,法律是全体人民意志的体现和表达,各级立法机关代表人民制定的法律规范,法律效力所及范围内的自然人、法人等主体均应当遵守,这是对其授权或委托立法机关实施意志表达行为的回应或践行。联动激励约束运用的是企业环保信用的综合评价结果,因此联动激励约束的范围应当与环保信用具有关联性,关联性范围依据守法、履约及社会责任承担指标等,可以反向推演为实施法律要求的行为、履行环保合同的行为及承担环境社会责任的行为。企业环保信用评价不能无限制地过度扩大惩戒措施的适用范围与惩戒力度,应避免企业环保信用沦为受社会公众谴责和质疑的环保道德档案①,过度扩大惩戒措施的范围与力度不利于制度公信力和引导力的发挥。

二、健全政府引用规则

企业环保信用评价结果的政府引用,是指企业环保信用评价结果在生态环境部门内部、生态环境部门与其他行政部门之间公开共享,各行政部门根据行政管理需求,依据企业环保信用评价结果,对特定级别的参评企业采取激励或惩戒行政措施的行为。前者称为生态环境部门内部引用,后者称为生态环境部门之外的政府引用。政府引用措施可以表现为单一部门的单一措施,也可表现为联合部门的多种措施。与市场和社会自由选择而采取失信惩戒措施不同,行政主体对失信者采取的惩戒行为,往往具有高权性、直接性与强制性②,企业环保信用评价政府引用属于典型的行政行为,受行政法基本原则、实体规范和程序规范的调整和约束,尤其是结果引用的惩戒行为,应当秉承行政合法性、行政合理性、行政关联性原则③④⑤。

(一) 生态环境部门内部引用规则

生态环境部门内部引用包括生态环境部门内部各职能机构的引用,

---

① 孙日华.信用联合惩戒的检视与制度优化[J].河北法学,2020(3):123.
② 沈毅龙.论失信的行政联合惩戒及其法律控制[J].法学家,2019(4):121.
③ 有学者提出了现有联合惩戒措施法律依据、违反比例原则等合法性不足的问题。
④ 王瑞雪.公法视野下的环境信用评价制度研究[J].中国行政管理,2020(4):125-129.
⑤ 孙日华.信用联合惩戒的检视与制度优化[J].河北法学,2020(3):128-130.

以及不同级别和区域职能生态环境部门的引用。生态环境部门内部各职能机构的引用是指生态环境部门中负责环保信用评价工作的机构与其他机构之间进行评价信息和评价结果共享，并采取相关联动激励约束措施的行为。这些机构是生态环境部门隶属的相关职能部门，主要有大气生态环境部门、土壤生态环境部门、水生态环境部门、固体废物与化学品部门、核与辐射安全监管部门、环境影响评价与排放管理部门、生态环境监测部门、环境应急管理部门等。同一省域内不同区域的生态环境部门之间、同一省域内不同级别的生态环境部门之间、不同省域生态环境部门之间在实施联动激励约束措施时，参评企业所属区域的生态环境部门应作为牵头部门，负责环保信用信息及评价结果在各部门内部互联互通，并实现相关领域环保信用联动激励约束措施的有效开展。

第一，生态环境行政许可部门对企业环保信用评价结果的引用。鉴于法律法规均对行政许可事项规定了法定的许可条件，在法律法规没有也不太可能将企业环保信用等级作为法定许可条件之一的情况下，联动激励约束措施涉及许可实体条件变通的可能性不大，因此可在许可程序上予以调整以便对不同评价等级企业采取激励或约束措施。可以调整的许可程序如下：一是许可的期间；二是许可的生态环境部门级别；三是申请资料审查自由裁量，尤其是法律规定由省级生态环境部门确定的许可管辖事项，比如环境影响评价文件的审批。激励措施可以在法定的许可期间内尽量缩短许可时长，同时降低许可的管辖级别，并对环保诚信企业实施行政许可申请资料容缺受理的措施①。约束措施可适度延长许可期间，同时提高许可的管辖级别，尤其注意强化对环保信用不良单位申请资料的审核、复核，确保申请资料客观真实。《环境影响评价法》《排污许可管理条例》等行政许可的一般法，以及生态环境领域行政许可的特别法应当同步跟进对评价结果引用的关联规范调整。

第二，生态环境执法监督部门对企业环保信用评价结果的引用。财

---

① 目前，依据环保信用评价结果，生态环境部门业已在部分领域实施环境行政许可事项的申请资料容缺受理制度，对企业环保信用良好的企业开辟许可绿色通道。但是，目前不同省份、不同区域制度实施的强度不同，领域不同，从参评对象的权益公平保障考虑，申请资料容缺受理制度的规范性亟待提升。

政、人员、能力等资源约束是任何类型公共执法机构都无法回避的现实挑战。如果公共机构要支撑一个职业阶层的公共执法活动，任何社会都要有一定的经济剩余①。企业环保信用评价制度将不同行业、不同规模的被规制对象分门别类置于不同的环保信用等级框架中②，利用声誉机制，对不同环保信用等级企业采取分类监管模式，是对"重典治污"颇有实践意义、成本颇为俭省的制度呼应③④。生态环境执法监督部门对企业环保信用评价结果引用是指将行政相对人的环保信用状况作为生态环境执法监督的构成要件要素或裁量因素⑤，具体来说，可对企业环保信用级别最高的企业，在信用级别保持期间，在法定的处罚幅度内，采取较低档次的行政处罚；对企业环保信用级别最低的企业，在信用级别保持期间，在法定的处罚幅度内，采取较高档次的行政处罚⑥。生态环境执法监督部门对参评企业的激励及惩戒措施的使用分别关注处于环保信用等级两端的企业，因为对信用评价等级最高和最低的企业分别予以激励和惩戒，有助于引导中间档次企业积极履行环保法定及约定义务，履行企业社会责任，达标创优提升环保信用等级。企业环保信用评价等级结果纳入环境行政处罚裁量要素具有实定法上的依据。根据《行政处罚法》规定，实施行政处罚必须与违法行为的事实、性质、情节以及社会危害程度相当；实施行政处罚应当坚持处罚与教育相结合，教育公民、法人或者其他组织自觉守法等规定。对行政相对人实施行政处罚，需要考虑其综合性环境行为（环保信用），企业环保信用评价等级不同，企业行为的社会危害性（主要是引致环境风险度）存在差异，将环保信用评价结果引入行政处罚，能够更好地坚持处罚与环境教育有机结合，有利于参评企业更自觉守法。

---

① 理查德·A.波斯纳.超越法律[M].苏力，译.北京：中国政法大学出版社，2001：371.
② 王瑞雪.公法视野下的环境信用评价制度研究[J].中国行政管理，2020(4)：129.
③ 吴元元教授从经济成本方面考量，认为以信息为基础的信用声誉机制，是对"重典治乱"颇有实践意义、成本颇为俭省的制度呼应，本书将其类比环境治理，环保信用评价制度的声誉机制也具有同样的功能。
④ 吴元元.信息基础、声誉机制与执法优化：食品安全治理的新视野[J].中国社会科学，2012(6)：133.
⑤ 沈毅龙.论失信的行政联合惩戒及其法律控制[J].法学家，2019(4)：125.
⑥ 本书此处并没有适用企业环保信用等级具体化的名称，主要原因是国家及地方没有统一的等级标准，2021年3月国家发改委办公厅关于《全面实施环保信用评价的指标意见（征求意见稿）》正尝试按照环保信用从高到低，将其统一依次划分为"A""B""C""D"四级。

第三,环保专项资金项目立项(包含重大循环经济项目、重点节能工程项目、重大科技攻关项目等)、环保评先创优对企业环保信用评价结果的引用。将企业环保信用评价结果嵌入环保专项资金项目立项、环保评先创优的审核环节,对企业环保信用级别高的企业,优先考虑给予环保专项资金项目立项以及环保评先创优;对企业环保信用级最低的企业,不允许申报环保专项资金项目、环保评先创优,已经申请的专项资金项目要加强实施监管。其中环保专项资金安排的具体依据为《中华人民共和国预算法》《中华人民共和国循环经济促进法》(以下简称《循环经济促进法》)《中华人民共和国节约能源法》等法律、财政部和原环境保护部印发的《水污染防治专项资金管理办法》等部门规章,以及各个省份的环境保护专项资金管理办法。环保评先创优的具体依据:对保护和改善环境有显著成绩的单位和个人,由人民政府给予奖励,此外大气、水、土壤等环境污染防治的单行立法均有类似奖励的规定。尽管现有规范并没有明确环保专项资金项目立项、环保评先创优等可以企业环保信用评价结果联动,但是基于现有规范的文义解释,可以为该领域企业环保信用评价结果引用保留适用的空间。企业环保信用评价是对企业环保行为的综合评价[①],环保专项资金项目立项以及环保评先创优同样需要项目申请单位或奖励申报单位(包括单位的法定代表人、主要负责人等)具备通过综合环境行为积累的良好信誉。

同时,应当注意环保信用承诺与环保行政许可、生态环境执法监督以及环保专项资金申请等领域的结合应用,将环保信用承诺楔入环保行政许可等行政行为的适宜环节,鼓励参评对象通过自愿许诺,并履行自愿认可的许诺,实现自我约束、自我规制,达成与行政规制相同的甚至更优的环境治理效果。环保信用承诺的内容通常包括:保证向行政机关提供的资料真实、合法等;保证合法从事经营活动;保证履行法定、约定义务和社会责任;保证自愿承担违反承诺的责任等。环保信用承诺采取自愿签订原则,不得将是否作出信用承诺作为申请受理和决定的前置条件,但可将

---

① 王瑞雪.公法视野下的环境信用评价制度研究[J].中国行政管理,2020(4):125.

其是否签订或履行作为践约度指标的子指标内容之一①。生态环境部门在上述行政行为中楔入环保信用承诺，必须履行事前告知义务，告知参评对象不履行环保信用承诺的违约后果。从性质上来，环保信用承诺属于单方民事法律行为，合同性质为民事合同而非行政合同，参评企业若违反环保信用承诺，其应依约承担合同违约义务。违反环保信用承诺的违约义务，不适宜设定为违反行政许可事项，以及违反生态环境法律义务等应当承担的法定责任②。适宜的路径是将环保信用承诺的违约行为信息纳入环保信用信息范围，并作为践约度指标内容，违约可能影响环保信用评价等级，评价结果引用则又可能联动引起政府、市场及社会启动惩戒措施。

（二）生态环境部门外部的政府引用规则

生态环境部门外部对企业环保信用评价结果引用的其他行政机关，主要涉及价格、政府采购、工程招投标、国有土地出让、授予荣誉称号、证券监督管理部门等行政部门。政府外部引用规则主要可以参照《企业信息公示暂行条例》（国务院令654号）第十八条的规定，即"县级以上地方人民政府及其有关部门应当建立健全信用约束机制，在政府采购、工程招投标、国有土地出让、授予荣誉称号等工作中，将企业信息作为重要考量因素，对被列入经营异常名录或者严重违法企业名单的企业依法予以限制或者禁入"，同时结果国家有关法律法规以及中央文件，在绿色证券监管中也可以楔入企业环保信用，但是需要对关联规范的具体内容进行调整。

第一，价格行政部门对企业环保信用评价结果的引用。《企业信息公示暂行条例》中没有价格部门对环保信用评价结果引用的直接规范。价格机制是市场机制中的基本机制，是指在市场竞争过程中，价格变动与供求变动之间相互依存、相互制约的联系和作用。价格机制是市场机制中

---

① 王莉.我国企业环保信用评价指标体系的三维建构[J].江西社会科学.2019(6):204.
② 评价实践中，很多省份的环保信用承诺规范性文件将参评企业违反生态环境法律义务的法定责任，比如行政处罚、刑事责任等纳入环保信用承诺违约责任条款，与法定义务的立法设定重复，导致违约责任条款流于形式。具体内容可参见《合肥市环境保护局关于推行环保信用承诺制度有关事项的通知》等地方性规范。

最敏感、最有效的调节机制,价格的变动能对整个社会经济活动产生重大的影响,具体包括价格的形成机制以及价格的调节机制。价格机制的基本规律是价格高低,影响供求,引导生产与消费,进而调节资源的合理配置。这一规律适用于环保信用与价格联动,就是指生态环境部门与各级物价部门协作配合,将环保信用评价结果用于价格的形成机制及调节机制①,通过水价、电价、资源价格、污水处理费等调节杠杆,激励信用级别高的企业继续保持清洁生产,信用级别低的企业逐步改变生产经营模式逐步提高其环保信用等级②③。尽管我国《循环经济促进法》中规定应当按照国家产业政策,对资源高消耗行业中的限制类项目,实行限制性的价格政策,一定程度上为价格机制与环保信用评价结果联动提供了法律支持,但是《循环经济促进法》仅对资源高消耗行业中的限制类项目实行价格约束,从规范文义解释可以推论,政府对低耗能行业可以施行价格激励,但是以资源的耗能为标准并不能覆盖所有的参评企业,且也无法形成与环保信用评价等级联动的直接关联,需要在企业环保信用评价制度规范健全基础上,跟进调整《环境保护法》《中华人民共和国清洁生产促进法》《循环经济促进法》以及单行自然资源类立法。

第二,政府采购、工程和服务招投标行政部门对企业环保信用评价结果的引用。受限于环保信用评价的信息范围,此处的政府采购主要可限缩为政府绿色采购,是指充分考虑环境保护、资源节约等因素的政府采购行为④。使用财政资金进行采购的政府部门,在采购产品或服务时,如果产品属于有环保标准限制的商品,服务涉及环保监测、环境影响评价等第三方环境保护领域,则应当对供应商的环保信用评价结果予以考虑,并规范招标文件或潜在供应商选择条件,以便增强评价结果适用的法律效力⑤。现有法律规范中关于政府采购供应商的限制条件并不与环保信用直接关联。《中华人民共和国政府采购法》规定,供应商参加政府采购活

---

① 何震.信用与价格两手联动 力促企业环境守法[J].环境保护,2016(10):70.
② 张志奇,李英锐.企业环境信用评价的进展、问题及对策建议[J].环境保护,2015(20):51.
③ 张胜.关于我国企业环境信用评价的若干思考和建议[J].环境保护,2017(20):41.
④ 王景歌,邹雄.政府绿色采购制度研究[J].郑州大学学报(哲学社会科学版),2017(6):30.
⑤ 李一丁.第三方治理二次环境污染责任的认定:企业环境信用评价法制化视角的分析[J].中国地质大学学报(社会科学版).2019(2):35.

动前三年内,在经营活动中没有重大违法记录。《企业信息公示暂行条例》规定,对被列入严重违法企业名单的企业依法予以限制或者禁入政府采购活动。《循环经济促进法》规定,使用财政性资金进行采购的,应当优先采购节能、节水、节材和有利于保护环境的产品及再生产品。以上规范的文义解释表明,供应商单一严重违法行为即可导致政府采购活动的限制或禁入,尽管此种规定有利于引导供应商严格守法,但是却不利于从各个维度整体考虑供应商的集合法律行为,企业环保信用评价结果则是多维度环境行为的综合评估,将评价结果作为供应商限制或禁入的标准,从引导企业综合性环境行为角度考虑则更为妥当。现有《中华人民共和国政府采购法》《企业信息公示暂行条例》《循环经济促进法》的相关条款没有与环保信用评价等级联动的直接关联规范,需要在企业环保信用评价制度规范健全基础上跟进调整。关于工程和服务招投标领域引用企业环保信用评价结果,现行立法存在的问题与政府采购部门引用问题相同,同样需要《中华人民共和国招标投标法》《企业信息公示暂行条例》等关联规范的跟进调整,此处不再赘述。

第三,国有土地出让部门对企业环保信用评价结果的引用。与大气和水资源一样,土地是人类生存不可或缺的重要物资,属于不可再生资源,我国土地的污染状况也不容乐观,环境保护领域的三大攻坚战中就包括净土攻坚战。相较于大气和水资源污染,土壤污染更加隐蔽、复杂,治理难度更大,治理成本更高。从源头防控土壤污染是落实《环境保护法》风险预防原则以及《中华人民共和国土壤污染防治法》风险防控制度的有效路径,而且也是"十四五"期间土壤生态保护应当沿袭的主要策略[①]。企业环保信用评价级别高的企业意味着其具有规范的内部环境管理制度,以及遵守环境法律、社会义务以及环保合同的行为惯性,即企业经营行为的土壤致害风险相对较小。2018年国务院行政机构改革之后,国有土地出让权力归属县级以上自然资源部门行使。《中华人民共和国土地管理法》并没有对国有土地受让人的资格进行限制,仅规定了缴纳土地使用权

---

① 李志涛,等.关于"十四五"土壤、地下水与农业农村生态环境保护的思考[J].中国行政管理,2020(4):45-50.

出让金等土地有偿使用费和其他费用,以及按照土地使用权出让等有偿使用合同的约定或者土地使用权划拨批准文件的规定使用土地,不得擅自变更土地使用用途等义务。因此,现行立法并没有禁止将企业环保信用评价结果作为确定国有土地受让人参考要素的规定,国有土地出让部门对企业环保信用评价结果的引用符合《环境保护法》《中华人民共和国土地管理法》《中华人民共和国土壤污染防治法》等的立法精神,并形成与直接风险管控制度的沟通维度和功能互补机制①②。

第四,相关部门对企业环保信用评价结果的引用。环保表彰旨在实现对环境治理绩效和效能的制度激励,是引导和调适城市治理的重要顶层设计③。根据现有立法,环保领域的表彰奖励并不仅仅表现为授予荣誉称号,可以更广义地表达为表彰奖励。具体条款如《环境保护法》第十一条关于对保护和改善环境有显著成绩的单位和个人,由人民政府给予奖励的规定;《循环经济促进法》第四十八条关于对在循环经济管理、科学技术研究等工作中做出显著成绩的单位和个人给予表彰和奖励的规定;《中华人民共和国清洁生产促进法》第三十条关于清洁生产表彰奖励规定以及《中华人民共和国土地管理法》关于土地保护开发以及合理利用方面成绩显著者奖励的规定等。上述政府环保表彰奖励相关规范的文义解释表明,表彰奖励的获取条件即在环境保护中作出显著贡献,与环保信用评价级别最高企业对环保领域治理的贡献度具有高度的相似性,也就意味着企业保有良好的环保信用,是其在环境保护中作出显著贡献的表现形式之一,具体的表达已经在环保信用评价指标的重构中进行了合理的考量。因此,相关行政部门在环保表彰奖励时引用企业环保信用评价结果,可以直接通过现有规范解释获得法律依据,并通过实施表彰奖励行政机关的自由裁量实现。此外,在学界及评价实践中,有对环保信用评价等级低的企业,已经获得的

---

① 通常学者在讨论土壤损害的风险预防法律规制时,常使用更为直接的土壤环境风险评估制度、环境影响评价制度等,恰恰缺少可以与直接规制制度形成沟通和功能互补的制度,比如通过对土地受让人环保信用评价结果的考量,将土壤污染风险的预防提前至土地受让环节,其预防效果会更加显著。

② 吴贤静.土壤环境风险的法律规制[J].法商研究,2019(3):140.

③ 王英,唐云.评比表彰与城市治理:来自国家环境保护模范城市创建的经验证据[J].中国行政管理,2020(5):38.

环保领域表彰奖励予以取消的规定,本书认为此举实属不妥,因为表彰奖励是对特定对象既往环保行为的肯定和认可,取消获得的环保表彰奖励则可表达为对既往环境行为的不予肯定和认可,在反复授予和取消的过程中丧失的不仅仅是企业自身的奖励,而是政府行为的公信力[①]。

第五,证券监督管理部门对企业环保信用评价结果的引用。绿色证券要求证券监督管理部门把环境保护的理念与规律加入对证券市场的监管,将企业的环境保护行为作为衡量企业在证券市场权利能力和行为能力的重要指标[②]。环保信用评价结果联动绿色证券,直接切断企业融资渠道,加重企业违反环境法律法规等造成环境污染付出的经济代价,有利于督促企业切实履行环境保护的义务与责任,优化证券市场绿色发展,实现社会、经济和环境效益多元共赢。证券监管部门对企业环保信用评价结果的引用,主要可以从限制发行企业债券和公司债券、以评价结果为依据强化上市公司或非上市公司收购事中事后分类监管、将失信信息作为股票发行审核及在全国中小企业股份转让系统公开转让审核的参考等三个方面展开。首先,对环保信用等级低的参评企业限制其发行企业债券和公司债券。《中华人民共和国证券法》规定,公开发行公司债券,筹集的资金投向应符合国家产业政策。《国务院关于建立完善守信联合激励和失信联合惩戒制度加快推进社会诚信建设的指导意见》(国发〔2016〕33号)规定,对严重失信主体,各地区、各有关部门应将其列为重点监管对象,限制股票发行上市融资或发行债券。依据环保信用评价结果限制参评企业发行企业债券和公司债券需要通过法律规范调整,建立依法环保信用评价结果与所筹资金投向符合国家产业政策、严重损害社会公共利益等的对等性规范。其次,强化上市公司或非上市公司收购事中事后监管。《上市公司收购管理办法》第六条规定,收购人最近三年有重大违法行为或者涉嫌有重大违法行为的不得收购上市公司。《非上市公众公司收购管理办法》(中国证券监督管理委员会令第102号)第六条规定,进行公众公司

---

① 宁德鹏.新时代中国城市治理中政府公信力问题的几点思考[J].中国行政管理,2020(6):157-159.
② 张文鑫,包景玲,常文韬.中国绿色证券持续改进机制运行及完善建议[J].河北学刊,2012(2):46.

收购,收购人及其实际控制人应当具有良好的诚信记录,收购人及其实际控制人为法人的,应当具有健全的公司治理机制。任何人不得利用公众公司收购损害被收购公司及其股东的合法权益。收购人最近两年有重大违法行为或者涉嫌有重大违法行为的不得收购公众公司。同样,环保信用评价结果联动上市公司或非上市公司收购事中事后监管行为,需要依法建立环保信用评价结果与最近三年或者两年内重大违法行为或者涉嫌违法行为的对等性规范。此外,根据《证券法》《首次公开发行股票并上市管理办法》《首次公开发行股票并在创业板上市管理办法》《上市公司债券发行管理办法》等规范,还可将环保信用评价结果作为股票发行审核及在全国中小企业股份转让系统公开转让审核的参考,当然也需要依法建立环保信用评价结果与重大违法行为(行政处罚且情节严重或者受到刑事处罚)的对等性规范。

此外,《备忘录》中还规定了两项税务部门可以开展的引用措施,即限制享受退税优惠和享受税收优惠,前者的依据是财政部国家税务总局关于印发《资源综合利用产品和劳务增值税优惠目录》的通知,后者的依据是财政部国家税务总局关于印发《资源综合利用产品和劳务增值税优惠目录》的通知限制。因为前者退税优惠已有法定不享受增值税即征即退政策的情形,因此不具有开展失信联合惩戒空间。后者《财政部国家税务总局关于公布环境保护节能节水项目企业所得税优惠目录(试行)的通知》已有法定环境保护节水项目企业所得税优惠的情形,也不具有开展失信联合惩戒的空间。

三、健全市场引用规则

企业环保信用评市场引用是指市场主体对企业环保信用评价结果的适用行为,市场引用的主体主要包括商业银行、保险机构等部门。这些部门是独立的市场经营者,可以根据企业自身的经营需要,在经营活动中合理引入交易相对方的环保信用评价结果,作为交易行为启动与否以及启动后如何实施的参考因素。

(一)商业银行的引用规则

环保信用评价结果的商业银行引用,是指商业银行根据我国的环境经济政策,以保护环境和防范贷款风险为目的,建立生态环境部门和金融部门信息沟通共享机制,利用贷款手段增加环保信用评价优良企业的资金流入,限制环保信用不良企业贷款融资的一种新型贷款方式。根据企业环保信用评价标准对参评企业的环保信用状况评估定级,并不是企业环保信用评价制度的目的,关键是如何让评价结果动起来、用起来[①][②],发挥法律规范对特定主体的行为和价值引导作用,才是企业环保信用评价法律制度的规范目的。具体到商业银行领域的引用,银行贷款对企业发展至关重要,贷款多寡、费率高低直接影响企业的经营行为。评价结果与企业商业信贷关联,通过影响参评企业获取商业贷款的机会、额度及费率,并最终引导企业建立良好的自觉保护生态环境的行为惯性,商业银行引用环保信用评价结果的目标才能达成。基于环保信用评价结果的绿色贷款与传统贷款的区别主要是贷款审查方式的改变,金融机构除了对贷款资金进行收益、安全和流动评估,还要对融资企业的环保信用评价结果进行风险审查,将会增加企业遵守法律法规、承担社会责任等方面的环境保护行为可能引发的风险度[③],依据审查结果决定是否给予贷款、贷款额度、贷款的利率和投放贷款的期限等。

商业银行与企业环保信用评价结果联动是商业银行维护"安全性、流动性、效益性"经营原则的制度落实。通常情况下商业银行依法开展业务,不受任何单位和个人的干涉,然而近十多年来,随着国家在生态环境领域"重典治污"的立法及执法力度加大,环境违法成本日益提升。尤其是2012年环境民事公益诉讼制度以及2018年生态环境损害赔偿制度实施之后(2021年生效的《民法典》将生态环境损害赔偿制度确立为法律制度),一旦发生生态环境损害赔偿事件,企业将面临生态环境服务功能损害赔偿金、生态环境永久性功能损害赔偿金、应急处置费用等之前无需承担的法律责任成本,在泰州天价赔偿案、腾格里沙漠污染案、山东章丘生态环境污染案等环境公益诉讼和生态环境损害赔偿判决结果中,责任主

---

① 张胜.关于我国企业环保信用评价的若干思考和建议[J].环境保护,2017(20):41.
② 莫张勤.反思与重构企业环保信用评价的中国实践:以多元主体参与为视角[J].商业经济研究,2017(2):41-43.
③ 陈向国."环保信用评价"对企业发展是"敌"是"友"?[J].绿色行动,2013(8):24.

体均承担了高达亿元的生态环境损害修复和赔偿金责任。企业违法成本大幅度提升使得商业银行的"安全性、流动性、效益性"经营原则受到极大威胁,环保信用评价结果能够综合评估企业环境行为,提供了有效考察企业行为带来的环境风险的科学依据,也排除了通过零星环境信息对企业贷款审查可能造成的结果偏差。

环保信用评价结果与金融机构绿色贷款联合依据的是法律法规及规范文件。《循环经济促进法》鼓励商业银行对绿色企业的信贷激励,规定"对符合国家产业政策的节能、节水、节地、节材、资源综合利用等项目,金融机构应当给予优先贷款等信贷支持,并积极提供配套金融服务。对生产、进口、销售或者使用列入淘汰名录的技术、工艺、设备、材料或者产品的企业,金融机构不得提供任何形式的授信支持。"2018年9月,福建省生态环境厅等五部门印发了《关于加强绿色金融和环境信用评价联动助推高质量发展的实施意见》,规定加强绿色金融和环境信用评价联动,实施绿色金融奖惩制度。2021年2月,国务院发布《关于加快建立健全绿色低碳循环发展经济体系的指导意见》后,以企业环保信用评价结果为依据健全企业绿色信贷审核内容再次成为社会关注的热点[①]。2021年3月1日,全国首部绿色金融领域法规——《深圳经济特区绿色金融条例》正式实施。上述法律法规及地方规范文本为商业银行在贷款审批环节,楔入对申请人环保信用评价结果的审核提供了依据。

商业银行对环保信用评价结果的引用已经在部分省份开展,但是推行的力度仍需强化。根据部分环保信用评价试点省市的有关规定,生态环境部门应与当地商业银行建立有效的联动机制,定期向银行等相关机构提供环保信用评价的信息,并将该信息作为银行贷款的发放依据,相关机构应根据一定的相关环境标准,合理配置贷款资源,防范环保贷款风险。以浙江省的试行办法为例,银行等金融机构对环保信用评价良好的"绿色"企业,简化贷款发放手续并积极地给予各方面的贷款支持;对"蓝

---

① 国务院文件下发之后,中国政法大学于文轩教授撰文认为企业环保信用评价"有助于简化审核程序,避免信贷决策失误",对绿色信贷制度具有重要价值。参见:于文轩.绿色低碳循环发展经济体系建设背景下绿色信贷制度之完善[EB/OL].(2021-03-01)[2021-03-02]. https://www.zhonghongwang.com//show-278-197456-1.html.

色"等级的企业,以支持为主要原则,妥善、合理地安排贷款发放资金;对"黄色"等级的企业,基本保持原有的贷款额度,若这些企业积极采取环境保护行为并治理污染,则可以适度批准新增贷款额度;对"红色"等级企业,从严把控贷款发放数额,除更新改造治理污染减排设施以外,严厉禁止发放任何新增的贷款;对"黑色"等级企业,一律禁止发放新增贷款,对经过改造仍不达标的单位,实施严密的贷后监测制度并逐渐收回已发放的存量贷款。在实践中,尽管商业银行对环保信用评价结果的引用在法律上并无障碍,但是部分省份还停留在审查环境信息而非环保信用评价结果的阶段,这一现象与企业环保评价制度并无国家统一评价规范和标准,缺乏全国统一适用基础有很大关系。

(二) 保险机构的引用规则

保险机构对环保信用评价结果的引用主要是在环境污染责任保险业务中楔入对评价结果的适用,引起环境污染责任保险法律关系当事人权利义务变更。环境污染责任保险是指企业的环境污染或生态破坏行为对其他公民或单位造成损害后,按照相关法律法规核定应当承担的赔偿责任作为标的的保险①。在污染事故发生后,由于没有很好的善后保障机制,污染事故所应承担的赔偿和恢复环境的责任并没有真正落实,第三方受害人不能及时获得赔偿容易引发社会矛盾,甚至可能引发更突出的矛盾。环境污染责任保险属于责任保险的一种,责任保险于19世纪初期发源于法国,目前特别在欧美一些发达国家发展较快。环境污染责任保险产生于20世纪60年代,它随着环境污染事故的大量出现和公众环境意识的提高应运而生。环境责任保险强大的分散和转嫁风险功能②③,深受污染企业和污染事故受害者的青睐,同时其促进环保科技和保险企业发展的潜在功能,又得到了各国政府和保险业的积极支持。目前,在以美国为首的工业发达国家,环境责任保险制度已进入较为成熟的阶段,不

---

① 蓝寿荣.我国环境责任保险立法若干问题释疑[J].法学论坛,2013(6):108.
② 例如,在德国、英国等环境污染责任保险相对成熟的国家,投保人还可以在传统的公众责任险以及环境责任险外另行单独购买"环境损害险",以移转包括环境公益损害赔偿责任在内的环境自身损害赔偿责任。
③ GUEVARA D-L. DEVEAU FJ. Environmental liability and insurance recovery[M]. Washington: American Bar Association Publishing, 2012:516-518.

但在分散排污企业环境风险、保护第三人环境利益、减少政府环境压力等方面发挥了独特的作用①,还强化了保险公司对企业保护环境、预防环境损害发生的监督管理功能。

环境污染责任保险目前在国内立法尚处在逐步探索阶段。2009年,在原环境保护部和中国银行保险监督管理委员会(以下简称保监会)联合指导下,9个省份率先开展环境污染责任保险的试点工作,中国人民保险集团股份有限公司、中国平安保险(集团)股份有限公司等十几家保险企业依据有关规定推出有关环境污染的责任险种,在确定合理的责任范围、分类厘定费率和核定赔保率等方面进行了有益的尝试②。河北、上海和沈阳等省市把有关环境污染责任保险的条款增加至地方环境保护的有关法律法规③。2013年1月,原环境保护部和原保监会联合印发的《关于开展环境污染强制责任保险试点工作的指导意见》进一步扩大了试点的范围。在多年试点的基础上,2014年修订的《环境保护法》的第五十二条规定,国家鼓励投保环境污染责任保险。2015年中共中央、国务院印发《生态文明体制改革总体方案》要求在环境高风险领域建立环境污染强制责任保险制度。2015年修订的《中华人民共和国保险法》在财产保险合同领域对环境污染责任保险进行了原则性规定。2018年5月,生态环境部审议通过了《环境污染强制责任保险管理办法(草案)》。该草案系统规定了环境污染责任保险的投保和承保、风险评估与排查、赔偿、罚则等内容。

环境污染责任保险与环保信用评价结果具备共同的风险预防机理,具有联动的制度衔接基础。环境污染责任保险作为环境法核心理念的"工具选择理论",提出的应对环境问题的工具组合之中就包含保险工具④。基于该理论,应对环境风险的制度工具有七类,分别是命令与控制

---

① 马宁.环境责任保险与环境风险控制的法律体系建构[J].法学研究,2018(1):108.
② 国家环境经济政策研究与试点项目技术组.国家环境经济政策进展评估报告:2017[J].中国环境管理,2018(10):4-18.
③ 具体内容可参见《河北省环境保护条例》《上海市环境保护条例》和《沈阳市环境保护条例》等。
④ VANDENBERGH M P. Private environmental governance[J]. Cornell Law Review, 2013, 99(1):158-159.

第六章　基于规制治理理论的企业环保信用评价结果引用制度的完善

工具,如规定最高排污限额;设定财产权;市场杠杆工具,如征收环境税;总量控制下的排放权交易;信息工具,如环保评价;采购以及保险①。目前,我国已处于环境污染事故的高发时期,环境污染事故具有突发性、潜伏性、累积性等特点,污染事故一旦发生,对企业本身、第三方受害者、政府和社会都会产生深远的不利影响。环境污染责任保险与环保信用评价结果联动则是利用整个社会的力量,迫使企业提高环保信用等级,增强自觉履行法定、约定义务及环保社会责任的能力,同时有效化解企业环境风险,减少或分担政府环境治理成本②。因此,它有利于增强企业抗环境风险的能力③;有利于企业重视环保信用的管理,减少环境污染事故的发生;有利于保障企业环境污染事故第三方受害者的利益;有利于维护社会、环境、经济的可持续发展。

在环境污染责任保险中楔入环保评价结果,主要可以从承保模式选择、保险费率厘定、再保险强制要求、承保责任范围等几个方面展开。

第一,环保信用等级不同的参保企业适用不同类型的环境污染责任保险模式。环境污染责任保险的保险模式有强制保险和任意保险两类。强制保险源于社会保险,利用了社会保险的本质属性,但是却不同于社会保险,是国家为了贯彻保险政策,推行对公众的法律保护而借用社会保险的强制属性,要求保险人直接经营的相对于自愿保险的商业保险业务。任意责任保险,是指投保人和保险人在自愿、平等、互利的基础上,经协商一致而订立保险合同的保险形式。在这种形式下,投保人对于是否投保有决定权,投保人决定投保后,可以自主选择保险人,并和保险人自由协商确定保险标的、保险类别、保险费、保险范围、保险金额、保险期间等

---

① LIGHT S E, ORTS E W. Parallels in public and private environmental Governance[J]. Michigan Journal of Environmental & Administrative Law, 2015, 5 (1): 1-7.
② 比如分担环境突发事件的应急处置成本等。雷晓康.责任保险:政府应急管理成本的有效分担[J].理论月刊,2018(5):40-47.
③ 根据生态环境部 2018 年发布的数据,2016 年,全国投保环境污染责任保险的企业有 1.44 万家,保费总额 2.84 亿元;保险公司共提供的风险保障金 263.73 亿元,与保费相比,相当于参保企业的风险保障能力平均扩大利将近 93 倍。生态环境部.环境污染强制责任保险管理办法(草案)审议并原则通过.(2018-05-09)[2019-10-02]. http://www.mee.gov.cn/gkml/sthjbgw/qt/201805/t20180507_437465.htm.

内容①。污染事故往往波及的人数较多,造成的损害很大,如果受害人的损失不能及时得到弥补,社会的稳定和发展将受到影响。因此,政府出于社会稳定的考虑,推行强制保险,把本应由自己承担的职能转给保险公司承担,以化解损失,使保险公司的角色发生转变,保险的公益性增强商业性相对弱化。我国应当根据社会和政策目标的需求,在特定领域,比如环境保护领域,有选择地实施强制责任保险,即采用任意保险为主、强制保险为辅的模式:对高危行业,如石油、化工、皮革、印染、煤气等行业推行强制保险;对城建、公用事业、商业等危险程度不高的行业,推行任意保险。《环境污染强制责任保险管理办法(草案)》规定的保险模式是依据参保企业从事的行业类型单标准设置的,即要求从事高度危险行业的企业购买强制责任保险,其他企业则自愿选择是否购买环境污染责任保险。应在所从事行业性质基础上,同时楔入环保信用等级标准,即对高危行业的参保企业来说,如果其环保信用级别高,则参保企业可以选择投保任意责任保险;高危行业的参保企业,如果其环保信用级别低,则保险公司可以要求其购买强制责任保险。经营行业与环保信用评价级别双重标准在促进参保企业环保自律的同时,能够降低保险公司的赔付概率,满足其保险行业的盈利性经营目标达成。

第二,环保信用等级不同的参保企业适用不同等级的保险费费率。保险机构在环境污染责任保险中引用企业环保信用评价结果,对环保信用等级高的参评企业,保险公司应实施优惠保险费率的承保政策;对环保信用等级低的参评企业,保险公司应当厘定较高的保险费费率。目前,各个省份的环保信用评价都在年度定期评价基础上推行动态评价,所谓动态评价可以理解为环保信用评价结果的实时更新:评价指标中的环境信息内容变动,环保信用评价等级则随之变动。动态评价提供了实时呈现、公开企业环保信用评价结果的机制,与年度定期评价相比,其对企业环境守法、守约和社会责任履行的监督力度更大。保险公司的保险合同期限相对固定,通常为一年,下一年度保险费率的确定应当参考上一年度参保

---

① 彭真明,殷鑫.论我国生态损害责任保险制度的构建[J].法律科学(西北政法大学学报),2013(3):95.

企业的环保信用评价结果,适用动态调整的浮动费率。与一般责任保险相比,环境污染责任保险的费率相对较高①,因为赔付范围较为广泛,不仅包括第三人的人身及财产损害,还可能包括对生态环境的损害②。保险机构依据原本费用就较高的基础费率,对环保信用级别不同的参保企业保险费用的优惠幅度和提升幅度同样提供经济激励。

第三,环保信用等级不同的参保企业适用不同的再保险强制要求。再保险是保险人将其承担的保险业务,以分保形式部分转移给其他保险人的保险。再保险制度同样参照风险分担的保险法基本原理,通常适用保险赔付额度巨大的责任保险③,环境污染责任保险适宜进行再保险。《环境污染强制责任保险管理办法(草案)》没有规定再保险制度,但是《保险法》原则性地规定了再保险及再保险法律关系当事人的权利义务。鉴于在司法实践中,部分生态环境损害赔偿和环境公益诉讼赔偿案巨大,建议保险机构结合被保险人所从事行业的风险大小,同时参考环保信用等级,对从事行业环境风险大、环保信用等级最低的被保险人及时采取再保险措施,被保险人再保险分出人和保险接受人依据再保险合同确定各自的保险责任承担份额,以便保障保险事故发生时,可以及时足额履行被保险人或者受益人的支付保险金请求。

第四,环保信用等级不同的参保企业可选择适用不同的保险范围条款。《保险法》并没有对环境污染责任保险的承保范围作出特别规定,仅原则性地规定了如果投保人或者被保险人对保险标的具有法律上承认的利益,即可投保责任保险④。《环境污染强制责任保险管理办法(草案)》规定了环境污染强制责任保险的保险范围,包括第三者人身损害、第三者财产损害、生态环境损害、应急处置与清污费用等四类。无论是环境污染强制责任保险还是任意责任保险,保险范围的大小可以由保险人和被保险人根据保险合同约定,保险范围大小与保险费用直接关联,因此《环境污染强制责任保险管理办法(草案)》仅规定了可能的保险范围,以便保险合

---

① 方悦.完善我国环境污染责任保险制度的对策[J].经济纵横,2016(3):97.
② 马宁.环境责任保险与环境风险控制的法律体系建构[J].法学研究,2018(1):109-110.
③ 竺效.实践环境责任保险须再保险配套立法[J].环境保护,2008(7):49-50.
④ 胡艳香.环境责任保险制度的正当性分析[J].法学评论,2011(5):107.

同的约定有所遵循,这就为保险人针对不同环保信用级别的参保企业选择使用不同的保险范围条款留下了适用空间:环保信用评价级别高的企业,可以在四类法定的保险范围基础上选择合适的类别作为保险范围,同时降低保险费率;环保信用评价级别低的企业,需要将四类法定的保险范围全部写入保险合同的保险范围,自然保险费率随之提升。

笔者实践调研后发现,已经开展企业环保信用评价联动激励惩戒措施的省份,与该省份环保信用评价结果关联联动的环境污染责任保险的推行情况并不乐观。与一般的保险相比,环境污染责任保险的保险费用较高,除强制责任保险外较少有企业自愿购买,强制污染责任保险的投保企业也存在相当大的抵抗情绪,当中的重要原因主要是部分领域仍然存在企业违法成本较低,惩罚力度不足以催生企业的购买意愿①。因此,环境污染责任保险与环保信用评价结果联动,应当首先健全环境污染责任保险的法律规范及行业规范,引导更多数量的企事业单位形成参保意愿,企业环保信用评价制度才能与环境污染责任保险制度形成良性互哺。

商业银行和保险机构除了可以通过绿色贷款和绿色保险实现与企业环保信用评价结果联动,在市场领域,还可以探索开展排放权交易(比如排污权交易、碳交易等)引用环保信用评价结果制度。目前尽管我国的排放交易还处在以政府为主导的一级市场(排放权有偿使用),主要围绕排放权指标管理展开,待一级市场稳定有序之后,健全以污染减排为主要目标的交易市场(二级市场)应当成为排放权交易制度的重心。市场主体在选择排放权交易对象时,可以参考其企业环保信用评价结果,优先选择与企业环保信用评价等级最高的企业建立交易关系,对企业环保信用评价等级最低的企业则不与其签订合同,以便选择环保风险相对较低的交易对象,优化交易资源,保障排放权交易合同稳定、长期、可持续履行。

---

① 王小江.发展绿色保险亟须从技术、机制及环境层面进行改革[J].中国社会科学学报,2010(2):38.

四、健全社会引用规则

企业环保信用评价的社会引用主要是指新闻媒体、社会组织和消费者等主体对企业环保信用评价结果引用并采取相应的激励或惩戒措施的行为。环保信用评价结果与环保组织、媒体、消费者监督、诉讼及购买等行为互动,将促使环保信用评价标准及规范更科学、更有效、更规范,有利于引导参评企业遵守法律法规、承担责任和履行环保合约的行为惯性,形成庞大的环境治理共同体,在大幅降低生态环境部门环境管理成本的同时,提升环境管理绩效。

第一,新闻媒体对企业环保信用评价结果的引用。目前,报纸、广播、电视等传统新闻传媒主要有五大社会功能:报道新闻,引导舆论,实施舆论监督,传播知识,为社会提供多种服务。媒体监督,被视为现代民主社会的重要标志。通过新闻媒体,大众也可以监督国家权力的合法性,为广大人民群众表达自己的民主情绪提供了出口。因此,新闻舆论不仅能反映民意,而且对公众有强烈的导向作用,新闻媒体的舆论报道有助于激励企业遵守环境法律规范,约束企业的行为。环保信用评价与新闻媒体联动,充分发挥新闻媒体的舆论监督作用,报纸、广播、电视、网络等媒体应当着力报道地方环保信用评价工作进展及年度或动态评价结果,尤其是对环保信用不良(红色和黑色等级)企业的违法行为应做深度追踪报道。通过新闻媒体的舆论报道,环保信用不良企业的违法行为及信用等级暴露在公众的视野中,新闻舆论强大的宣传能量迫使企业正视过去的违法行为,转变经营策略,采取清洁工艺,进行绿色、低碳、循环生产。媒体要积极发挥宣传者的作用,不断宣传绿色文化、普及环保知识,让更多的公众了解环保信用概念,让公众潜移默化地重视企业的环保信用,并自觉支持环保信用等级高的企业。

第二,环保组织对企业环保信用评价结果的引用。环保组织的公益性定位决定了其对企业环保信用评价结果引用的正当性。例如,通过参考环保信用评价结果,环保社会组织可以精准择定环境公益诉讼的被告方。我国《民事诉讼法》第五十八条规定:对污染环境、侵害众多消费者合法权益等损害社会公共利益的行为,法律规定的机关和有关组织可以向人民法院提起诉讼。《环境保护法》第五十八条规定:对污染环境、破坏生态,损害社会公共利益的行为,符合下列条件的社会组织可以向人民法院提起诉讼:(一)依法在设区的市级以上人民政府民政部门登记;(二)专门从事环境保护公益活动连续五年以上且无违法记录。符合前款规定的社会组织向人民法院提起诉讼,人民法院应当依法受理。这些法律条款为环保社会组织提起环境公益诉讼提供了立法依据。实行环境公益诉讼,任何合法(法律规定的机关和有关组织)诉讼主体都可对破坏环境行为提出诉讼,这是公众参与环境保护的有力举措,也是威慑企业、督促企业守法的新型执法手段。环境公益诉讼赋予社会组织通过诉讼手段保护环境公共利益,不仅弥补了国家司法资源在应对上的力量不足,而且高额的生态环境损害修复和赔偿资金对于企业守法具有引导作用。

第三,消费者对企业环保信用评价结果的引用。政府应当强化对环保信用建设的宣传,结合环保信用评价的公示,引导消费者在购买商品或接受服务的时候理性选择商品或服务,包括对生产商品或提供服务的企业的环保信用予以考虑。比如环保信用评价与消费者的购买选择联动可以有效地约束环保信用评价结果不良企业的生产行为,环保信用评价等级低的企业生产的产品会成为众矢之的,没有或逐渐丧失消费市场,这对环保信用不良企业来说是致命打击。在企业中推行环境标志制度,不失为一种政府引导的良策①。环境标志在国外也称生态标签、绿色标志、环境选择等,是张贴在商品上的一种证明商标,表明具有这种标志的产品不仅质量合格,而且产品生产的全过程都符合环境保护的要求,对环境无危害或危害极小,有利于资源的再生和回收利用。在企业生产的产品中推行环境标志制度,能帮助消费者选择有利于环境的产品,培养消费者的环保意识,引导消费者的购买倾向,同时消费者的购买倾向又会直接影响产品的发展方向,逐步影响制造商和经销商的生产经营思维,推动市场和产品向着更加有益于环境的方向发展。企业可以从公众的绿色消费中求得机遇和发展,激励企业成为环境守法企业。实行环境标志制度,首先应加强宣传教育,提高全民环保意识。通过新闻媒介、教育部门等对环境标志

---

① 丁启明,赵静.论企业环境守法激励机制的建构[J].学术交流,2011(3):23.

制度的宣传,在全社会营造一个全民保护环境的氛围。其次应对产品进行评价,制定相应的标准。国家应根据技术统计和分析,制定一个相对较高的标准,如果企业能达到这个标准的要求,则国家将给予企业相应的政策优惠。

从理论上来讲,可以进行企业环保信用联动约束的领域很多,如《关于加强企业环境信用体系建设的指导意见》中列举的领域及子范围均可以实现联动,甚至是该文件中没有涉及的领域及方面只要与企业环保信用评价有关联的也可以实现联动。但从国外的经验看,企业环保信用联动约束机制不是以孤立的制度存在的,而是诸多制度的有机融合和配合,企业环保信用评价能否与其他部门及经济政策实现有效联动,取决于诸多因素,比如一个国家其他环境经济政策的成熟及完善程度,关键是市场化的程度,比如环保信用评价结果与其他领域联动的能力,比如信息共享与公开的技术支撑等。目前我国的市场经济还处在发展初期,还有很多亟待完善但短期内可能无法解决的问题,因此,企业环保信用评价联动激励约束应以点带面逐步推进,前期可以选择一些相对成熟的领域,如市场联动中的融资、保险等领域进行,待这些领域实现有序联动之后,再逐步扩大联动的领域及范围。目前,尽管学术论著围绕如何实现联动约束进行了较多的论述,但笔者认为,企业环保信用评价系列制度建设和市场培育是提升企业环保信用联动约束绩效的必需条件,与其刻意地建立所谓的联动激励约束机制,不如从以下方面进行制度建设和市场培育,则企业环境信用联动机制自然会发挥其良好的制度绩效。具体来说,如果政府制定的评价指标设置科学、合理、严格;独立第三方评价机构的评价结果公正、公开、公平;国家或地方层面与联动约束关联的法律规范能够充分有效供给;中国的市场经济基础达到一定丰厚程度,则企业环保信用评价结果将会自发地被银行、保险机构、价格部门等机构采用,联动激励约束将会自动产生[1],这也正是规制治理理论下理想的规制状态,政府行为、市场行为和社会行为的边界清晰,更有利于凝聚规制合力,提升规制绩效。

---

[1] 王莉.我国企业环保信用评价法律制度的评价进路[J].法学杂志,2018(10):105.

第四节 强化企业环保信用评价结果引用中的信用权救济

规制治理理论在强化治理主体及治理工具多元化的同时,为防止多元主体规制失灵,要求法律规范设定多元化的责任承担机制,并分别从责任主体、责任方式、责任范围等方面强化不同规制法律关系中多元主体的可问责性(accountability)[1],可问责性是良好治理的一部分,具有修正错误行为的纠错功能,有利于提高公共治理的效率,是良好治理的标识[2]。企业环保信用评价制度融合环保部门、相关行政部门、金融机构、社会组织等多元治理主体,融合行政管理类、市场类、自我规制类等多元治理工具[3],与规制治理理论要求的规制主体多元化和规制工具多元化相契合。企业环保信用评价结果引用制度一方面要保障信用评价结果的政府、市场和社会引用效率,落实多元主体和多元措施实现环境共治的规制治理目标。另一方面要完善评价结果引用中的企业信用权保护机制,实现评价结果引用主体和激励惩戒对象之间的权益平衡,推动企业环保信用评价结果引用制度的法治化。企业环保信用评价结果行为引发的参评企业以及有关人员的人身与财产权侵害,可以适用既有侵权法的规范并予以解决,本书不再讨论,仅将学界研究较少的引用行为导致的企业信用权侵害及其救济问题作为研究对象。

一、企业信用权及其既有法律保护规范

企业信用权属于信用权在具体领域的表现,企业信用权及其立法保护应当基于一般信用权的讨论展开。

2002年12月,第一部《中华人民共和国民法典(草案)》提请第九届全

---

[1] BAMFORTH N, LEYLAND P. Accountability in the contemporary constitution[M]. Oxford: Oxford University Press, 2013:4-5.
[2] BOVENS M, Analysing and assessing accountability: a conceptual framework[J]. European Law Journal, 2007, 13(4):447-449.
[3] 王瑞雪. 政府规制中的信用工具研究[J]. 中国法学, 2017(4):158.

国人大常委会第三十一次会议审议,草案"人格权编"规定了信用权,引发了法学界研究信用及信用权的热潮。赞成信用权的学者也大致形成人格权、财产权、混合权利等理论分野。很多学者基于《德国民法典》第八百二十四条形成史的角度以及罗马法律、日本法律和我国台湾地区的经验认为,信用权是具有与人格权、名誉权、信息权横向同质属性的权利,属于人格权域名誉权项下的权利①②③,对信用的侵犯视其为对名誉的侵害从而列入名誉保护的范畴④⑤。基于此,学者认为信用权是指民事主体享有并支配其信用及其利益的人格权,或者说是自然人、法人与其他组织对其所具有的经济活动及其能力的良好评价所享有的权利⑥;信用权是指自然人和法人以及其他组织就其所具有的经济能力在社会上获得的相应信赖与评价⑦。也有学者从信用的财产属性出发,赋予其财产权的属性,即信用权是民事主体对其所具有的偿债能力在社会上获得的相应信赖与评价而享有的利用、保有和维护的权利。该项权利的客体即信用利益属于一种无形财产⑧。也有学者认为,单纯的人格或者财产属性均不足表达信用权的复杂属性,混合权利更为适宜,即认为信用权是一种兼具人格权和财产权的混合性商事权利⑨⑩。当然,也有学者提出没有必要创设信用权这一新型的权利类型,信用权规定本身是一个错误。因为信用权是一项过于广泛且难以具体化的权利。特别是对信用权的保护,完全可以通过对商誉、名誉等其他人格权的保护来实现,它本身不应该成为一项单独的人格权⑪。上述有关信用权的争议主要集中在信用权的权利属性,对于信用权是"民事主体经济活动能力良好评价所享有的权利"这一核心内

---

① 杨立新.民法典人格权编草案逻辑结构的特点与问题[J].东方法学,2019(2).
② 张新宝.我国人格权立法:体系、边界和保护[J].法商研究,2012(1).
③ 赵万一,胡大武.信用权保护立法研究[J].现代法学,2008(2).
④ 杨立新,扈艳.《中华人民共和国人格权法》建议稿及立法理由书[J].财经法学,2011(4).
⑤ 周云涛.存疑信用权:德国民法典第824条分析[J].政法论丛,2008(2).
⑥ 王利明.人格权法研究[M].2版.北京:中国人民大学出版社,2012:587.
⑦ 杨立新.人格权法[M].北京:法律出版社,2011:539.
⑧ 吴汉东.论信用权[J].法学杂志,2001(1):41-48.
⑨ 程合红.商事人格权论[M].北京:中国人民大学出版社,2001:88-90.
⑩ 冯果.由封闭走向公开:关于商事信用的若干理论思考[J].吉林大学社会科学学报,2003(1):31.
⑪ 曾献文.民法:给我们的生活以呵护[N].检察日报,2002-12-30(007).

容并不存在争议,只是随着我国社会信用体系建设,经济信用和社会信用并存的法律现象已然存在,信用权主体的活动范围也从经济领域扩张到经济和社会领域,因此将信用权表达为"民事主体经济和社会活动能力良好评价所享有的权利"会更为妥当,此处的"良好评价"可以通过熟人社会自发形成,也可通过陌生人社会的专业评价机构评估定级获取。

尽管作为学理上的探讨,"信用权"是一个学者们广为使用的词汇,但是在立法层面却没有"信用权"的法律概念出现。2017年颁布的《中华人民共和国民法总则》(以下简称《民法总则》)规定了人格权的具体权利,其中对自然人人格权的九项列举式权利、对法人及非法人组织三项列举式的权利中,并没有"信用"亦是"信用权"的规定。但是,关于"信用"抑或是"信用权"应否进入《民法典》的理论争议并未有因《民法总则》的颁布而终止。2018年8月,十三届全国人民代表大会常务委员会第五次会议审议的"民法典人格权编草案"第八百零四条第二款对名誉的解释性条款中出现了关于信用的规定,即"名誉是他人对民事主体的品德、声望、才能、信誉、信用等的社会评价"。2020年5月28日通过的《民法典》将与"信用"相关的制度予以明示性规定,信用抑或是信用权正式进入《民法典》,开启了通过民事立法保护信用权益的新时代。其将信用的社会评价作为民事主体名誉权重要内容[①];明确规定了民事主体的信用评价异议权[②];明确规定了民事主体与信用信息处理者之间的关系处理规范依据[③]。因此,《民法典》将信用置于名誉权项下的具体权利内容予以保护,到目前为止,信用权并未成为一项独立的法律权利,信用权是以被名誉权涵摄的方式进行保护的,充其量只是隐约能看到信用权保护规则的身影[④]。

作为市场经济时代信用经济产物的信用权能否成为一项独立权利的学理研究,并不会因《民法典》颁布实施而终结。如果信用是一种权利,则需要符合权利构成的要素。虽然在法学基本原理以及元概念论证中,关于权利的内涵并不特别清晰,但是权利作为法律关系、法律事实、法律行

---

① 具体内容参见《民法典》第一千零二十四条。
② 具体内容参见《民法典》第一千零二十九条。
③ 具体内容参见《民法典》第一千零三十条。
④ 夏伟.信用权保护规则的刑民一体化构造[J].现代法学,2020(4):173.

第六章 基于规制治理理论的企业环保信用评价结果引用制度的完善

为等概念的基础,以及本身构成法学的核心内容却是共识。自从《德国民法典》首先以抽象权利为脉络构建民法体系以来,以权利主体、客体和内容为核心的权利要素分析模式便成为权利类型确定和权利体系建立的基本方法①。信用能否成为独立的权利类型也需要以此为基点进行阐释。法律是普遍适用的规范,法律意义上权利的确立应当具有普遍意义,作为信用权的主体应当具有普遍性,而非仅仅表现为个别主体的特有权利,在信用的发展演变过程中,学者已经可以清晰理出个人信用、组织(商事)信用以及政府信用等类型。信用主体自然也应当包括自然人、法人及非法人组织、政府和国家等一切民事主体,在此意义上,信用权主体符合权利主体应当具有普遍性的权利主体要素特征。通常认为,权利客体是权利的附着物和界定对象②,权利的基础是利益,权利仅仅反映了与选择相对抗的主体的利益③。利益是权利的规范性表达④,而规范性是指作为某项权利客体的利益具有高度抽象性,不会因为具体事物的改变而改变。在市场经济下,信用与土地、知识产权一样属于特定主体的无形资本或资产,因此作为信用权客体的信用可直接表达为信用利益,无论是个人信用,抑或是商业信用或政府信用,均是特定主体利益的表现,评价级别高的信用意味着高回报率或高资本的利益,反之亦然,因此作为信用权客体的信用具有权利客体为利益的一般特征。

在权利内容中,一项权利之所以可作为法律意义上的权利,需要具备既有法律权利不能容纳的、明确的、显著的内容。信用权不同于名誉权,名誉权仅具有人格属性权能,信用权具有内在人格性、外在经济性以及强信息化的多重特征,这些特征决定了其尽管与人格权、债权、知识产权等具有关联性,但又不可能被其中任何一种权利完全涵盖。以信用权与人格权中的名誉权为例,尽管将信用权涵摄于名誉权,的确能够在一定程度上为信用权提供保护,但本质上为精神性人格权的名誉权并不能完整包含兼具经济性和精神性的信用权。信用权的不完全人格与不完全精神利

---

① 梅夏英.民法权利客体制度的体系价值及当代反思[J].法学家,2016(6):30.
② 拉伦茨.德国民法通论:上册[M].王晓晔,译.北京:法律出版社,2013:280.
③ 梁慧星.民法总论[M].北京:法律出版社,2011:70.
④ 严海良.以利益为基础的权利本位观:拉兹的权利概念分析[J].法制与社会发展,2010(5):137.

益属性及强信息功能,使信用权的内涵与外延为人格权及其域下名誉权、信息权益所不能统摄①。而且,在司法审判实践中,部分案件仅涉及当事人信用权中的经济性利益侵害,而不涉及当事人社会评价降低等名誉精神利益侵害②。

信用是一种人格利益,兼具精神利益和财产利益的双重内容③。信用与特定主体的人格具有密切关系,未来《民法典》的后续立法或司法解释等文本应当采取一定模式将信用权置于与名誉权相平行的权利保护类型,以便解决其人格属性下精神利益和经济利益的双重保障问题。因此,环境保护领域的信用权作为信用权下一种具体的权利,可套用前述信用权的概念,将其表达为"民事主体环境保护经济和社会活动能力良好评价所享有的权利",在当前陌生人社会,信用权通常通过专业评价机构评估获得。同样套用信用权的一般特征,信用权也具有不同于名誉权、债权、知识产权等既有权利的特征,适用《民法典》现有的套嵌入名誉权的模式,尽管能够为参评企业信用权中的精神利益进行一定程度保护,但无法充分保障具有人格和财产双重利益属性的信用权,尤其是无法保障不降低当事方名誉的单纯环保信用侵权问题。

除了可以援引《民法典》对企业信用权进行民事侵权责任负担的保护外④,《中华人民共和国反不正当竞争法》(以下简称《反不正当竞争法》)和《刑法》也为企业的商业信誉、商品声誉配置了行政法和刑法的保护路径,提供了企业信用权益侵害的行政法律及刑事法律救济规则。其中《反不正当竞争法》第十一条规定了经营者不得通过编造、传播虚假信息或者误导性信息等方式损害竞争对手的商业信誉、商品声誉行为,同时第二十三条针对该类不正当竞争行为的情节,规定了差异化的行政处理措施。《刑

---

① 李晓安.论信用的法权性质与权利归属[J].法学论坛,2020(2):50.
② 司法案例可参见安徽省宿州市中级人民法院(2019)皖 13 民终 2155 号民事判决书、辽宁省西丰县人民法院(2018)辽 1223 民初 859 号民事判决书等。
③ 王泽鉴.人格权保护的课题与展望(三)——人格权的具体化及保护范围(5)——信用权[J].台湾本土法学杂志,2007(9):33.
④ 因循《民法典》人格权编对民事主体信用利益的保护,《民法典》"侵权责任编"第一千一百六十四条、第一千一百六十五条、第一千一百六十七条、第一千一百八十二条、第一千一百八十三条等又进一步明确了信用保护的过错责任归责原则、危险排除责任、损害赔偿责任的承担等侵权救济规则。

法》第二百二十一条规定了损害商业信誉、商品声誉罪,该罪主观上要求行为人为故意捏造并散布虚伪事实,客观上造成了企业商业信誉、商品声誉的重大损失或者有其他严重情节的行为。其中的商业信誉包含经营者环保信用在内的一系列基于信用产生的社会评价。鉴于《刑法》在保护法益具有保障性或后序位性,信用权刑法保护需要民法前置确立信用权的独立法权地位①②。

二、企业信用权侵害的法律责任承担

前文已表述,企业环保信用评价制度是市场经济的产物,应当回归市场化的制度建构模式,即由政府制定企业环保信用评价规则,由生态环境部门委托具有评价资质的机构对参评企业评价定级,生态环境部门将评价结果共享给政府、市场和社会,各类共享主体根据管理、经营、监督等需要引用评价结果,引用行为对参评企业信誉、财产等权利义务产生激励约束,参评企业自我规制经营行为实现生态效益和经济效益有机协同,进而达成环境治理体系和治理能力的整体提升。企业环保信用评价法律关系有以下五类③④,分别是信用评价机构与参评对象之间的环保信用评价法律关系,委托者与信用评价机构之间的委托评价法律关系,环保信用评价结果引用者与信用评价机构之间的评价结果引用法律关系,信用评价监管部门与信用评价机构和信用评价引用者之间的监督管理关系。其中最为复杂的法律关系当属评价结果引用法律关系,该法律关系虽然发生在环保信用评价结果引用者与信用评价机构之间,但是其行为的后果直接影响参评企业的权利义务,因为引用不当导致法律纠纷常见于参评企业权利的不当减损及义务的不当增添。

现有关于企业环保信用评价结果引用的规范文件呈现了清晰的政府

---

① 刘艳红.民法编纂背景下侵犯公民个人信息罪的保护法益:信息自决权:以刑民一体化及《民法总则》第 111 条为视角[J].浙江工商大学学报,2019(6):22.
② 平野龙一.刑法的基础[M].黎宏,译.北京:中国政法大学出版社,2016:90.
③ 也有学者提出信用评价法律关系包括五种社会关系,将信用评价运用关系界定为信用评价引用者和信用评价机构之间的关系,评价结果引用者与参评企业之间的关系定性为基础交易或监管关系。
④ 封红梅.信用评价法律制度研究[M].北京:法律出版社,2014:57.

主体引用、市场主体引用和社会主体引用的脉络,因此本书关于企业环保信用评价结果的引用规则设置也依循政府引用、市场引用和社会引用进行分类规范。企业信用权侵权除了前述评价机构可能实施的侵权行为外,受限于合法性、合理性和关联性原则拘束①,不同引用主体的引用行为也可能会产生侵权,由于不同引用主体产生侵权的纠纷类型及纠纷解决的法律规范类型会有所不同,比如政府引用中的信用权侵权属于行政纠纷,适用行政法和行政诉讼法解决,市场引用和社会引用中的信用权纠纷属于民事纠纷,适用民事法律规范和民事诉讼法解决。根据企业环保信用评价结果引用行为是否造成信用权侵权,企业信用权侵权的类型为政府引用中的信用权侵权以及市场和社会引用中的环保信用权侵权。

第一,政府引用中的信用权侵害的责任承担。企业环保信用评价仅对企业的环保信用评估定级,政府主体对环保信用评价结果的引用措施不仅涉及企业,也会涉及该企业的法定代表人、主要负责人等相关人员。政府引用行为包括奖励型的激励措施和惩罚型的约束措施②,通常情况下,奖励型的激励措施自然不会对企业信用权造成侵权,但可能造成相互竞争企业既得财产利益的减损,比如政府部门的绿色环保项目授予等,并由此引发争议③。惩罚型的约束措施包括对参评企业的惩戒措施和对相关人员的惩戒措施,该类措施对参评企业和相关人员的权利义务产生影响。根据行政行为合法性的基本要求,实施措施的行政主体必须有法律、法规或规章授权,否则造成相对人的权益侵害应当依法承担相应的法律责任。在现有的法律规范下,可以在信用评价等级、严重违法企业等之间建立严格规范关联外,在政府采购、工程招投标、国有土地出让、授予荣誉称号等工作中,启动相应的惩戒措施,则不构成信用权及其他权益侵权④。

---

① 罗培新. 遏制公权与保护私益:社会信用立法论略[J]. 政法论坛,2018(6):173.
② 根据国内既有联合奖励惩戒规范文件中的激励惩戒措施设置及发文数量的多寡,基本可以理清奖励型的激励约束并不必然与环保信用优秀等级链接,但是惩戒型的约束措施必然与环保信用不良等级挂钩的结论,即制度重心在于构建制裁体系而非激励体系。
③ 王瑞雪. 公法视野下的联合奖惩措施[J]. 行政法学研究,2020(3):91.
④ 政府采购、工程招投标、国有土地出让、授予荣誉称号等工作中,启动相应的惩戒措施,阻止企业丧失政府采购资格、工程招投标资格、国有土地受让权资格,荣誉称号获得权等资格或权利是否是侵害信用权呢?目前学界没有讨论。本书认为此类联合惩戒措施如果没有最低规章层级的规范授权,在造成企业财产权益丧失的同时也造成了社会对其总体评价的下降,总体评价下降则属于信用权侵权的范围。

此外,对于信用评价等级不良企业的相关人员不能被推荐为人大代表候选人、政协委员等联动惩戒行为,则涉及侵犯相关人员的被选举权,在相关法律对此制度完善之后方可采取联动措施。对于信用评价等级不良企业的相关人员不能被授予道德模范的荣誉称号和五一劳动奖章,尤其是已获荣誉称号被撤销的联合惩戒措施,也涉及相对人信用权侵权的可能性,应当在相关法律对此制度完善之后方可采取联动措施。行政主体违法实施企业环保信用引用措施,造成参评企业及其相关人员信用权益侵害,应当依据《中华人民共和国公务员法》《中华人民共和国行政诉讼法》等法律承担相应的法律责任。同时,针对信用权的精神及经济双重内容,通过立法建立健全信用权侵权的赔偿范围及赔偿标准。

第二,市场和社会引用中信用权侵害的责任承担。市场主体,比如商业银行和保险机构的企业环保信用结果引用行为通常不会对参评企业的环保信用权造成侵害,因为此类行为评价结果引用行为属于市场行为,法律关系当事人通过合同建立权利义务约束,而非行政主体的行政行为,所以能够根据经营需求自主开展。与市场引用不同,社会引用中的新闻媒体引用和社会组织引用却要把握合法性边界,避免造成参评企业信用权侵权。新闻媒体为公共利益需要对参评企业的环保信用评价结果或环境信用进行报道或舆论监督,通常情况下不承担民事责任,但是如果所报道的信用评价结果或环保信用信息存在问题,比如评价结果或信用信息捏造、歪曲了事实;或者评价结果内容严重失实,但未尽到合理核实义务;或者在报道中使用侮辱性言辞造成参评企业信用贬损。此外,纸质报刊或网络媒体如果对企业的环保信用评价结果或环境信用信息报道的内容失实,也可能构成侵害企业环境信用权。社会组织在引用企业环保信用评价结果时,存在的信用权侵权问题性质和表现形式与新闻媒体相似。除了《民法典》对信用权提供民事救济之外,《中华人民共和国反不正当竞争法》和《刑法》也为企业的商业信誉、商品声誉配置了行政法和刑法的保护路径,提供了企业信用权益侵害的行政法律及刑事法律救济规则,但是司法实践中的案例以经营者或不特定第三方主体造成的侵害较多[①],新闻媒

---

① 参见江西省宜春市袁州区人民法院(2017)赣0902刑初136号刑事判决书。

体、社会组织基于社会公共治理需要的引用行为承担行政责任或刑事责任的还不多见。

近年,社会信用有关规范注重对社会信用主体的权益保护①。《全国人大法工委关于2018年备案审查工作情况的报告》就把信用体系建设中一些滥用信用惩戒侵犯公民隐私权和其他合法权益的情形看作有不同认识的问题,要求加强研究和跟踪,通过各种措施消解社会信用惩戒措施侵权当事人合法权益的问题。博登海默曾经指出,可以根据秩序和正义两个基本概念来分析一项法律制度,法律制度是秩序和正义的综合体,其中秩序表现为法律制度的形式结构,而正义则表现为法律制度的实质目的,自由、平等、安全、共同福利等是正义的具体表现②。如果说企业环保信用评价结果引用制度中的引用规则的建立是为了更好地实现环境保护的法律秩序,则评价结果引用中的信用权益保障制度的完善是为了更好地实现引用主体和被引用主体之间的权力和权利平衡,谋求其在法律制度秩序价值和正义价值双重层面的良性统一。

---

① 譬如《国务院办公厅关于加快推进社会信用体系建设构建以信用为基础的新型监管机制的指导意见》(国办发〔2019〕35号)规定,切实加大信用信息安全和市场主体权益保护力度,因错误认定失信联合惩戒对象名单、错误采取失信联合惩戒措施损害市场主体合法权益的,有关部门和单位要积极采取措施消除不良影响。

② 博登海默.法理学、法哲学及其法律方法[M].邓正来,译.北京:中国政法大学出版社,1999:219.

参 考 文 献

[1] 蔡守秋.生态文明建设的法律和制度[M].北京:中国法制出版社,2017.
[2] 李晓安,阮俊杰.信用规制论[M].北京:北京大学出版社,2004.
[3] 张捷.信用战:全球历史演进元规则[M].太原:山西人民出版社,2012.
[4] 毛道维.中国社会信用制度体系建设及其次序研究[M].北京:中国金融出版社,2015.
[5] 王利明.人格权法研究[M].北京:中国人民大学出版社,2018.
[6] 穆治霖.环境立法利益论[M].武汉:武汉大学出版社,2017.
[7] 金彭年.社会公共利益保护法律制度研究[M].杭州:浙江大学出版社,2015.
[8] 张辉.美国环境法研究[M].北京:中国民主法制出版社,2015.
[9] 周柯.我国民法典制定中的环境法律问题[M].北京:知识产权出版社,2011.
[10] 范水兰.企业信用监管法律制度研究[M].北京:法律出版社,2019.
[11] 罗豪才,宋功德.软法亦法:公共治理呼唤软法之治[M].北京:法律出版社,2009.
[12] 焦国成.中国社会信用体系建设的理论及实践[M].北京:中国人民大学出版社,2010.
[13] 詹振荣.民营化法与管制革新[M].台北:元照出版公司,2003.
[14] 谢刚,史会剑,王玉涛.企业环境行为信用评价理论及实践研究[M].北京:中国环境出版社,2016.
[15] 封红梅.信用评价法律制度研究[M].北京:法律出版社,2014.
[16] 罗培新.社会信用法:原理.规则.案例[M].北京:北京大学出版社,2018.
[17] 陈新年.信用论[M].北京:经济科学出版社,2017.
[18] 叶世清.征信的法理与实践研究[M].北京:法律出版社,2010.
[19] 季卫东,程金华.风险法学的探索:聚焦问责的互动关系[M].上海:上海三联书店,2018.

[20] 徐海静.法学视域下环境治理模式的创新:以公私合作为目标[M].北京:法律出版社,2017.

[21] 李德进.守法理论与实践考察:以广西情况为例[M].北京:知识产权出版社,2017.

[22] 蔡守秋.中国环境法学的基本理论[M].北京:中国人民大学出版社,2019.

[23] 李卫华.行政参与主体研究[M].北京:法律出版社,2012.

[24] 史玉成.环境法的法权结构理论[M].北京:商务印书馆,2018.

[25] 张宝.环境规制的法律构造[M].北京:北京大学出版社,2018.

[26] 陈慈阳.环境法总论[M].台北:元照出版有限公司,2011.

[27] 叶俊荣.环境政策与法律[M].台北:元照出版有限公司,2010.

[28] 陈慈阳.环境法各论:合作原则之具体化:环境受托组织法制化之研究[M].中国台北:元照出版有限公司,2006.

[29] 中国政法大学法治政府研究院.中国法治政府发展报告[M].北京:社会科学文献出版社,2020.

[30] 周卫.环境规制与裁量理性[M].厦门:厦门大学出版社,2015.

[31] 郭红欣.环境风险法律规制研究[M].北京:北京大学出版社,2016.

[32] 赵鹏.风险社会的行政法回应:以健康、环境风险规制为中心[M].北京:中国政法大学出版社,2018.

[33] 徐祥民.中国环境法学评论:第14卷[M].北京:社会科学文献出版社,2020.

[34] 徐祥民.中国环境法学评论:第13卷[M].北京:社会科学文献出版社,2019.

[35] 李永林.环境风险的合作规制:行政法视角的分析[M].北京:中国政法大学出版社,2018.

[36] 丰霏.法律制度的激励功能研究[M].北京:法律出版社,2015.

[37] 杨雄.巨变中的中国社会[M].上海:上海人民出版社,2017.

[38] 秦天宝.环境法评论:第二辑[M].北京:中国社会科学出版社,2019.

[39] 秦天宝.环境法评论:第三辑[M].北京:中国社会科学出版社,2020.

[40] 后向东.信息公开法基本理论[M].北京:中国法制出版社,2017.

[41] 刘晓剑.中国信用评价行业监管研究[M].北京:经济科学出版社,2013.

[42] 后向东.信息公开的世界经验[M].北京:中国法制出版社,2016.

[43] 邹雄.环境侵权法疑难问题[M].厦门:厦门大学出版社,2010.

[44] 钭晓东,欧阳恩钱,等.民本视域下环境法调整机制变革:温州模式内在动力的新解读[M].北京:中国社会科学出版社,2010.

[45] 杜辉.环境公共治理与环境法的更新[M].北京:中国社会科学出版社,2018.

[46] 陈军.变化与回应:公私合作的行政法研究[M].北京:中国政法大学出版社,2014.

[47] 张小平.全球环境治理的法律框架[M].北京:法律出版社,2008.

[48] 俞可平.治理与善治[M].北京:社会科学文献出版社,2000.

[49] 俞可平.民主与陀螺[M].北京:北京大学出版社,2006.

[50] 周海梅,李霞,周军.环境信息公开与环保公众参与制度研究[M].北京:中国环境出版社,2016.

[51] 苏力.法治及其本土资源[M].北京:中国政法大学出版社,1996.

[52] 蓝寿荣.社会诚信的伦理与法律分析[M].武汉:华中科技大学出版社,2010.

[53] 金自宁.风险中的行政法[M].北京:法律出版社,2014.

[54] 罗伯特·鲍德温,马丁·凯夫,马丁·洛奇.牛津规制手册[M].宋华琳,等译.上海:上海三联书店,2017.

[55] 科林·斯科特.规制、治理与法律:前沿问题研究[M].安永康,译.北京:清华大学出版社,2018.

[56] 布鲁斯·阿克曼,理查德·斯特尔特.美国环境法的改革:规制效率与有效执行[M].王慧,译.北京:法律出版社,2016.

[57] 麦克鲁德·马歇尔.信用的理论[M].陈端,译.北京:商务印书馆,1964.

[58] 托比·曼德尔.信息自由:多国法律比较:第二版修订本[M].龚文庠,译.北京:社会科学文献出版社,2011.

[59] 尼克拉斯·卢曼.法社会学[M].宾凯,赵春燕,译.上海:上海人民出版社,2013.

[60] 尼克拉斯·卢曼.信任:一个社会复杂性的简化机制[M].翟铁鹏,李强,译.上海:上海人民出版社,2005.

[61] 河本英夫.第三代系统论:自生系统论[M].郭连友,译.北京:中央编辑出版社,2012.

[62] 杰拉德·德兰蒂.现代性与后现代性:知识、权利和自我[M].李瑞华,译.北京:商务印书馆,2012.

[63] 格奥尔格·耶利内克.主观公法权利体系[M].曾韬,赵天书,译.北京:中国政法大学出版社,2012.

[64] 埃利诺·奥斯特罗姆.公共事务的治理之道:集体行动的制度演进[M].余逊达,陈旭东,译.上海:上海三联书店,2000.

[65] 卡尔·恩古施.法律思维导论[M].郑永流,译.北京:法律出版社,2004.

[66] 罗伯特·阿列克西.法理性商谈:法哲学研究[M].朱光,雷磊,译.北京:中国法

制出版社,2011.

[67] 理查德·B.斯图尔特.美国行政法的重构[M].沈岿,译.北京:商务印书馆,2011.

[68] 罗斯科·庞德.通过法律的社会控制[M].沈宗灵,译.北京:商务印书馆,2008.

[69] 齐佩利乌斯.德国国家学[M].赵宏,译.北京:法律出版社,2011.

[70] G.拉德布鲁赫.法哲学[M].王朴,译.北京:法律出版社,2005.

[71] 约翰·奥斯丁.法理学的范围[M].刘星,译.北京:中国法制出版社,2002.

[72] 边沁.道德与立法原理导论[M].时殷弘,译.北京:商务印书馆,2000.

[73] 迈克尔·塔格特.行政法的范围[M].金自宁,译.北京:中国人民大学出版社,2006.

[74] 弗朗西斯·福山.国家构建:21世纪的国家治理与世界秩序[M].郭华,译.上海:学林出版社,2017.

[75] 弗朗西斯·福山.信任:社会美德与创造经济繁荣[M].彭志华,译.海口:海南出版社,2001.

[76] 马克西米利安·福克斯.侵权行为法[M].齐晓琨,译.北京:法律出版社,2006.

[77] 施密特·阿斯曼.行政法总论作为秩序理念:行政法体系建构的基础与任务[M].林明锵,等译.台北:元照出版公司,2009.

[78] 道格拉斯·C.诺思.制度、制度变迁与经济绩效[M].杭行,译.上海:格致出版社,2008.

[79] 植草益.微观规制经济学[M].朱绍文,译.北京:中国发展出版社,1992.

[80] 哈贝马斯.在事实和规范之间:关于法律和民主法治国的商谈理论[M].童世骏,译.北京:生活·读书·新知三联书店,2003.

[81] 阿奇B.卡罗尔,安K.巴克霍尔茨.企业与社会:伦理与利益相关者管理:第5版[M].黄煜平,等译.北京:机械工业出版社,2004.

[82] 凯斯·R.桑斯坦.权力革命之后:重塑规制国[M].钟瑞华,译.北京:中国人民大学出版社,2008.

[83] 布赖恩·比克斯.法理学:理论与语境:第四版[M].邱昭继,译.北京:法律出版社,2008.

[84] 史蒂芬·布雷耶.规制及其改革[M].钟瑞华,译.北京:北京大学出版社,2008.

[85] 安东尼·奥格斯.规制:法律形式与经济学理论[M].骆梅英,译.北京:中国人民大学出版社,2008.

[86] 史普博.管制与市场[M].余晖,等译.上海:上海三联书店,1999.

[87] 威廉·韦德,克里斯托弗·福赛.行政法:第十版[M].骆梅英,等译.北京:中国人民大学出版社,2018.

[88] 劳伦斯·M.弗里德曼.法律制度[M].李琼英,林英,译.北京:中国政法大学出版社,2004.

[89] 罗伯特·阿列克西.法理性商谈:法哲学研究[M].朱光,雷磊,译.北京:中国法制出版社,2011.

[90] 尼尔·麦考密克.法律推理和法律理论[M].姜峰,译.北京:法律出版社,2005.

[91] 艾伦·德肖维茨.你的权利从哪里来?[M].黄煜,译.北京:北京大学出版社,2014.

[92] 鲁道夫·冯·耶林.为权力而斗争[M].郑永流,译.北京:法律出版社,2007.

[93] 卡尔·拉伦茨.法学方法论[M].陈爱娥,译.北京:商务印书馆,2004.

[94] 佐伯仁志.制裁论[M].于胜明,译.北京:北京大学出版社,2018.

[95] 伊丽莎白·费雪.风险规制与行政宪政主义[M].沈岿,译.北京:法律出版社,2012.

[96] 菲利普·黑克.利益法学[M].傅广宇,译.北京:商务印书馆,2016.

[97] 黑川哲志.环境行政的法理与方法[M].肖军,译.北京:中国法制出版社,2008.

[98] 朱迪·弗里曼.合作治理与新行政法[M].毕洪海,陈标冲,译.北京:商务印书馆,2010.

[99] 丹尼尔·A.科尔曼弗里曼.生态政治:建设一个绿色社会[M].梅俊杰,译.北京:机械工业出版社,2006.

[100] E.S.萨瓦斯.民营化与公私部门的伙伴关系:中文修订版[M].周志忍,等译.北京:中国人民大学出版社,2017.

[101] 让-皮埃尔·戈丹.何为治理[M].钟振宇,译.北京:社会科学文献出版社,2009.

[102] 米丸恒治.私人行政:法的统制的比较研究[M].洪英,王丹红,凌维慈,译.北京:中国人民大学出版社,2010.

[103] 卡尔·拉伦茨.德国民法通论:下册[M].王晓晔,等译.北京:法律出版社,2013.

[104] 诺曼·E.鲍伊.经济伦理学:康德的观点[M].夏镇平,译.上海:上海译文出版社,2006.

[105] 米歇尔·鲍曼.道德的市场[M].肖君,黄承业,译.北京:中国社会科学出版社,2013.

[106] DAVIS K. Governance by indicators. Global Power through Quantification and

Ranking[M]. Oxford: Oxford University Press, 2012.

[107] MOMS J. Rethinking risk and the precautionary principle [M]. Oxford: Butterworth-Heinemann, 2000.

[108] BALDWIM J H. Environmental planning and management [M]. London: Routledge, 2019.

[109] LUHMANN N. The differentiation of society [M]. Berkeley: Columbia University Press, 1982.

[110] TRUXAL S. Economic and environmental regulation of international aviation from international to global governance[M]. London: Routledge, 2017.

[111] LUCA J D, RUSSO P. Credit rating agency reform[M]. New York: Nova Science Publishers, 2009.

[112] BALDWIN R, CAVE M, LODGE M. The Oxford handbook of regulation[M]. Oxford: Oxford University Press, 2010.

[113] ROGNONI G. Credit rating agencies: a look into conflicts of interests[M]. Saarbrucken: Lap Lambert Academic Publishing, 2011.

[114] NACIRI A. Credit rating governance global credit gatekeepers[M]. New York: Routledge Taylor & Francis Group, 2015.

[115] LANGOHR H M, LANGOHR P T. The rating agencies and their credit ratings: what they are, how they work and why they are relevant [M]. Hoboken: Wiley, 2012.

[116] OWENS K. Environmental water markets and regulation: a comparative legal approach[M]. London: Routledge, 2017.

[117] FOERSTEL H N. Freedom of information and the right to know[M]. New York: Greenwood Press, 1999.

[118] EVANS P. State-society synergy government and social capital in Development [M]. Berkeley, Los Angeles, Lodon: University of California Press, 1997.

[119] FREDERICKSON H G, SMITH K B, LICARI M J. The public administration theory premier[M]. Boulder: Westview Press, 2003.

[120] SMITH N C. Morality and the market: consumer pressure for corporate accountability[M]. London: Routledge, 1990.

[121] VIBERT F. The new regulatory space: reframing democratic governance[M]. Massachusetts: Edward Elgar, 2014.

[122] BAMFORTH N, LEYLAND P. Accountability in the contemporary

constitution[M]. Oxford: Oxford University Press, 2013.

[123] BROUSSEAU E, DEDEURWAERDERET, SIEBENHUNER B. Reflexive governance for global public goods[M]. Cambridge: The MIT Press, 2012.

[124] KORZE L J. Global environmental governance law and regulation for the 21st Century [M]. Massachusetts: Edward Elgar, 2013.

[125] TEUBNER G, FARMER L, MURPHY D. Environmental law and ecological responsibility: the concept and practice of ecological organization [M]. Chichester, New York, Brisbane, Toronto, Singapore: John Wiley & Sons, 1994.

[126] MACHIEL M. Regulation of energy markets: economic mechanisms and policy evaluation[M]. Cham: Springer International Publishing, 2021.

[127] BOSSELMANN K, RICHARDSON B J. Environmental justice and market mechanisms: key challenges for environmental law and policy[M]. London, The Hague, New York: Kluwer Law International, 1999.

[128] BELLAMY R. The rule of law and the separation of powers[M]. London: Routledge, 2017.

[129] HADJIYIANNI I. The EU as a global regulator for environmental protection [M]. London, New York, Sydney, New Delhi: Bloomsbury Publishing, 2019.

[130] HOPT K J, TEUBNER G. Corporate goverance and directors' liabilities: legal economic and sociological analyses on corporate responsibility[M]. Berlin, New York: Walter de Gruyter, 1985.

[131] FOREMAN J. Developments in environmental regulation: risk based regulation in the UK and Europe[M]. Cham: Springer International Publishing, 2018.

[132] HANCHER L, MORAN M. Capitalism, culture, and economic regulation [M]. Oxford: Clarendon Press. 1989.

[133] GARNER B A. Black's law dictionary(9th)[M]. Toronto: Thomson Reuters West, 2009.

[134] GUEVARA D L, DEVEAU F J. Environmental liability and insurance recovery [M]. Washington: American Bar Association Publishing, 2012.

[135] DRAHOS P. Regulatory theory: foundations and applications[M]. Sydney: ANU Press, 2017.

[136] SHELDON O. The social responsibility of management: the philosophy of management[M]. London: Sir Isaac Pitman and Sons Ltd, 1924.

[137] BIRNIE P, BOYLE A, REDGWEII C. International law and the environment[M]. Oxford：Oxford University Press，2009.

[138] OSBORNE D, GAEBLER T. Reinventing government：how the entrepreneurial spirit is transforming the public sector[M]. New York：Addison-Wesley，1992.

[139] Michael J. Personal ethics and ordinary heroes：the social context of morality[M]. London：Routledge, 2020.

[140] NOLL R G. Regulatory policy and the social sciences. Berkeley, Los Angeles[M]. Berkeley, Los Angeles, Lodon：University of California Press，1985.

[141] DUPONT R R, BAXTER T E, THEODORE L. Environmental management：problems and solutions[M]. Boca Raton：CRC Press，2017.

[142] BREYER S. Regulation and its reform[M]. Cambridge, Massachusetts：Harvard University Press，1982.

[143] 罗伯特·阿列克西，冯威·阿尔夫·罗斯的权能概念[J]. 比较法研究，2013(5)：145-160.

[144] 乌特·萨科瑟夫琪，喻文光. 通过环境媒介保护的健康保护：空气和水污染防治[J]. 行政法学研究，2015(04)：48-54，144.

[145] 吕忠梅. 中国民法典的"绿色"需求及功能实现[J]. 法律科学（西北政法大学学报），2018，36(6)：106-115.

[146] 吕忠梅，吴一冉. 中国环境法治七十年：从历史走向未来[J]. 中国法律评论，2019(5)：102-123.

[147] 吕忠梅. 习近平法治思想的生态文明法治理论[J]. 中国法学，2021(1)：48-64.

[148] 舒国滢. 中国法学之问题：中国法律知识谱系的梳理[J]. 清华法学，2018，12(3)：5-25.

[149] 张文显. 国家制度建设和国家治理现代化的五个核心命题[J]. 法制与社会发展，2020，26(1)：5-30.

[150] 韩春晖. 从"行政国家"到"法治政府"？：我国行政法治中的国家形象研究[J]. 中国法学，2010(6)：61-76.

[151] 戴昕. 理解社会信用体系建设的整体视角 法治分散、德治集中与规制强化[J]. 中外法学，2019，31(6)：1469-1491.

[152] 郭晔. 法理主题论：新时代中国法学新范式[J]. 法制与社会发展，2020，26(2)：54-71.

[153] 李爱年，肖爱. 论生态文明建设守法主体的"生态化"[J]. 湖南师范大学社会科学学报，2015，44(4)：103-109.

[154] 沈毅龙.论失信的行政联合惩戒及其法律控制[J].法学家,2019(4):120-131,195.

[155] 王伟.失信惩戒的类型化规制研究:兼论社会信用法的规则设计[J].中州学刊,2019(5):43-52.

[156] 黄锡生,王美娜.环境不良信用信息清除制度探究[J].重庆大学学报(社会科学版),2018,24(4):136-144.

[157] 张胜.关于我国企业环境信用评价的若干思考和建议[J].环境保护,2017,45(20):40-43.

[158] 谭冰霖.论第三代环境规制[J].现代法学,2018,40(01):118-131.

[159] 孙国东.社保、信用与法治:"差序格局"与法治中国的可能性[J].法学评论,2015,33(3):24-32.

[160] 李一丁.第三方治理二次环境污染责任的认定:企业环境信用评价法制化视角的分析[J].中国地质大学学报(社会科学版),2019,19(2):35-44.

[161] 于立深.法定公共职能组织的资格、权能及其改革[J].华东政法大学学报,2016,19(6):49-64.

[162] 陈新年.从社会治理创新视角看推动社会信用体系建设[J].宏观经济管理,2017(11):57-60.

[163] 柯坚.当代环境问题的法律回应:从部门性反应、部门化应对到跨部门协同的演进[J].中国地质大学学报(社会科学版),2011,11(5):25-32.

[164] 孙日华.信用联合惩戒的检视与制度优化[J].河北法学,2020,38(3):123-134.

[165] 李娟.中国生态文明制度建设40年的回顾与思考[J].中国高校社会科学,2019(2):33-42,158.

[166] 马允.美国环境规制中的命令、激励与重构[J].中国行政管理,2017(4):137-143.

[167] 王树义,赵小姣.长江流域生态环境协商共治模式初探[J].中国人口·资源与环境,2019,29(8):31-39.

[168] 孟春阳,王世进.生态多元共治模式的法治依赖及其法律表达[J].重庆大学学报(社会科学版),2019,25(6):118-125.

[169] 郭武.论迈向制序的环境保护制度工具体系之建构[J].中国地质大学学报(社会科学版),2018(3):86-94.

[170] 罗培新.后金融危机时代信用评价机构法律制度之完善[J].法学杂志,2009(7):5-7.

[171] 孟融.国家治理体系下社会信用体系建设的内在逻辑基调[J].法制与社会发展,2020(4):162-179.

[172] 吴宇.德国环境团体诉讼的嬗变及对我国的启示[J].现代法学,2017(2):155-165.

[173] 孙金阳,龚维斌.中国社会信用体系建设40年[J].社会治理,2018(11):31-37.

[174] 吕忠梅,竺效,等."绿色原则"在民法典中的贯彻论纲[J].中国法学,2018(1):5-27.

[175] 王明远,马骧聪.论我国可持续发展的环境经济法律制度[J].中国人口·资源与环境,1998(4):63-68.

[176] 张璐.环境法学的法学消减与增进[J].法学评论,2019(1):148-162.

[177] 董正爱.社会转型发展中生态秩序的法律构造:基于利益博弈与工具理性的结构分析与反思[J].法学评论,2012(5):79-86.

[178] 王曦.环保主体互动法制保障论[J].上海交通大学学报(哲学社会科学版),2012(1):5-22,100.

[179] 杨福忠.诚信价值观法律化视野下社会信用立法研究[J].首都师范大学学报(社会科学版),2018(5):57-67.

[180] 陈志峰.推进绿色发展背景下环境财产权融资机制研究[J].人民论坛,2019(24):108-109.

[181] 吕忠梅.习近平新时代中国特色社会主义生态法治思想研究[J].江汉论坛,2018(1):18-23.

[182] 李晓安.我国社会信用法律体系结构缺陷及演进路径[J].法学,2012(3):143-154.

[183] 陈金钊."人类命运共同体"的法理诠释[J].法学论坛,2018(1):5-13.

[184] 黄辉.人类命运共同体建构的生态法制保障[J].中国环境监察,2018(11):20-21.

[185] 尹建华,弓丽栋,王森.陷入"惩戒牢笼":失信惩戒是否抑制了企业创新?:来自废水国控重点监测企业的证据[J].北京理工大学学报(社会科学版),2018(6):9-17.

[186] 柯坚,刘志坚.我国环境法学研究十年:2008—2017年 热议题与冷思考[J].南京工业大学学报(社会科学版),2018(1):52-70.

[187] 高秦伟.社会自我规制与行政法的任务[J].中国法学,2015(5):73-98.

[188] 沈岿.行政自我规制与行政法治:一个初步考察[J].现代法学,2011(3):12-17,72.

[189] 李挚萍.论以环境质量改善为核心的环境法制转型[J].重庆大学学报(社会科学版),2017(2):122-128.

[190] 王清军.自我规制与环境法的实施[J].西南政法大学学报,2017(1):46-62.

[191] 肖磊.公私合作环境治理法律规制及其展开[J].中国矿业大学学报(社会科学版),2021(3):76-86.

[192] 王树义,蔡文灿.论我国环境治理的权力结构[J].法制与社会发展,2016(3):

155-166.

[193] 曹炜.环境法律义务探析[J].法学,2016(2):92-103.

[194] 杜群.法治生态化转型与生态文明法律制度研究[J].哈尔滨工业大学学报(社会科学版),2015(4):18.

[195] 翟学伟.从社会流动看中国信任结构的变迁[J].探索与争鸣,2019(6):20-23.

[196] 张建伟.论环境立法存在的问题及其克服[J].中国地质大学学报(社会科学版),2008(2):42-48.

[197] 郑少华,王慧.中国环境法治四十年:法律文本、法律实施与未来走向[J].法学,2018(11):17-29.

[198] 何玲.巧用环保信用"戒尺"积极引导绿色发展[J].中国信用,2021(2):34-35.

[199] 蔡守秋.从环境权到国家环境保护义务和环境公益诉讼[J].现代法学,2013(6):3-21.

[200] 刘晗,叶开儒.平台视角中的社会信用治理及其法律规制[J].法学论坛,2020(2):62-73.

[201] 王若磊.信用、法治与现代经济增长的制度基础[J].中国法学,2019(2):73-89.

[202] 姚建宗.新兴权利论纲[J].法制与社会发展,2010(2):3-15.

[203] 杜健勋.从权利到利益:一个环境法基本概念的法律框架[J].上海交通大学学报(哲学社会科学版),2012(4):39-47.

[204] 高秦伟.食品安全法治中的自我规制及其学理反思[J].北京联合大学学报(人文社会科学版),2020(3):50-63.

[205] 陈志峰.推进绿色发展背景下环境财产权融资机制研究[J].人民论坛,2019(24):108-109.

[206] 袁文瀚.信用监管的行政法解读[J].行政法学研究,2019(1):18-31.

[207] 陈海嵩.生态文明体制改革的环境法思考[J].中国地质大学学报(社会科学版),2018(2):65-75.

[208] 凌斌.规则选择的效率比较:以环保制度为例[J].法学研究,2013(3):17-36.

[209] 周杰普.论我国绿色信贷法律制度的完善[J].东方法学,2017(2):72-80.

[210] 徐以祥.风险预防原则和环境行政许可[J].西南民族大学学报(人文社科版),2008(4):105-110.

[211] 杨丹.联合惩戒机制下失信行为的认定[J].四川师范大学学报(社会科学版),2020(3):86-94.

[212] 马德芳,邱保印.社会信任、企业违规与市场反应[J].中南财经政法大学学报,2016(6):77-84.

[213] 罗豪才,宋功德.认真对待软法:公域软法的一般理论及其中国实践[J].中国法学,2006(2):3-24.

[214] 王瑞雪.公法视野下的环境信用评价制度研究[J].中国行政管理,2020(4):125-129,152.

[215] 陈海嵩.我国环境监管转型的制度逻辑:以环境法实施为中心的考察[J].法商研究,2019(5):3-13.

[216] 吕忠梅.论环境法的沟通与协调机制:以现代环境治理体系为视角[J].法学论坛,2020(1):5-12.

[217] 杨兴,吴国平.完善企业环保信用立法的思考[J].法学杂志,2010(10):83-86.

[218] 文秋霞,等.企业环保信用评价政策实施研究[J].中国行政管理,2020(4):96-103.

[219] 黄锡生,王美娜.环境不良信用信息清除制度探究[J].重庆大学学报(社会科学版),2018(4):136-144.

[220] 于文轩,胡泽弘.习近平法治思想的生态文明法治理论之理念溯源与实践路径[J].法学论坛,2021(2):18-24.

[221] 李挚萍.环境基本法体系结构的比较分析[J].清华法治论衡,2013(3):63-77.

[222] 刘超.习近平法治思想的生态文明法治理论之法理创新[J].法学论坛,2021(2):25-35.

[223] 唐清利.社会信用体系建设中的自律异化与合作治理[J].中国法学,2012(5):38-45.

[224] 王瑞雪.政府规制中的信用工具研究[J].中国法学,2017(4):158-173.

[225] 王瑞雪.作为治理工具创新的环境信用评价[J].兰州学刊,2015(1):103-110.

[226] 王瑞雪.论行政评级及其法律控制[J].法商研究,2018(3):27-37.

[227] 陈立娟.企业信用体系中的第三方[J].理论月刊,2015(6):159-163.

[228] 夏伟.信用权保护规则的刑民一体化构造[J].现代法学,2020(4):171-182.

[229] 刘超.环境私人治理机制的核心要素与机制再造[J].湖南师范大学社会科学学报,2021(2):31-40.

[230] 孙娟娟.政府规制的兴起、改革与规制性治理[J].汕头大学学报(人文社会科学版),2018(4):70-77,96.

[231] 宋华琳.论政府规制中的合作治理[J].政治与法律,2016(8):14-23.

[232] 连维良.积极构建守信联合激励和失信联合惩戒大格局[J].求是,2016(19):11-12.

[233] 江必新.论行政规制基本理论问题[J].法学,2012(12):17-29.

[234] 郭武.论中国第二代环境法的形成和发展趋势[J].法商研究,2017(1):85-95.

[235] 陈丽君,杨宇.构建多元信用监管模式的思考[J].宏观经济管理,2018(12):45-54.

[236] 陈亚芸.欧债危机背景下欧盟信用评价机构监管改革研究[J].德国研究,2013(1):27-39+125.

[237] 聂飞舟.美国信用评价机构法律监管演变与发展动向:多德法案前后[J].比较法研究,2011(4):144-153.

[238] 聂飞舟.美国信用评价机构法律责任反思及启示:以司法判例为视角[J].东方法学,2010(6):118-130.

[239] 朱圆,钟心惠.美国信用评价机构的法律责任[J].安徽大学学报(哲学社会科学版),2015(2):105-113.

[240] 托马斯·马丁·约翰内斯·默勒斯,申柳华.欧盟信用评价机构的市场监管研究:一条通向欧洲的信用评价之路[J].苏州大学学报(法学版),2014(4):122-131.

[241] 徐嫣,王博.论失信联合惩戒视野下社会组织信用监管制度的构建[J].法律适用,2017(2):116-120.

[242] 吴真,梁甜甜.企业环境信息披露的多元治理机制[J].吉林大学社会科学学报,2019,59(1):39-46,220.

[243] 刘超.管制、互动与环境污染第三方治理[J].中国人口·资源与环境,2015(2):96-104.

[244] 侯佳儒,尚毓嵩.大数据时代的环境行政管理体制改革与重塑[J].法学论坛,2020(1):13-21.

[245] 肖爱.生态守法论:以环境法治的时代转型为指向[J].湖南师范大学社会科学学报,2020(2):48-56.

[246] 杜辉.公私交融秩序下环境法的体系化[J].南京工业大学学报(社会科学版),2020,19(4):19-29,115.

[247] 王诗宗.治理理论与公共行政学范式进步[J].中国社会科学,2010(4):87-100,222.

[248] 张亚伟.发达国家环境规制改革的经验与启示[J].中州学刊,2010(2):82-84.

[249] 李晓安.论信用的法权性质与权利归属[J].法学论坛,2020,35(2):50-61.

[250] 严海良.以利益为基础的权利本位观:拉兹的权利概念分析[J].法制与社会发展,2010,16(5):137-148.

[251] 夏伟.信用权保护规则的刑民一体化构造[J].现代法学,2020,42(4):171-182.

[252] 梅夏英.民法权利客体制度的体系价值及当代反思[J].法学家,2016(6):29-

44,176.

[253] 李志涛,刘伟江,陈盛,等.关于"十四五"土壤、地下水与农业农村生态环境保护的思考[J].中国环境管理,2020,12(4):45-50.

[254] 王英,唐云.评比表彰与城市治理:来自国家环境保护模范城市创建的经验证据[J].治理研究,2020,36(5):38-49.

[255] 宁德鹏.新时代中国城市治理中政府公信力问题的几点思考[J].中国行政管理,2020(6):157-159.

[256] 雷磊.法律概念是重要的吗[J].法学研究,2017,39(4):74-96.

[257] 谭冰霖.环境规制的反身法路向[J].中外法学,2016,28(6):1512-1535.

[258] 沈满洪.论环境经济手段[J].经济研究,1997(10):54-61.

[259] 王琳.论法律原则的性质及其适用:权衡说之批判与诠释说之辩护[J].法制与社会发展,2017,23(2):87-105.

[260] 张文显.治国理政的法治理念和法治思维[J].中国社会科学,2017(4):40-66.

[261] 郝铁川.中国法制现代化与移植西方法律[J].法学,1993(9):3-6.

[262] 杨福忠.诚信价值观法律化视野下社会信用立法研究[J].首都师范大学学报(社会科学版),2018(5):57-67.

[263] 杨建顺.中国行政规制的合理化[J].国家检察官学院学报,2017,25(3):82-104,173-174.

[264] 单飞跃."需要国家干预说"的法哲学分析[J].现代法学,2005(2):36-44.

[265] 卢代富,刘云亮.社会信用体系属性的经济法认知[J].江西社会科学,2018,38(5):159-167,256.

[266] 俞思念.对我国社会信用体系建设的再思考[J].湖北社会科学,2018(1):26-30,44.

[267] 李东侠,郝磊.企业信用体系建设的法治化思考[J].国家行政学院学报,2015(3):50-54.

[268] 王明远,马骧聪.论我国可持续发展的环境经济法律制度[J].中国人口·资源与环境,1998(4):63-68.

[269] 巩固.激励理论与环境法研究的实践转向[J].郑州大学学报(哲学社会科学版),2016,49(4):20-23.

[270] 朱新力,宋华琳.现代行政法学的建构与政府规制研究的兴起[J].法律科学.西北政法学院学报,2005(5):39-42.

[271] 辛鸣.在应然与实然之间:关于制度功能及其局限的哲学分析[J].哲学研究,2005(9):93-99.

［272］邱昭继.法学研究中的概念分析方法［J］.法律科学（西北政法大学学报），2008（6）：32-39.

［273］彭真明,殷鑫.论我国生态损害责任保险制度的构建［J］.法律科学（西北政法大学学报），2013,31(3):92-102.

［274］马宁.环境责任保险与环境风险控制的法律体系建构［J］.法学研究,2018,40(1):106-125.

［275］成凡.法律认知和法律原则:情感、效率与公平［J］.交大法学,2020(1):10-28.

［276］ELIZABETH F. Executive environmental law［J］. Modern Law Review, 2020, 83(1): 163-189.

［277］FORD C. New governance in the teeth of human frailty: lesson from financial regulation［J］. Wisconsin Law Review, 2009, 57(3): 101-146.

［278］ORBACH B Y. The new regulatory era—an introduction［J］. Arizona Law Review, 2009, 51(5):559-573.

［279］LYTTON T D. Competitive third-party regulation: how private certification can overcome constraints that frustrate government regulation［J］. Theoretical Inquiries in Law, 2014, 15(2):539-572.

［280］BLACK J. Decentring regulation: understanding the role of regulation and self-regulation in a "Post Regulatory" world［J］. Current Legal Problems, 2001, 54(1):103-146.

［281］BALDWIN R, BLACK J. Really responsive regulation［J］. the Modern Law Review, 2008, 71(1): 59-94.

［282］BOVENS M. Analysing and assessing accountability: a conceptual framework［J］. European Law Journal, 2007, 13(4):447-468.

［283］Scott C. Accountability in the regulatory state［J］. Journal of Law and Society, 2000, 27(1): 38-60.

［284］DRIESEN D M. Is emissions trading an economic incentive program? Replacing the command and control/economic incentive dichotomy［J］. Washington and Lee Law Review, 1998, 55(2):289-350.

［285］LATIN H. Ideal versus real regulatory efficiency: implementation of uniform standards and "Fine-Tuning" regulatory reforms［J］. Stanford Law Review, 1985, 37(5): 1267-1332.

［286］ORTS E W. Reflexive environment law［J］. Northwestern University Law Review, 1994, 89(4): 1227-1340.

[287] METZGER G E, STACK K M. Internal administrative law[J]. Michigan Law Review,2017, 115(8):1239-1307.

[288] BHATTACHARYA C B, SEN S. Doing better at doing good: when, why, and how consumers respond to corporate social initiatives[J]. California Management Review, 2004, 47(1):9-24.

[289] BING ZHANG, YAN YANG, JUN BI. Tracking the implementation of green credit policy in China: Top-down perspective and bottom-up reform[J]. Journal of Environmental Management, 2011, 94(4):1321-1327.

[290] OZEN S, KUSKU F. Corporal environmental citizenship variation in developing countries: an institutional framework[J]. Journal of Business Ethics, 2009, 89(2):297-313.

[291] MCALLISTER L K. Regulation by Third-Party verification[J]. Boston College Law Review1, 2012, 53(1):11-73.

[292] MANNS J. Downgrading rating agency reform[J]. The George Washington Law Review, 2013, 81(3):749-812.

[293] LAZARUS R J. Environmental law at the crossroads: back 25 looking forward 25[J]. Michigan Journal of Environmental & Administrative Law, 2013:2(2):267-284.

[294] ARNOLD C A. Fourth-generation environmental law: integrationist and multimodal[J]. William and Mary Environmental Law and Policy Review. 2011, 35(2):771-886.

[295] ABADA P, FERRERASB R, ROBLESC M D. Informational role of rating revisions after reputational events and regulation reforms[J]. International Review of Financial Analysis,2019,62(1):91-103.

[296] MANNS J. Downgrading rating agency reform[J]. George Washington Law Review, Forthcoming. 2013, 81(5):101-164.

[297] LONG A. Global integrationist multimodality: global environmental governance and fourth generation environmental law[J]. Journal of Environmental and Sustainability Law, 2015, 21(1):169-208.

[298] BROWN C, SCOTT C. Regulation, public law, and better regulation[J]. european public Law. 2011, 17(3):467-484.

[299] RISSO G. Investor protection in credit rating agencies' non-contractual liability: the need for a fully harmonised regime[J]. European Law Review, 2015, 40

(5):706-721.

[300] MCCARTHY J, BONNIN C, MEREDITH D. Disciplining the state: the role of alliances in contesting multi-level agri-environmental governance[J]. Land Use Policy, 2018, 76(4):317-328.

[301] BOUTILLON S. The precautionary principle: development of an international standard[J]. Michigan Journal of International Law. 2002, 23(2):429-469.

[302] WEINBERG J. Know everything that can be known about everybody: the birth of the credit report[J]. Villanova Law Review, 2018, 63(3):431-475.

[303] BOROWICZ M K. Contracts as regulation: the ISDA master agreement[J]. Capital Markets Law Journal, 2021, 16(1):72-94.

[304] KARKKAIN B C. Information as environmental regulation: TRI and performance benchmarking, precursor to a new paradigm? [J]. Georgetown Law Journal, 2001, 98(2):191-304.

[305] PACKIN N G, ARETZ Y. On social credit and the right to be unnetworked [J]. Columbia Business Law Review, 2016, 2016(2):78-82.

[306] RUHL J B. The Co-Evolution of sustainable development and environmental justice: cooperation, then competition, then conflict[J]. Duke Environmental Law & Policy Forum, 1999, 9(2):161-185.

[307] WEINBERG J. "Know everything that can be known about everybody": the birth of the credit report[J]. Villanova Law Review, 2018, 63(3):412-425.

[308] YU-JIE CHEN, CHING-FU LIN, HAN-WEI LIU. Rule of Trust: The Power and Perils of China's social credit megaproject[J]. Columbia Journal of Asian Law, 2018, 32(1):1-36.

[309] BOGOJEVIC S. The erosion of the rule of law: how populism threatens environmental protection[J]. Journal of Environmental Law, 2019, 31(3):389-394.

[310] SENDEN L. Soft law, self-regulation and co-regulation in european law: where do they meet? [J]. Electronic Journal of Comparative Law, 2005, 67(3):1-27.

[311] PRESTON B J. The end of enlightened environmental law? [J]. Journal of Environmental Law, 2019, 31(3):399-411.

[312] OSTASN D T. Cooperate, comply, or evade: a corporate executive's social responsibilities with regard to law[J]. American Business Law Journal, 2004, 41(4): 559-594.

[313] ETTY T, HEYVAERT V, et al. Transnational environmental law in a

transformed environment[J]. Transnational Environmental Law, 2020, 9(2): 197-209.

[314] DILLING O, MARKUS T. The transnationalisation of environmental law[J]. Journal of environmental law, 2018, 30(2):179-206.

[315] ACKEMAN B A, STEWART R B. Reforming environmental law[J]. Stanford Law Review, 1985, 37(5):1333, 1341-1351.

[316] VANDENBERGH M P. Private environmental governance[J]. Cornell Law Review, 2013, 99(1):99-129.

[317] LIGHT S E, ORTS E W. Parallels in public and private environmental governance[J]. Michigan Journal of Environmental & Administrative Law, 2015, 5(1):1-72.

[318] SCOTT C. Analysing regulation space: fragmented resources and institutional design[J]. Public Law, 2001:283-305.

[319] PETER M. Gentrification, social justice and personal ethics[J]. International Journal of Urban and Regional Research, 2015, 39(6):1263-1269.

[320] STEWART R B. A new generation of environmental regulation? [J]. Capital University Law Review, 2001, 29(21):127-151.

后　　记

本书是在我博士论文的基础上,经过近两年的打磨才最终定稿的。在本书写作过程中,我得到了多位老师、领导和亲友们的倾力相助,以此后记聊表对他们的感恩之情,感怀那段虽然匆忙但弥足珍贵的美好时光。

不惑之年能够有机会重回母校念书,是我一生的幸事。写书虽艰辛,但我内心没有觉得痛苦和烦闷,相反,却很珍惜在校期间的学生生活,简单、充实且快乐。生活在有福之州,学习在百年福大,有恩师教诲培养,有同学叙旧聊天,此生享此时光、得此厚爱、受此眷顾,足矣。

感谢恩师邹雄教授,第一次见到恩师是在2002年的硕士研究生师生见面会,随后恩师在《中国法学》《现代法学》等法学核心期刊上发表了《论环境侵权的因果关系》《论环境权的概念》等力作,并成功获批了国家社科基金项目。恩师认真的科研精神,严谨的治学态度,法理学、民法学、环境法学融合的厚重理论功底,深深地鼓励、鞭策、引领着我。硕士毕业后,我也和恩师一样,成了一名高校教师。2018年我又重回母校,虽然恩师已经不再年轻,但是恩师的科研精神和治学态度丝毫没有改变,经过多年厚重的学术沉淀,恩师关注的领域已经悄然从法学游走到法学与哲学的交接地带。他教导我们要追本溯源,秉持辩证唯物主义方法论,坚守以法理学基本原理研究环境法律问题;他时刻提醒我们要思维严谨,沿循提出问题——分析问题——解决问题的基本理路建构逻辑自洽的论证体系;他语重心长地告诫我们做人与做学问的道理是相通的,求真务实方得真谛。恩师的教诲,我将铭记于心,永远感念。

感谢福州大学法学院的黄辉院长、蔡晓荣教授、张旭东教授、丁国民教授、李春林教授、沈跃东教授、林德木教授,得益于这些老师们在论文开题、中期考核、预答辩、答辩时给予的富有建设性的意见和建议,论文才能几经修改并最终送审通过。老师们无论多么繁忙,总会在第一时间给予我指导与帮助。我深深地被老师们宽厚豁达、博学睿智、勤奋治学的人格魅力和学术品格所感动,他们是我终身学习的榜样。多年来,老师们的教育常浮现于心,我还要感谢徐祥民教授、肖国兴教授、李爱年教授、高利红教授、张璐教授,他们对论文的建议让我受益匪浅,在此以笔代躬表示感谢。

感谢河南省生态环境厅的领导和朋友们,尤其是生态环境执法监督局的李国敏局长,法规处的孙生处长。他们认为,现行的环境监管体制需要找到一个改革的突破口,环保信用非常适合作为突破口。正是他们持续多年给予企业环保信用关联项目委托立项,多次协调我们赴兄弟省份生态环境部门、省内外企业事业单位调研学习,我才积累了一定数量的前期研究成果,也才让我有信心将博士论文以及本书选题确定为企业环保信用评价法律制度研究,尽管该领域的国内外现有研究成果并不丰硕,但因为有他们的支持写作比较顺利。

感谢我的工作单位河南财经政法大学以及学校的领导和同事们。正是学校制定的青年教师提升培养计划,我才有机会回到母校安心念书。感谢法学院尹西明院长,民商经济法学院杜浩阳书记、民商经济法学院陈晓景院长多年来的鼓励、支持和帮助。他们不仅仅是优秀的领导和同事,更是我的良师和益友。感谢环境资源法教研室的同事们,他们替我承担了我本来应当承担的教学任务。感谢李依林博士,几年前当我正为环保信用的理论基础薄弱困扰时,李老师偶然提及了精巧规制、元规制等理论,他的提醒让我茅塞顿开。

感谢我至亲至爱的家人,回想前几年,在我离家返校写论文期间,年迈的母亲义无反顾地承担了所有的家务,乐此不疲,老人家报喜不报忧的电话让我安心宽慰许多。爱人既当爸爸,又当妈妈,繁忙却没有任何怨言,已经成为育儿能手。乖巧懂事的孩子,虽然舍不得离开妈妈,但在我每次返校前,都会泪眼婆婆地一再叮嘱,"妈妈,你不要忘记我们的约定哦,我们要一起毕业!加油,你是最棒的妈妈!"为了实现跟孩子的约定,我告诉自己无论如何一定要按时毕业,因为作为妈妈我要遵守跟孩子的

后记

约定。

  虽然我才疏学浅,但执教育人、研究学术的初心从未改变。收稿之际,掩卷长思,希望本书所论证的"企业环保信用评价法律制度研究"能够对我国环境治理体系及治理能力现代化建设有所帮助,以此不辜负曾经给予我支持和帮助的恩师、领导、同事、朋友、同学以及家人们。

王 莉

2022 年